销售
先用这几招

兰晓华◎编著

中国纺织出版社

内 容 提 要

提升自己的销售业绩是每个销售人员所追求的目标,不断完善销售技艺,才能取得令自己满意的成绩。

本书为销售人员量身打造,汇集诸多销售大师的经典案例,让销售人员从众多经典的场景中体会销售绝招的巧妙应用,简洁有力的语言,让销售人员一读就通;即学即用的销售技巧,助你迅速拿下订单,提高销售业绩。书中通过对销售目标的确定,与客户高效沟通,快速洞察客户的需求,刺激客户购买欲,有效实现成交,细致的售后服务等多方面多角度的技巧介绍,令销售人员快速掌握销售妙招,轻松拿下订单!

图书在版编目(CIP)数据

销售先用这几招/兰晓华编著.—北京:中国纺织出版社,2012.8 (2024.4重印)

ISBN 978-7-5064-8693-4

Ⅰ.①销… Ⅱ.①兰… Ⅲ.①销售—方法 Ⅳ.①F713.3

中国版本图书馆 CIP 数据核字(2012)第 112023 号

策划编辑:曲小月 闫 星 责任编辑:闫 星 责任印制:陈 涛

中国纺织出版社出版发行

地址:北京东直门南大街6号 邮政编码:100027

邮购电话:010—64168110 传真:010—64168231

http://www.c-textilep.com

E-mail:faxing@c-textilep.com

北京兰星球彩色印刷有限公司印刷 各地新华书店经销

2012 年 8 月第 1 版 2024 年 4 月第 2 次印刷

开本:710×1000 1/16 印张:19

字数:227 千字 定价:85.00 元

前言

　　商品社会中,无论是大宗交易还是小额购买,都离不开销售,人们对商品也提出了更多、更高的需求,这些都使得销售成了一个热门行业,从而也衍生出了一系列关于销售的新的认知、技巧和诀窍。

　　那么,什么是销售?销售就是介绍商品提供的利益,以满足客户特定需求的过程。商品包括有形的商品以及无形的服务,满足客户特定的需求是指客户特定的欲望被满足,或者客户特定的问题被解决。能够满足客户这种特定需求的,唯有商品提供的特别利益。

　　而从简单意义上说,销售就是卖东西,而怎样把东西卖出去却并不是那么简单,这其中有很多技巧,需要销售者具有较高的知识素养、良好的心理品质、出色的沟通能力、灵活的思维和语言组织能力。现在,我们剖析一下就会发现:

　　一个出色的销售员,懂得运筹帷幄,在销售前就做好各项计划。因为他们知道,任何销售只有做到未雨绸缪,才更有胜算,更易打开局面;

　　一个出色的销售员,是一个敢于主动出击、敢于迈出销售第一步的人。即使客户表明自己没有购买需求,他们依然能深度挖掘,做到比客户自己更了解自己需要什么;他们甚至能主动采取一些小小的技巧,令客户不请自到……

　　一个出色的销售员,不仅能言善道,还能在关键时刻收起自己的语言天赋,侧耳倾听客户的心声,以真诚打动客户……

　　一个出色的销售员,不会死皮赖脸地缠着客户,而是能够和客户进行有效的沟通;

一个出色的销售员，还是心理学大师，在了解自身产品的基础上，他能站在客户的角度看问题、通过客户的肢体语言和微表情等观察出客户内心的真实所想，并能与客户产生心理共鸣，使销售变得更轻松；

一个出色的销售员，能够把产品完美地展示给顾客，既让顾客了解产品的优点，对于产品使用的不便之处也要有所交代，因为销售不需要欺骗；

一个出色的销售员，有一套自己的催款技巧，无论客户以什么样的借口推脱，他都能令货款巧妙入账……

一个出色的销售员，不仅能够把产品卖出去，更要懂得良好售后服务的重要性，因此，不管客户如何抱怨，他们总是笑脸相迎，并认真倾听……最终令客户满意而归。

当然，做一个出色的销售员，需要懂得和学习的东西还有很多。本书就是从各个方面来详细介绍各种销售绝招，并结合具体的销售案例来进行说明，通俗易懂。

亲爱的读者朋友，如果你正准备加入销售人员之列，那么，本书将会是你最好的培训老师，在本书系统的指导和训练下，你可以迅速了解这些销售绝招，并成长为一名兼具理论知识、专业素养和推销技巧于一身的全能推销人才；而如果你已经是一位销售人员，那么，通过本书，你可以查缺补漏，了解自己的优缺点，进而更好地进行销售工作，继而在现今的岗位或未来的岗位上轰轰烈烈地做出一番成就。

编著者
2012 年 5 月

目录
CONTENTS

第 **1** 章

运筹帷幄，完善的目标计划是销售决胜第一招

销售是一个需要不断面对挑战的行业，不仅要面对业绩的挑战，面对新客户的挑战，还要面对自己极限与能力的挑战，一个成功的销售人员必须要在这种种挑战中去挑战自己并且成就自己。因为任何一个销售人员都希望成为拥有良好的销售业绩、能够独当一面的销售高手。

俗话说："没有一流的销售员，只有一流的准备者。"没有目标和计划的销售是盲目和收效甚微的。所以，如果你想成为一个成功的销售员，就要有目标、有计划地工作，这样才会让自己的行动更有方向和动力！

完备的销售计划令你快速打开销售局面

作为一名销售人员,每天的工作就是不断地与身边的客户打交道,可谓周而复始,重复着相同的工作内容。但你要明白,你每天所面对的客户是不一样的。如果我们总是采取千篇一律的销售策略,那么,我们的销售只能收获甚微。那些优秀的销售员,总会认真对待每一位客户,在销售前,都会制订一份完备的销售计划,因为这有助于他们迅速打开销售局面。

销售情景:

甲公司由于自身技术缺乏,准备购进一套计算机软件。而此时,乙公司正好有这样一批软件准备出售。经过接洽,双方分别派代表为此购买协议进行商谈。

由于此软件较先进,乙公司代表认为以高价卖出势在必得,于是,他并未事先了解甲公司的情况。谈判伊始,他就开门见山地对甲公司代表说:

"坦率地对贵公司说吧,这套软件我们打算要 30 万美元!"此时甲方代表突然暴怒了,他脸发红、气变粗,提高嗓门说道:

"开什么国际玩笑,简直疯了,30 万美元,是不是天文数字?认为我是白痴吗?"

结果,这场谈判就这么结束了。

分析:

这则销售案例中,作为销售方的乙方代表,无疑在谈判还没开始就失败了。而失败的原因很简单，就是他没有认识到销售计划的重要性，在对甲公司的购买计划毫不了解的情况下就开门见山地提出一个"天价"，对方难以接受，谈判自然也就无从谈起。

可见，在推销之前，我们一定要制订一份销售计划。销售计划包括以下几个方面：

①市场分析。也就是根据了解到的市场情况，对产品的卖点、消费群体、销量等进行定位。

②销售方式。就是找出适合自己产品销售的模式和方法。

③客户管理。就是对已开发的客户做好服务，促使他们增加购买量，对潜在客户持续跟进。

④销量任务。就是定出合理的销售任务，销售的主要目的就是要提高销售任务。只有努力地利用各种方法完成既定的任务，才是计划的作用所在。

⑤考核时间。销售计划可分为年度销售工作计划、季度销售工作计划、月销售工作计划。考核的时间也不一样。

⑥总结。就是对上一个时间段的销售计划的执行做出评判。

以上六个方面是计划必须具备的内容。

关于计划，它越是完美，我们就越胸有成竹，就越能帮助我们迅速打开销售局面。但不是说面对不同的顾客时只用同一份计划就可以，而是要因人而异。所以在制订计划之时，要注意以下几个方面：

1.为客户专门制订一份特别的提案

千篇一律地进行推销工作，会显得毫无新意，也难以提起客户的兴趣。而如果你能在推销前，对要打交道的客户进行一番了解，然后针对其自身情况，为其准备特别的提案，比如，你可以从客户的购买能力、客户的需求、客户购买产品后的利益得失等方面阐述，并把这些内容细化到一些细节问题上，那么就能让客户眼前一亮。有了这份（特别）的提案，你的销售工作一定会别开生面。

2. 给客户一个特殊的"访问理由"

很多销售员在访问客户的时候,一味强调自己产品的优点,却被客户拒之门外。这是因为你的说明毫无个性,不能打动客户。所以,你打算向准客户施展的说明,必须是因人而异、完全符合各个准客户特性的。这就是说,你必须具备访问那个人的特殊理由。即要清楚以下问题:

①我要向他说(诉求)什么?

②我要说服他做什么?

③我打算采取什么"方法"促其实现?

④怎样准备"访问理由",这些访问理由必须内容都不一样。

也许,你认为这是相当难的事。事实上,只要你决心写出来,做这个作业你只需花费 15 分钟。别小看了这个作业。它会点燃你的斗志,使你不断产生各种销售计划。

当你准备好这份特别的销售计划后,就要去会见你的客户了,这时你要给自己 2 分钟的时间,在脑子里想一下这些事情:

提醒自己销售的目的,即帮助人们对他们所购买的产品感到满意,并使他们认为自己的购买抉择是一种明智之举。

然后设想一下会发生的事情:

①想象自己穿上了顾客的鞋子在走路,也就是站在顾客的高度来考虑问题。

②想象自己的产品、服务或建议的优越性,并想象如何运用这些优越性去满足客户的需要。

③想象一个美好的结局,自己的客户获得了他们所希望得到的时的感受,即对他们所购买的商品及对他们自己所做出的选择均感满意。

④想象自己的愿望实现了,也就是在轻松的气氛中以较少的气力销售了更多的商品。

作为销售人员，虽然我们每天都在不断重复着相似的工作内容，但却同样要以严谨、认真的态度来对待。正如海尔的张瑞敏曾说过的一句话："简单的事情重复做，就能做成不简单的事。要让自己的每一天过得平凡，但不能平庸。"销售前，我们只有制订一份完备的销售计划，才能迅速打开销售局面！

制定销售目标，令销售更有方向和动力

作为一名销售人员，每个人都希望自己成为拥有良好的销售业绩、能够独当一面的销售高手。然而，在销售过程中，我们会发现一个奇怪的现象：同样的销售任务，一个业务能力不强的销售代表，但只要他准备得充分，他的业绩一定高于一个业务能力比他强、但没有准备的业务代表，为什么呢？因为虽然销售过程会受很多相关因素的影响，但最主要的是要明白你要做什么。

所以，任何一个成功的销售员，绝不会按部就班地学习与工作，他们更不会限定自己发展的空间。因为他们知道，只有制定高一点的目标，才会令行动更有方向和动力，一个需要自己踮起脚尖、拼尽全力才能够到的目标更有益于自己的成长。

销售情景：

有位销售员，在35岁前，他的人生可以说都是失败的。"在我人生的前三十五个年头，我自认是全世界最糟糕的失败者！"在走投无路时，他向朋友求得汽车销售员的工作，上班第一天他积极卖出第一辆车给一位可口可乐销售员，而能向老板预支薪水，从超市买一袋食物回家让妻儿饱餐一顿。

"在我眼中,他(指第一个客人)是一袋食物,一袋能喂饱妻子儿女的食物,那天回家我对太太琼发誓,从今以后不再让她为温饱而烦恼。"

没有人脉的他,最初靠着一部电话、一支笔,和从电话簿上顺手撕下来的四页电话号码做为客户名单拓展客源,只要有人接电话,他就记录下对方的职业、嗜好、买车需求等生活细节,然后就去推销。虽吃了不少闭门羹,但多少有些收获。因为有严重的口吃,靠嘴谋生的他特地放慢说话速度,比谁都更注意聆听客户的需求与问题。他靠着掌握客户未来需求、紧迫盯人的黏人功夫,促成了不少生意。他就是世界上最伟大的推销员——乔·吉拉德。

乔·吉拉德,给自己的目标和计划就是每天拜访 30 个客户,如果哪天没有达到,他就一定不吃饭也要坚持晚上出去。就是凭借这种坚韧不拔的精神,使他当之无愧地成为顶尖的销售大王,也给他带来巨大的财富。

"通往成功的电梯总是不管用的,想要成功,就只能一步一步地往上爬。"这是乔·吉拉德最爱挂在嘴边的一句话。凭着不想再回头过苦日子的决心与毅力,乔·吉拉德自创了许多类似土法炼钢的行销方法,在汽车业务重兵集结的底特律杀出一条血路。他连续 12 年荣登世界吉尼斯纪录大全世界汽车销售第一的宝座,他所保持的世界汽车销售纪录——连续 12 年平均每天销售 6 辆车,至今无人能破。

分析:

的确,我们要想改变现状,改变人生,突破销售瓶颈,就要像乔·吉拉德那样,首先要有一个目标,正如他说的"从今以后不再让她为温饱而烦恼。"这是从生存角度出发的目标。可能,对于刚开始从事销售工作的他来说,温饱就是他的目标。而随着现状的逐渐改变,他的销售目标也随之改变:"给自己的目标和计划就是每天拜访 30 个客户,如果哪天没有达到,他就一定不吃饭也要坚持晚上出去。"这也是他的目标。而从每一笔生意看来,吉拉德也不是盲目推销的，比如，他会记录下对方的职业、嗜好、买车需求等生活细节，而正是这些充分的准备工作，使得他促成了不少生意。

古人云，"知己知彼、百战不殆"，当中的"己"和"彼"包含着较为深刻的含义。由于没有明确的客户资源开发计划，销售工作很容易失去目标。对于销售工作来说，销售计划和制定目标存在的盲目性是销售中容易出现的首要问题。

所以，制定销售计划与销售目标需要做到自知者明，知人者智。制定销售目标要注意：

1. 设定理想目标

在选择目标时，要遵循"求乎其上，得乎其中"的原则。

2. 最好有个目标区间

在理想目标与终极目标之间，最好能有个明确的目标区间，以便和客户留有谈判的余地，让客户心理上有成就感。

制定目标可使销售成功，不制定目标，就不能充分发挥其自身潜能。特别是对一名销售员而言，如果没有目标，就会变得无精打采、烦躁不安，就会无从下手。但销售人员建立目标时要牢记：在实现目标的过程中，自身的提高比实现目标更重要。

高效管理，获得比别人更多的有效销售时间

销售过程中，你是否发现，与客户打交道时，你似乎总是摸不清客户的想法而导致异议不断？想尽早成交，但销售中总是频繁出现一些困难？你花在销售上的时间是不是总是比预期的多？这是因为，你对你的销售工作没有做到高效地管理。现代社会，无论是企业还是销售人员个人，都很重视

销售管理,其根本目的是提高销售额。而这一结果,单纯地依靠人的主观能动性很难升提。

销售情景:

乔·吉拉德,因售出 13000 多辆汽车创造了商品销售最高纪录而被载入吉尼斯大全。销售是需要智慧和策略的事业。吉拉德的推销业绩如此辉煌,其中有个重要的秘诀就是为客户建立一份档案,从而对客户进行有效的管理。

刚开始工作时,乔把搜集到的顾客资料写在纸上,塞进抽屉里。后来,有几次因为缺乏整理而忘记追踪某一位准顾客,他开始意识到自己动手建立顾客档案的重要性。他去文具店买来日记本和一个卡片档案夹,把原来写在纸片上的资料全部做成记录,建立起了他的顾客档案。

乔说:"在建立自己的卡片档案时,你要记下有关顾客的所有资料,他们的孩子、嗜好、学历、职务、成就、旅行过的地方、年龄、文化背景及其他任何与他们有关的事情,这些都是有用的推销情报。所有这些资料都可以帮助你接近顾客,使你能够有效地跟顾客讨论问题,谈论他们自己感兴趣的话题,有了这些材料,你就会知道他们喜欢什么,不喜欢什么,你可以让他们高谈阔论,兴高采烈,手舞足蹈……只要你有办法使顾客心情舒畅,他们也不会让你大失所望。"

乔认为,推销员应该像一台机器,具有录音机和电脑的功能,在和顾客交往过程中,将顾客所说的有用情况都记录下来,从中把握一些有用的材料。

乔说:"不论你推销的是什么产品,最有效的办法就是让顾客相信——真心相信——你喜欢他,关心他。"如果顾客对你抱有好感,你成交的希望就增加了。要使顾客相信你喜欢他、关心他,那你就必须了解顾客,搜集顾客的各种有关资料。

分析：

孙子说过："知己知彼，百战不殆。"正如乔说的那样："如果你想要把东西卖给某人，你就应该尽自己的力量去收集他与你生意有关的情报……不论你推销的是什么东西。如果你每天肯花一点时间来了解自己的顾客，做好准备，铺平道路，那么，你就不愁没有自己的顾客。"有效的客户管理，是令乔的推销业绩如此辉煌的一个重要原因。

的确，销售行业，谁能取得销售先机，谁能有效运用时间，谁就能获得利润。而这，就需要我们对销售进行管理。

销售管理，包括以下四个方面的内容：

1. 客户管理

客户管理的核心任务是热情管理和市场风险管理，调动客户热情和积极性的关键在于利润和前景；市场风险管理的关键是客户的信用、能力和市场价格控制。管理手段和方法有：客户资料卡、客户策略卡、客户月评卡等。

2. 销售计划管理

其核心内容是销售目标在各个具有重要意义方面的合理分解。这些方面包括品种、区域、客户、业务员、结算方式、销售方式和时间进度、分解过程既是落实过程也是说服过程，同时通过分解也可以检验目标的合理性与挑战性，发现问题可以及时调整。合理的、实事求是的销售计划，在实施过程中既能够反映市场危机，也能够反映市场机会，同时也是严格管理，确保销售工作效率、工作力度的关键。

3. 销售过程管理

其核心内容是围绕销售工作的主要方面，使自己的工作尽量集中在有价值的项目上，包括制定月销售计划、月行动计划和周行动计划、每日销售报告、月工作总结和下月工作要点、流动销售预测、竞争产品分析、市场巡视工作报告、周定点拜访路线等。

4.行动结果管理

销售员行动结果管理包括两个方面。一是业绩评价,二是市场信息研究。业绩评价包括:销售量和回款情况、销售报告系统执行情况、销售费用控制情况、市场策划情况、进步情况。信息研究包括:本公司表现、竞争对手信息,如质量信息、价格信息、品种信息、市场趋势、客户信息等。

一般来说,如果销售员能够在以上四点上做到有效管理,那么,销售效率就能大大提高!

预案永远比他人多一份,销售更有胜算

当今世界,经济发展瞬息万变,销售行业同样如此。当你与客户接洽的同时,可能你的竞争对手也正在"暗箱操作",如果你一时大意,就可能导致客户的流失。因此,聪明的销售员无论何时都会多一手准备,预案也比他人多一份,这样,在同等的竞争环境下,销售会更有胜算。

销售情景:

有一些外国客商,要在中国内地购买一批棉布。A 纺织公司很快知道了这一消息,于是,就迅速派代表与外商洽谈。可是,就在与之接洽的过程中,A 公司代表发现,与这些外商联系的还有好几家公司,而在价格上,他们公司并没有优势,这就是为什么这些外商迟迟不肯成交的原因。

此时,A 公司的谈判人员有点不知所措,他们给公司经理打电话,终于解决了这一问题。原来,公司总经理早就料到了同行竞争的存在,于是,就多准备了一份谈判预案。A 公司经过调查发现,这些外商虽说要购买棉布,但这批棉布是用于医疗卫生方面的,而符合这一标准的只有 A 公司的产品。

也就是说，这些外商并不知道这一"内幕"。在后来的谈判中，A公司的谈判代表使出了这最后的杀手锏，为这些外商提供了一份预案，在这份预案中，他们故意"透露"了这一情况。而最终，令很多同行不解的是，这些外商选择了价格比其他任何公司都高的A公司。

分析：

任何一位客户，为了能购买到质优价廉的产品，都会货比三家，而这就导致了销售方之间的竞争。如何才能在这些竞争中始终立于不败之地？其实很简单，那就是比别人多一手准备，多一份预案，这样，才能以不变应万变。案例中的A公司之所以能卖出自己"贵"的产品，就在于他们掌握了购买方对产品最重要的要求，而这，也成了他们能打败众多对手的杀手锏。

那么，这样的预案销售人员该如何准备呢？

1. 要瞄准你的客户

作为销售人员，我们要知道，预案是为正在寻找你的解决方案、你的经验和你的能力的细节和证明的评价者而准备的。他们正在寻找详细的解释，这包括你将如何完成这项工作、你在该领域有哪些成功的经验、你为哪些客户做过类似的工作、你将如何管理这个项目，以及你的核心竞争力和金融稳定性的证据。

所以，最初的重点必须放在客户和他们的需求上。事实上，通常客户的名字出现的次数应该是销售方的名字出现次数的两到三倍。

2. 预期结果

如果问题得以解决，需求得以满足，或者目标得以实现，就要描述对客户的公司可能带来的积极影响。请注意，这不是对你的解决方案的特性和优势的讨论。更确切地说，重点是该公司实施你的解决方案之后所获得的收获。例如："当解决了问题'A'，你将会减少50%的停工期……""实现目标'B'能够为你的产品打开新市场……"。

除非客户明确要求提及价格,否则避免在执行摘要中涉及成本。相反,要利用执行摘要,演示你提出的能提高生产力、降低运营成本、增加市场占有率、降低购置总成本或者带来其他一些利益的重要措施。

3. 尽量完善你的预案

由于该预案是你的公司的"产品",你必须弄清楚它代表了公司向客户所提供产品的质量。不用说,对将要提供的产品或服务不能有任何明显不一致的描述。而且,外观可能和内容同样重要。

不应该有明显的语法错误,而拼写错误则绝对要减少到最少。另外,请确保你将所有废话和无用的专业术语都删除了,除非那些话是你在该潜在客户的日常商务用语中经常听到的。

4. 亲自提交你的预案

对成功预案的研究清楚地表明,那些最后亲自提交给购买团队的预案要比没有这样做的预案胜出的可能性高 50%。在你同意撰写一份预案之前,不要羞于要求一次个人陈述的机会。毕竟,你已经对预案工作投入了很多,所以你有权礼貌地要求一次表现的机会。另外,在要求得到业务时,提出一两个将你区别于其他供应商的关键因素,这也会使你成为客户的不二选择。

在整个预案的准备过程中,要强调你能为客户做些什么,以及你的解决方案创造的价值与观念的独一无二之处,而这个价值观念能让预案脱颖而出,即使其他解决办法可能成本更低。

遵循 SMART 原则,令销售目标变得更易实现

销售过程中,可能我们都知道制定销售目标的重要性,但有时候我们会产生疑问:为什么我的销售目标如此难以实现呢？其实,问题出现在你的销

售目标在制定时是否合理。只有遵循一定规律的销售目标,实现起来才更容易! 在销售界,有个著名的原则——SMART 原则能帮助我们对销售目标的制定起到很好的作用!

销售情景:

管理大师彼得·德鲁克早年经历过这样一件事:

1944 年,彼得·德鲁克负责研究通用汽车公司的管理结构和管理政策,时任通用汽车公司 CEO 的斯隆对他说:"我不知道我们要你研究什么,要你写什么,也不知道该得到何种结果,这些都应该是你的任务。我唯一的要求,只是希望你将你认为正确的写下来,你不必顾虑我们的反应,也不必怕我们不同意。尤其重要的是,你不必为了使你的建议容易为我们接受而折中。在我们公司,谈到折中,人人都会,不必劳驾你来指出。你当然可以折中,不过你必须先告诉我们什么是正确的,我们才能有正确的折中。"

分析:

斯隆这句话是对销售目标最经典的界定。在销售行业的任何一个人,你可以对新业务的发展规律不太清楚,但不可以对目标说不清楚。作为管理者,将自己都不清楚的事毫无原则地甩给员工去做,是不负责任的表现。

的确,有时候,因对业务的发展规律不了解,对市场的前景也无法预测,因为有太多的变动因素,所以,制定销售目标也就并非易事。而此时,如果我们能遵循 SMART 原则,销售目标的制定会变得明朗很多。那么,什么是 SMART 原则呢?

1. S—Specific:目标要具体,不要太抽象,太笼统

即目标必须是具体的。明确要完成的事情究竟是什么? 根据客户的要求、业务目标的需要,具体的结果或产出是什么? 为了达到所期望的目标,

应该采取什么样的具体措施？与这个目标相关的人是否在该目标上达成了共识？

2. M—Measurable，目标要量化，可以量度

目标应该是可衡量的。可衡量方可管理，要明确业绩目标是什么（日期、次品率、利润等）？用什么样的数字化或描述性的衡量标准来判断结果或产出是否达到了目标要求？这些标准清晰吗？如何能知道团队或个人是否达到了目标？如何检查他们的工作进展情况和工作结果？

3. A—Attainable，目标要具可达性，太高达不到反而失去了意义

目标是可实现的。要考虑到为了达到这个目标需要付出哪些努力？团队和个人是否有信心经过努力实现目标？阻碍团队或个人达到目标的障碍是什么？潜在的障碍或阻力是什么？为了达到目标，团队或个人需要什么样的资源？有现成的资源吗？

4. R—Relevant，目标要有相关性

目标应是具有相关性的。目标是否与业务目标直接相关？两者之间是否有一个直接的联系？团队或个人是否明白，达到目标会对实现企业经营目标产生什么影响？目标是否解决了客户的需求问题？目标是否与个人的工作描述和职责相联系？

在 20 世纪 70 年代，为了消灭老鼠，有些地区曾把目标定为：每人交老鼠尾巴若干。结果是流程简单，考核错位，据说最后社会上竟出现了老鼠饲养专业户专门有偿转让鼠尾巴的现象，考核导向的结果使制定的目标与终极目的脱钩，老鼠反而越来越多。在企业中类似现象也可能存在，如把培训年目标定为人均××学时、公司人均利润为××万元，但这到底意味着什么？如果这些不能做到清楚明确，可能是目标实现了，但目的却未达到。

5. T—Timetable，目标要有时限，即什么时候要达到

目标必须是有时限的。要达到目标需要多少时间？目标必须什么时候完成？为了达到最终的目标，是否确定了审查团队或个人进展情况的确切

日期？时间的限制是否能保证那些与该目标相关的人员有时间完成他们各自的目标？

目标设好了，行动计划也制定好了，是不是就完成了？其实不然，事情才刚刚开始，你还需要准确运用这一原则，请考虑下面的目标是否符合SMART原则：

①加速公司的售后服务质量的提升。

②改进和提高打印设备安装部门的工作成效，从2007年第四季度到2008年第四季度使周期时间缩短5%。

③对公司产品的生产基地进行一些自动化改造，以最大额度为10万元的预算在第三季度结束前完成这个项目。

上述的①目标不够具体，不可衡量。②的目标是具体可衡量的，也是有时限的，如能保证实现且可与其他业务目标相关联，就是好目标。③的目标中提到了时限，提到了项目预算，但对自动化界定得不清楚，目标不够具体，不可衡量。

如果我们能正确运用SMART原则制定目标，按照目标行动并坚持不懈，就一定能成为一名销售高手！

不断完善现有计划，就能不断赢取新机会

销售是一个需要不断面对挑战的行业，不仅要面对业绩的挑战，面对新客户的挑战，还要面对自己极限与能力的挑战。而挑战就意味着要不断完善，不仅要完善自身的素质，还要完善销售工作中的细节问题，其中就包括完善现有的销售计划。新的销售机会总是机遇与挑战并存的，一个成功的销售人员必须要在这种种挑战中去挑战自己并且成就自己，因为这是销售

人成功的必经之路!

销售情景:

王文在进入现在这家公司之前,已经是个销售知识很丰富的年轻人,而且,他很有干劲,每次在与客户接触前,都会准备一份完整的销售计划书,满腔抱负的他原以为自己会在销售行业有个好开始。但问题开始了,他发现,原来并不是每个客户的购买情况都是可以用专业销售知识来概括的,客户总是有解决不完的问题。就这样,在前几次的销售中,王文都以失败而告终。

但是王文并没有因几次失败的打击而绝望,他认真地分析了自己的优劣所在:自己虽然拥有丰富的销售理论知识,但缺少实践经验。所以,在制定日常销售计划的时候,一定要多学习一些对销售的商品时对与人交往的技巧方面的知识,以此来弥补自己销售计划的缺陷。

另外,为了能成为一名金牌销售员,王文不断努力,利用业余时间进行自我补充和自我完善,深入了解公司相关商品的优点与不足。逐渐地,王文开始能面对与客户接触过程中出现的各种"小插曲"。

有一次遇到一家集团型企业客户,公司中大多同事都不敢去接这单生意,害怕遭受失败,而王文经过几次失败的打击,又通过这段时间的努力,自认为有信心去做好这项工作,于是他主动向公司提出去接这单生意,最后通过努力签约成功,这使王文的自信心大大增强。

此后,虽然王文也遇到过失败,但是他总是能够及时地总结经验,从中汲取教训,并始终注意通过失败思考和学习,不断完善现有计划,销售能力大大提高,逐渐为公司赢得了越来越多的客户,自己也成为公司的金牌销售员。

分析:

王文之所以能战胜销售中遇到的挫折和失败,抓住销售机会,实现自己金牌销售员的梦想，就在于他的学习和总结能力。正如他所发现的，并不是每个客户的购买情况都是可以用专业销售知识来概括的，新的问题会不断出现，而工作一览表和工作计划只是大致的准则，并非绝对性的规定。尤其是这种工作以人为对象，随时会有突发状况，如不留意这种现象，可能会不经意间冒犯客户，所以必须格外警惕。

的确，在销售过程中，销售计划的制定存在一定的盲目性，那就是拘泥于已有的销售计划。这样，在没有完善切实可行的客户资源计划的情况下，就导致了销售目标不是建立在准确把握市场机会、有效组织企业资源的基础上，于是，一连串的销售问题就会出现。

那么，作为一名销售人员，我们如何完善现有的销售计划呢？

1. 之前的历史情况如何

了解这些情况，得到可考的数据，销售人员需打开"五大报表"功能，"五大报表"包括"年度基本情况表"、"销售综合汇总表"、"人员签署合同明细表"、"客户回款明细表"、"人员回款明细表"。我们可以按照去年同期的销售完成情况结合上月的销售情况制定当前的销售目标。

2. 为实现目标，还需要准备什么

首先需要对客户资源进行分析，必须了解目前有多少"销售机会"或者"热点客户"在未来可以贡献多少利润！

而更重要的是，可以通过"热点客户"功能做出客户培育和销售跟进的具体计划。"热点客户"是近段时间需要跟踪的客户，作为销售人员，必须非常清楚了解不同类型的"热点客户"，并把"热点客户"从公司庞大的数据中特别"标注"出来，并予以关注。

另外，销售人员要随时知道公司的库存情况，这样才可以有针对性地向客户推荐"有库存的产品"。

3. 制定符合当前情况的销售目标

其实，最直接的销售目标还是看销售人员的合同额目标、回款额目标。

另外,每月拜访的客户数、每月新增的客户数甚至销售人员每天平均拜访客户次数等,都应该是一个量化的目标。

如果我们能从以上几个方面多做分析,在了解"过去"和"现在"的销售状况的基础上,综合各方面的因素,就能做到完善现有计划。

第②章

尽在掌握,把握主动才能牵动客户

　　我们都知道, 销售打的就是一场心理战, 只有做到"知己知彼"才能"百战不殆"; 只有凡事先行一步, 做足准备工作, 才能在与客户打交道时底气十足、稳操胜券。否则, 只能处于被动的地位。这就是为什么多数客户面对销售人员的推销都会说"我不需要"的原因。而实际上, 即便客户自己, 也不一定了解他内心的需要。这就更需要销售员主动帮助对方发现这种需要。总之, 如果能掌握销售中的主动权, 那么, 你的推销就会变得易如反掌。

开拓思路,不一定有买才能有卖

有人说:"销售中没有什么不可能,不一定有买才有卖"。的确,只要我们的思路是宽广的,即使表面上看客户没有购买需求,我们一定也能找出其潜在的需求。

销售中,客户的开发在工作中占有很重要的作用,但我们会发现,并非所有的潜在客户都能成功地被开发成为准客户。于是,很多销售人员都遵循这样一个工作流程:当他们发现一个新客户对象时,首先做的就是尽快地确定对方是否能够成为真正的客户,然后才能决定是否对他开展工作,进行开发。而实际上,有时候,如果我们总是被"有买才有卖"这种思维局限的话,就会失去很多客户。因为有些客户的内在需求并未被我们真正挖掘出来。

销售情景:

美国布鲁金学会以培养优秀的推销人员而闻名于世。学会在每一期学员毕业时,会设计一道艰难的推销题目让学员去尝试,如果谁能完成这项推销,就把一只刻有"最伟大的推销员"的金靴子奖给他。

在布什当政那年,这项考题为:把一只斧子推销给布什总统。考题难倒了许多学员,他们认为,总统什么也不缺,即使总统想要一只斧子,也会有人去购买,所以把斧子推销给总统是不可能的事。

然而,有一位推销员却做到了。这位推销员对自己很有信心。他通过全方位的调查,了解了布什总统的情况,知道他在得克萨斯州有一座农庄。于是,他给布什总统写信道:"我有幸参观了你的农庄,发现里面有很多枯死的小树。所以我想,你一定需要一把斧子来砍伐树木。我这里正好有一把,它是我祖父留传下来的,很适合砍伐枯树……"

不久,这名推销员收到了布什总统的汇款,他自然也得到了那只金靴子。

分析：

表面上看,谁会想到一个国家总统会需要一把斧头呢？但这位推销员却想到了,并且他还成功地推销出去了这把斧头。而促成这次推销成功的关键,就是他开阔的思路。他并未把自己的眼光局限在客户是"总统"这个头衔上,而是观察到了客户有座"农庄"和"枯死的小树",于是,他让客户明白自己需要这把斧头。当"需求"出现的时候,销售也就容易得多。

要让这种看似不可能的销售最终成功,我们就要开拓思路,就要了解客户的需求与你提供的产品是否存在着某种良好的对应关系,也就是定义客户的需求。定义客户的需求就是指通过买卖双方的长期沟通,对客户购买产品的欲望、用途、功能、款式进行逐渐发掘,将客户心里模糊的认识以精确的方式描述并展示出来的过程。

当然,在进行客户需求定义时要注意从不同的角度和侧面来分析,不妨注意以下几个原则：

1. 全面性原则

这一原则是针对所有被列入客户范畴的潜在客户而言的。对于这些客户,我们要尽量做到了解得全面,要定义其几乎所有的需求,全面掌握客户在生活中对于各种产品的需求强度和满足状况。之所以要全面了解,是要让客户生活中的需要完整地呈现在你的面前,而且根据客户的全面需要分析其生活习惯、消费偏好、购买能力等相关因素。

2. 突出性原则

作为销售人员,最终的目的就是把产品推销给客户,并帮助客户满足需求。因此,我们时刻不能忘记自己的这一任务。为此,在定义客户需求时,我们要突出产品和客户需求的结合点,清晰地定义出客户的需求,必要时要给客户对本产品的需求提出一个"独特的名称"。

比如,如果我们推销的是健身器材,我们就要尽可能让消费者形成对健身器材的独特认识,为它定义出一个别人都没有意识到的"能提高生活水平"的独特作用。

3. 深入性原则

任何沟通都不能蜻蜓点水,停留在表面上,否则只是空谈,起不到任何作用。对于销售,定义客户的需求,也不能单纯地把客户需求的定义认为是简单的购买欲望,只有深入地了解客户的生活、工作、交往的各个环节,你才会发现他对同一种产品拥有的真正需求。也就是说,要对客户的需求作出清晰的定义,事前工作的深入性是必不可少的。

4. 建议性原则

客户是我们的上帝,不是我们的下属,命令换来的只能是拒绝,当然我们也不可能这么做。在客户需求的定义过程中同样如此,客户所认同的观念跟我们或多或少的存在一些差异,所以定义客户的需求只能是"我们认为您的需求是……您认同吗?"

如果我们能遵循以上几个原则,在为客户定义需求的时候,就能做到有点、有面、有针对性,自然能获得客户的认同!

先行一步,比客户还了解客户要什么

任何一个销售人员都知道,要想让客户购买,就要让其产生需求。然而,多数客户面对销售人员的推销,都会回答:"我不需要!"客户认为自己不需要,是因为没有认识到自己对产品的需求。所以,如果我们能主动出击,先行一步,制造出这种需求,就能激发起客户的购买欲望。

销售情景：

一个老太太在她所住居民楼下的市场买李子。她走到第一个小贩跟前，小贩问："大娘，要不要买李子，我的李子又大又甜。"老奶奶没有回应他，她来到第二个小贩跟前，问："李子怎么卖？"小贩说："我这儿有两种李子，一种又大又甜，另一种酸酸的。请问你要哪一种？"老奶奶说："那给我来一斤酸的吧。"老奶奶买了一斤酸的李子后，当她经过第三个小贩跟前的时候，第三个小贩问："老奶奶，来买李子啊？"老奶奶回答说："是啊，我来买酸李子。"小贩就问："别人都喜欢买甜的李子，而您为什么要买酸李子呢？"老奶奶说："我儿媳怀孕了，想吃酸的东西。"小贩笑着说："您对儿媳真是关心啊。听说孕妇吃猕猴桃比较补身子，不如买一斤回去给儿媳尝尝啊。"老奶奶听了很高兴，就又买了一斤猕猴桃。小贩接着说："我这儿也有酸李子，今后您可以长期到我这儿来买，我给您优惠。"老太太听了连连点头，乐呵呵地走了。

分析：

案例中，第一个小贩只是向老奶奶销售他想卖出去的甜李子，结果什么都没卖出去。第二个小贩询问到了老奶奶需要买酸的李子，结果他卖出了一斤李子。只有第三个小贩充分地了解到了老奶奶的需求，结果他卖出了一斤猕猴桃，还获得了长远的销售机会。可见，客户需求在销售过程中的重要性。作为销售人员，必须先行一步，先了解准客户的现状，再了解准客户的期望，然后通过产品的卖点来满足准客户的需求。

具体来说，了解客户的需求，需要我们做到以下几点：

1. 明白客户的需求

客户需求，是指通过买卖双方的长期沟通，对客户购买产品的欲望、用途、功能、款式进行逐步发掘，将客户心理模糊的认识论精确的方式描述并展示出来的过程。对客户来说，他总处于一定的现实状况中，这就是他的现状,而在他的心中有一个期望达到的理想状况,这就是他的期望及目标。期望及目标和现状之间的差距就是客户的需求。作为销售人员,要销售正确的产品给正确的客户,首先必须充分了解客户的需求。

2.通过询问,了解客户的想法和观点

作为销售人员,我们要了解客户的需求,除了通过一些相关资料和观察外,一个重要的途径就是直接询问。比如,你可以直接问客户:"今年,您准备在生产设备上给予多大的投入?"

3.客户导向式销售的要求

要实行客户导向式销售,必须通过与客户进行鼓励性的交流寻求客户的真实需求,这必须通过询问来完成。

这里包括两种询问的方式:

①开放式:开放式的询问方式适用于信息需求量大的场合,通过鼓励对方畅所欲言来获得自己所需要的信息。开放式询问的主要内容是"5W1H",也就是 What(什么事)、When(什么时候)、Where(什么地方)、Who(谁)、Why(为什么)和 How(怎么办)。

②封闭式:封闭式询问通常限制对方答案在某一确定点,对方用"是"或"不是"回答或从两个选择中选取一个。需要注意的是,封闭式的问题如果问得太多,容易使人有被审问的感觉。但人们通常都喜欢用封闭式的方式来询问问题。

4.主动预测客户需求

要积极主动地预测客户可能具有的需求,并提前组织安排。例如当汽车公司为客户修理汽车时,其工作人员除了上门收取费用并送还维修车辆外,还会在维修期间为客户准备一辆租用的汽车方便客户出行。

5.表达对客户的关注

当客户被询问的时候,他往往乐意把自己的想法或问题说出来,而且,询问本身就表明一种关注,客户会觉得自己被尊重。

总之，如果销售人员能做到积极猜测、大胆询问、表达尊重等，是能获得客户的信任并能了解其内心真正需求的。

制造点声势，令客户不请自到

作为销售员，进行销售工作的第一步，往往就是找到客户甚至上门推销。而多数情况下，这种销售模式并不怎么理想。如果我们转换思维，将思考问题的视野拓宽，调整和完善销售过程，在寻求准客户的过程中反其道而行之，制造点声势，让客户"慕名而来"，那么，势必会出现完全不同的销售局面，正如业绩管理专家保罗·塞尔顿所说："跳出固有模式考虑问题的一种简单方法就是变换考虑问题的角度。"

销售情景：

纽约一个叫福克斯的古董商有一套自己的营销策略。他把自己的商品依次陈列在家中最为豪华的15个房间里，凡是有客人来，他总是亲自陪同参观，不时对陈列的每件展品的制作年代、材料、设计构思甚至原主人的旧闻趣事以及客人不懂的问题做热情主动的介绍，而对展品标示的价格则绝口不提。待一间间屋转下来，随意的浏览、绝妙的解说已深深地感染了客人，到后来客人欣然购物。

分析：

案例中，这位古董商的销售策略是巧妙的。他并没有直接向客户推销，而是先热情地为客户介绍这些古董。这就是一种声势的制造，当客户被这些解说深深吸引的时候,自然会主动提出购买。所以,聪明的销售员,不是总想"我怎样才能增加与客户的见面时间呢?"而是想"我怎样才能把我的各种沟通技巧有机地结合起来,以便更加高效地满足客户的要求呢?"

那么,销售人员如何制造声势,从而让客户不请自到呢?

1. 潜移默化影响客户

案例中的销售员就是利用这一策略的。营销员都深知这样一个道理:如果我们的产品质量可靠,我们的专业素质过硬,那么,向懂行的客户推销产品是比较容易成功的。营销人员在同客户往来过程中的良好的态度、动听的语言都会潜移默化地影响顾客。

2. 广结客缘

这是一个十分中肯诚挚的建议。客户的口碑是我们最好的品牌。客缘广,自然生意隆。但是广结客缘并非仅仅是追求客户的多少,广种薄收不可取。

3. 要重视老客户

如果仔细分析和观察,不难发现这样一个原则,即80%的生意是同20%的客户成交的。

这一原则同样通用于营销员的推销。例如,纽约21世纪房地产公司的经纪人亨特先生,在他每年上千万美元的佣金中,大约二分之一来自于老客户,对他来说要做的工作仅是定期拜访这些曾经向他购屋的老主顾,送去一些节日问候或圣诞小礼物,从而随时掌握他们是否有购房或售房的信息。

4. 体验消费,细节制胜

客户购买过程本身是一种体验过程。这就是为什么很多商家经常在推出新产品之前,都会举行一些试用和体验活动。而在这个试用体验过程中,产品是否能提供客户愉悦兴奋的满足感,是决定他们能否再次购买、"不请自到"的关键点。这个过程中,就体现了销售员的工作细节问题。

销售以细节制胜。对于每天和客户打交道的销售人员来说,语言上的细节很重要，一个销售的达成往往决定在语言细节的把握上，同时也可以通过客户表现出来的诸多细节判断客户的真实需求。因此，销售员在客户体验产品的过程中，应及时问询客户的体验情况："小姐，您觉得这款产品还有哪里您不满意吗？"

5.巧用新时代媒介

随着网络、电视、广告等新闻媒介的普及，商家推销的方式也由实体推销逐渐发展到网络、电视乃至电子营销。而人们的购买倾向也受到这些广告、新闻、网络评价的影响。因此，我们可以巧用这些媒介，为自己的产品大作宣传。

当然，制造声势的方法远不止这些，这就需要我们在销售过程中根据客户的具体情况采取具体的措施，最终达到引导客户的目的。

不用等客户询问，主动地去了解客户

销售中，我们经常看到一些销售新手，在与客户打交道时，都会显得局促不安，甚至摸不清客户到底需要什么。这是因为他们准备不足，没有"底气"。对客户的情况不了解，在交谈中也只能处于被动的地位。而销售打的就是一场心理战，只有做到"知己知彼"才能"百战不殆"。也就是说，作为销售员，不仅要清楚自己的优势，还要主动了解客户，才能稳操胜券。

销售情景：

一次，中国东北某机械制造厂要为美商提供一批机械。双方很快就进出口事宜坐下来进行谈判。正如中方的这位李厂长所料，价格问题还是主要问题。果然，双方因讨价还价、互不相让而致谈判陷入僵局。这时对方总裁提议要休息几天。

连续几天,美国公司没有做出任何答复,也没有磋商意图。这时,中方有人担心这样下去会使谈判以失败而告终,导致经济受损。就在这时,李厂长站出来安抚大家,告诉大家一切尽在掌握之中。

原来,在他到美国之前曾经做过大量的调查研究,通过各种渠道了解到当时美国的贸易政策已经有所调整,美国为了保护本国的对外贸易,对亚洲一些国家和地区实行高关税政策。因为税率高及其他原因,这些国家迟迟不发货,而这家美国公司已与客户签订了合同,急需投入生产。正巧,他们所需要的产品型号与中方公司生产的产品规格基本一致,这就为中方公司讨价还价提供了保证。李厂长亲自送货上门,等于解了美方燃眉之急,哪里会遭到拒绝呢?

正是在充分调查的基础之上,李厂长才稳如泰山。后来,终于沉不住气的美方公司,决定再次谈判,经过认真商谈,最终达成了协议。

分析:

这则案例再次证明了中国人常说的"工欲善其事,必先利其器这句话的道理",准备充分,才能应对各种突发情况。如果这位厂长事先没有主动了解到这家美国公司的情况,就不能在这次谈判中做到胸有成竹。

不仅谈判,销售员在日常销售中也是如此。那么,销售员需要怎样主动了解客户呢?

1. 询问

第一步主要是询问,通过询问来了解顾客需求。这里必须强调的是,结合产品卖点进行询问,而且这个卖点最好是你们产品的独有之处,各个品牌都有的功能或者不如人家强大的功能,你就别询问。

比如,询问顾客:"你爱上网 QQ 聊天吧?"

顾客说:"是的,你有可以 QQ 聊天的手机吗? 我就是要买这样的手机。"

导购员："我们公司暂时没有，其他品牌有，不过我们的手机也挺不错的。"

以上错误，营销人员千万不可出现。

2. 聆听

在与客户交流中，聆听比自己说话要重要得多，只有通过聆听你才能了解客户的真实意图，才能让你说的话有说服力。我们发现，在销售过程中经常有销售员打断客户说话的情形，这是不专业的表现，同时也是对客户的失礼。另外，适时给予客户适当的鼓励和恭维，顾客会告诉你更多。

3. 思考

在与客户沟通的时候，你要通过客户说的话来了解客户的需求，不要等客户询问了再来回答。有时候，客户因其产品知识的局限，可能无法准确地讲出他们的需求。这种情况下，销售人员应根据所观察到的线索和客户的言语来确定客户的需求。有时候，客户所表述的要求不一定是其真正的需求。销售人员要根据观察和聆听以及思考，逐步了解其真正意图。

假如，有一位客户要买手机，对手机不甚了解的他直接就问有没有声音大点儿的手机，这位顾客说他的电话比较多。当时品牌手机中并没有这样的手机，有个防辐射的手机，适合电话多的人。于是作为品牌手机销售员的你也可以给他推荐这个防辐射的手机。

4. 观察

要了解客户的需求就要眼观六路耳听八方。销售员不在于学历高低，要善于观察，观察客户的随身物品、言谈举止、穿着打扮、神态表情、肢体语言，通过观察了解客户的需求。

总之，了解客户是销售成功的关键。即使对非常熟悉的客户，销售员也应该了解得越多越好。

抛出一根主线，让客户顺着你的线路走

销售过程中，我们发现，很多销售员经常面临这种问题：由于掌握不住销售中的主动权，他们往往被客户牵着走，甚至在价格上一低再低，结果到最后客户还是不满意。其实成功的销售很简单，就是很自然地站在顾客立场上进行有效的沟通。很多人业绩不好，是因为自己的沟通习惯不好。你不妨先抛出一条主线，然后让客户跟着你的思路走，这有助于我们把握整个交谈的主动权！

销售情景：

乔·库尔曼是美国著名的保险推销员。他幼年丧父，18 岁时成为一名职业球手，后来手臂受伤，只能回到家中做了一名寿险推销员。29 岁那年，他就成了美国薪水最高的推销员之一。

一次，乔·库尔曼想预约一个叫阿雷的客户，他可是个生意上的大忙人，每个月至少乘飞机行 10 万英里。乔·库尔曼给阿雷打了个电话。

"阿雷先生，我是乔·库尔曼，理查德先生的朋友，您还记得他吧？"

"是的。"

"阿雷先生，我是人寿保险推销员，是理查德先生建议我结识您的。我知道您很忙，但您能在这一星期的某天抽出 5 分钟，咱们面谈一下吗？5 分钟就够了。"乔·库尔曼特意强调了"5 分钟"。

"是想推销保险吗？几星期前就有许多保险公司都找我谈过了。"

"那也没关系。我保证不是要向您推销什么。明天早上 9 点，您能给出几分钟时间吗？"

"那好吧。你最好在9点15分来。"

"谢谢！我会准时到的。"

经过乔·库尔曼的争取,阿雷终于同意他拜访了。第二天早晨,乔·库尔曼准时到了阿雷的办公室。

"您的时间非常宝贵,我将严格遵守5分钟的约定。"乔·库尔曼非常礼貌地说。

于是,乔·库尔曼开始了尽可能简短的提问。5分钟很快到了,乔·库尔曼主动说:

"阿雷先生,5分钟时间到了,您还有什么要告诉我吗?"

就这样,谈话并没有结束,在接下来的10分钟里,阿雷先生又告诉了很多乔·库尔曼想知道的东西。

实际上,在乔·库尔曼约见的许多客户中,有很多人是在5分钟后又和乔·库尔曼说了一个小时,而且他们完全是自愿的。库尔曼把自己的成功归结为"用一句具有魔力的话来改变糟糕的局面",这句有魔力的话就是"您是怎么开始您的事业的?"

分析：

俗话说,君子不开口,神仙也难下手。作为推销员,最怕对方三缄其口,如果遇到这种情况,就像库尔曼一样,说出那句有魔力的话,让客户愿意与你交谈。而这句有魔力的话,就会成为与客户交流中的主线。

那么,我们该抛出一条什么样的主线呢?

1. 设法问一些让客户回答"是"的问题

销售开始时,与客户交流,尽量避免谈论让对方说"不"的问题,因为,一旦客户说出"不"后,要使他改为"是"就很困难了。

因此,在拜访客户之前,首先就要准备好让对方说出"是"的话题。

例如,对方一出现在门口,你就要递上名片,表明自己的身份,同时说：

"在拜访您之前,我已看过您的车了,这间车库好像刚建成没多久嘛……"

只要你说的是事实,对方必然不会否认,而只要对方不否认,自然也就会说"是"了。

就这样,你已顺利得到了对方的第一个"是"。这句话本身虽然不具有太大意义,但却是左右销售进程的一个关键。

2. 从客户感兴趣的话题入手

一般而言,人们对陌生的销售员总是心存戒备,往往以没有时间为由将其打发走。其实,这是销售员没有选择正确的谈话方式。人们都有感兴趣的话题,客户也是。销售人员如果能在销售中先暂时搁置一些销售问题,而从客户的兴趣谈起,势必能激发客户继续谈话的欲望。

库尔曼在向一位工厂老板推销寿险并遭到拒绝后,他问对方:"您做这一行多长时间了?"

"哦,22年了。"

库尔曼问:"您是怎么开始干这一行的?"这句话在客户身上发挥了效用。他开始滔滔不绝地谈起来,从自己早年的不幸谈到自己的创业经历,一口气谈了一个多小时。最后,这位客户热情邀请库尔曼参观自己的工厂。那一次见面,库尔曼没有卖出保险,但却和这位工厂老板成了朋友。接下来的三年里,他从库尔曼那里买走了4份保险。

3. 本着为客户解决现有问题的原则发问

比如,你可以这样发问:"夫人,您刚搬入新建成的高档住宅区,生活档次立即提升了很多,难道不想买些高档的装饰品,为您的新居再增添几分现代情趣吗?"。

"为人父母,都要尽可能地让儿女受到最良好的教育,怎么样? 您考虑过筹集费用的问题吗?"

做出诸如此类的暗示后,要给客户一些时间,以便这些暗示逐渐渗透到客户的思想里，进入客户的潜意识里。当然，在提这些问题的时候，要尽量让问题显得有紧迫性，这样顾客才能认识到问题的存在。

总之，在销售过程中，如果我们希望有效减少客户的异议甚至客户的拒绝，就要充分发挥自己的能力，引导客户向自己设定的方向转化，让客户跟着自己的思路走！

"软磨硬泡"，用你的耐心赢取最终胜利

我们都知道，作为一个销售员，最不想看到的就是被客户拒绝，因为这是最令人沮丧的事。但是，如果一个销售员从来没有听到过客户的拒绝，那么他就不是一个真正的销售员，充其量只是一个订单接受者。事实上，被客户拒绝是销售员遇到的最平常的事，所以人们常把"脸皮厚"定义为销售员优秀的心理素质的代名词。这就要求我们正确认识挫折和失败，有不折不挠的勇气。被客户拒绝再正常不过，但你一定要有耐心，要学会"软磨硬泡"。如果你不能很好地处理客户拒绝，那么就很难得到客户的认同，也容易影响自己的心情。

销售情景：

美国著名的保险推销员乔·库尔曼曾经有这样一段推销经历：

斯科特先生是一家食品店的老板。库尔曼要向其推销一笔寿险。

库尔曼："斯科特先生，您是否可以给我一点时间，为您讲一讲人寿保险？"

斯科特："我很忙，跟我谈寿险是浪费时间。你看，我已经63岁，早几年我就不再买保险了。儿女已经成人，能够好好照顾自己，只有妻子和一个女

儿和我一起住，即便我有什么不测。她们也有钱过舒适的生活。"

换了别人，斯科特这番合情合理的话，足以让他心灰意冷，但库尔曼不死心，仍然向他发问："斯科特先生，像您这样成功的人，在事业或家庭之外，肯定还有些别的兴趣，比如对医院、宗教、慈善事业的资助。您是否想过，您百年之后，它们就可能无法正常运转？"

见斯科特没说话，库尔曼意识到自己的提问问到了点子上，于是趁热打铁说下去："斯科特先生，购买我们的寿险，不论你是否健在，您资助的事业都会维持下去。7 年之后，假如还在世的话，您每月将收到 5000 美元的支票，直到您去世。如果您用不着，您可以用来完成您的慈善事业。"

听了这番话，斯科特的眼睛变得炯炯有神，他说："不错，我资助了 3 名尼加拉瓜的传教士，这件事对我很重要。你刚才说如果我买了保险，那 3 名传教士在我死后仍能得到资助，那么，我总共要花多少钱？"

库尔曼答："6672 美元。"最终，斯科特先生购买了这份寿险。

分析：

正常情况下，保险推销员会选择那些需要让自己和家人更有生活保障的客户进行推销，这也就是为什么刚开始斯科特先生拒绝库尔曼的原因。在被拒的情况下，库尔曼并没有放弃推销，而是通过反复追问，终于发现了连斯科特自己也没意识到的另一种强烈需要——慈善事业。可以说，如果他没有"软磨硬泡"的话，恐怕会失去这笔生意。

那么，销售被拒后，我们该如何"软磨硬泡"赢取最终胜利呢？

1. 正确认识客户拒绝，立即调整心态

热情推销，却被顾客拒绝，心中难免有些情绪，但我们决不能因为客户的拒绝就表现出恶劣的态度，这只会让客户对你产生反感。而且，无论客户内心的真实态度是怎样的，在与销售员进行交流的过程当中，他们总是习惯于表示拒绝。各种各样的拒绝理由往往是他们"进可攻，退可守"的武器。

所以，千万不要消极地认为自己的推销已经走向失败了。即使客户拒绝，没有与你达成交易，也要保持始终如一的态度，这样至少在客户心里留下了一个好的印象，以后还可能有合作的机会。

2. 不断提问，找到客户的真实需求

找到人们心底最强烈的需要，也是推销的秘诀。那么，怎样才能找到客户内心这种深藏不露的强烈需要呢？有一个办法就是不断提问，你问得越多，客户答得越多；答得越多，暴露的情况就越多，这样，你就一步一步化被动为主动，成功地发现对方的需要，并满足它。

库尔曼有位朋友是费城一家再生物资公司的老板。他是从库尔曼手中买下平生第一份人寿保险的。一次，他对库尔曼说："我突然想起来，我是怎么从你那里买下今生第一份人寿保险的。你对我说的那些话，别的推销员都说过。你的高明之处在于，你不跟我争辩，只是一个劲地问我'why'。你不停地问，我就不停地解释，结果把自己给卖了。我解释越多，就越意识到我的不利，防线最终被你的提问冲垮。不是你在向我卖保险，而是我自己'主动'在买。"朋友这番话提醒了库尔曼，原来，不断提问会如此重要。一句"为什么"竟像一架探测仪，让你在一番寻寻觅觅之后，终于发现客户内心的需要。

3. 找出客户拒绝的真正原因

埃里希·诺伯特是德语地区最著名的管理和销售培训专家之一，他曾说过，"不要害怕客户任何形式的拒绝，只要你抓住一个关键点：弄清客户拒绝购买的真正原因，那一切问题就会像医生找到了病因一样变得明朗起来。"

比如，当客户觉得产品不合适，准备离开时，你可以这样挽留客户："我是真心为您服务的，并真诚向您请教：您能告诉我是哪方面不满意吗？因为这是我们店里新到的货，我们要及时地关注客户对它的反映。另外，如果您不满意这件上衣，我再为您推荐其他几款。"

4.坚持三分钟

当客户拒绝时我们纵然不应该死缠滥打,但也不要轻易放弃,你可以礼貌地询问客户拒绝的原因,并判断是否是真正的原因。若不是真正原因就要再坚持一会儿。这时,你就应该眼、手、口、心一起配合,真诚地说出:"三分钟,只要三分钟就好!"相信客户一定会被你的真心所打动,一定会给你这三分钟时间。

第 ③ 章

侧耳聆听，销售倾听术能让客户更信任你

　　传统印象中，销售人员总是能说会道。他们通过"说"来让客户明白所销售的产品是如何神奇而有效。这种方法曾经一度在被动式销售中（人们主动找上门的销售）很有效，但在主动式销售越来越普遍的今天，客户对决策可能带来的后果越来越谨慎。人们能忍受销售员"说"的时间越来越短，甚至对"说"产生了"免疫力"，在这种情况下，"说得好"，真的不如"好好听"！如果你想成为优秀的销售员，就要将听和说的比例调整为 2：1，也就是说，70% 的时间让客户说，你倾听；自己用 30% 的时间来发问、赞美和鼓励对方说只有这样，销售员才能打开推销之门，成为顶尖销售员。

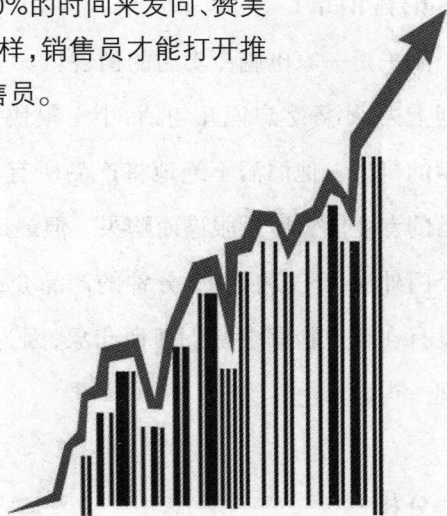

引导客户,当客户愿意跟你诉说就成功了一半

一般情况下,人们都有诉说的欲望,更有被倾听的愿望。而相对来说,谈话机会永远就只有一个,人们都喜欢谈和自己有关的事,而不是和对方有关的事。于是,很多销售人员在推销产品时,出于对业绩的关心,他会把70%的时间放在讲话或推销产品上,而客户只有30%的讲话时间。因此这样的销售员总是业绩平平。那些顶尖销售员,通过经验总结出了一条规律:如果你想成为优秀的销售员,就要将听和说的比例调整为2:1,也就是说,70%的时间让客户说,你倾听;自己用30%的时间来发问、赞美和鼓励他说。只有这样,销售员才能打开推销之门,成为顶尖销售员。

销售情景:

小王是一家电脑专卖店的销售员。有一天,店内来了一名客户,小王很快迎上去,不等客户说几句话,小王很快进入正题,为客户推销几款正在做促销的机型。他滔滔不绝地将产品所有的信息告诉客户,原以为客户会被自己的专业能力所折服进而购买。但最后,小王才发现,这位客户对电脑是一个门外汉,小王将近10分钟的产品介绍除了"保修一年"这句外,其他那些没有在客户脑海中留下任何印象,因为那一连串的专业术语实在让客户感到一头雾水。

分析:

兵法有云:攻心为上,攻城为下。只有你得到了客户的心,只有倾听,

逐渐引导客户诉说自己内心的真实想法，他才会把你当做朋友，你的销售之路才会越走越宽。戴尔·卡耐基也说过，在生意场上，做一名好听众远比自己夸夸其谈有用得多。如果你对客户的话感兴趣，并且有急切想听下去的愿望，那么订单通常会不请自到。本则案例中，没有提问，也没有倾听，小王根本不了解客户的真正需求，只是背书般地向客户介绍产品，效果可想而知。

销售中，倾听可以带来诸多利益：

①倾听让客户感觉到你重视他，因而对你产生好感。

②倾听让你得到你想了解的信息，包括客户的基本情况，开展广告活动的目的、初步思路等。

③倾听还让你得到看似平常，实则极有价值的信息，作为判断客户需求的依据。

倾听的目的，在与让客户向我们敞开心扉，从而主动与我们交谈下去。可见，我们不仅要学会倾听，还要善于倾听，这是谈话成功的一个要诀。在你倾听对方谈话时，应注意以下几点：

①与说话人交流目光，适当地点头或做一些手势动作，表示自己在注意倾听。

②听者应轻松自如，除非对方在讲一件骇人听闻的消息，你应不时表示"哦"、"嗯"等，以引起对方继续谈话的兴趣。

③记笔记。要一边听，一边做好笔记，因为客户往往说得较快，这时候要专心地听，而笔记要快，但不要那么整齐地去做笔记，因为客户不会等你记完了这一条再说下一条，他们一般是滔滔不绝地讲，那么你就要不断地记，然后再整理。

④通过一些简短的插话和提问，暗示对方你确实对他的话感兴趣。或启发对方，以引出你感兴趣的话题。世界级销售培训大师博恩·崔西曾经说过：如果你能提问，就永远不要开口说。销售是说服的艺术，但是如果只

有说而没有问,销售就会走进一条死胡同。正确的提问正是引起客户注意、获取相关信息、争取主动权、引导客户思考、进行沟通总结的法宝,是销售取得成功的关键所在。

⑤善于从别人的话里找出对方没有能明白表达出来的意思,也可用一两个字暗示对方:你不但完全理解他的话,甚至和他趣味相投。

⑥不要急于下结论,过早表态会使谈话夭折。

当然,如果你对对方的话不感兴趣,且十分厌烦,那你就应设法转变话题,但不要粗鲁地说:"哎,这太没意思了,换个话题吧。"

如果我们能在倾听时做到以上几点,一般情况下,在客户感受到尊重后,是会主动消除芥蒂并打开心扉,进而向我们诉说内心真实想法的。

倾听不"傻听",学会抓住有利于销售的关键点

我们都知道,在一个好的销售员应具备的品质中,有一种品质是最重要的,那就是"聆听"。会聆听的销售员,往往在销售的路上能够走得更远。"聆听"的意思就是"倾听",也就是要"耳听八方"。科学研究证明耳朵所收集到的信息比眼睛要多得多。根据权威销售研究机构对 2000 例销售谈话的调查,顶尖的销售人员通常花 60% ~ 70% 的时间在倾听上。但作为销售员,我们还要时刻不忘自己的最终目的,那就是卖出产品,满足客户的需求。因此,倾听并不代表"傻听",一定要学会抓住有利于销售的关键点。

销售情景:

利特尔公司是世界最著名的科技咨询公司之一。然而其前身只不过是其创始人利特尔建立的一个小小的化学实验室,并不为人知晓,但后来的一

件事却让这个小小的实验室名声大振。事情是这样的：

1921年的一天，许多企业家在一次集会上，谈论科学和生产的关系。一位大亨高谈阔论，否定科学对企业生产的重要作用。这位大亨挑战性地对利特尔说："我的钱太多了，所有的钱袋已经不够用了，想找猪耳朵做的丝线袋来装钱。或许你的科学能帮这个忙，如果能做成这样的钱袋，大家都会把你当科学家的。"说完，他哈哈大笑起来。

聪明的利特尔怎么听不出大亨的弦外之音呢？

他感到非常气愤，恨不得给这种无聊的人几个耳光，可是他忍受了，表面上非常谦虚地说："谢谢你的指点。"

此后不久，市场上的猪耳朵被利特尔公司暗中收购一空。购回的猪耳朵被利特尔公司的化学家分解成胶质和纤维组织，然后又把这些物质制成可纺织纤维，再织成丝线，并染上各种美丽的颜色，最后编织成五光十色的丝线袋。

这就是猪耳朵丝线袋，这种钱袋投放市场后，顿时被一抢而空。

"用猪耳朵制丝线袋"，这看来荒诞不经的恶毒挑战被粉碎了。那些不相信科学是企业的翅膀、同时也看不起利特尔的人，不得不对利特尔刮目相看。

利特尔公司从此名声大振。

分析：

利特尔听出了大亨的弦外之音，不露声色，暗地里却做好准备，收购猪耳朵，并通过科学的方法将猪耳朵制成丝线袋，不仅为自己带来了经济利益，还粉碎了大亨的恶毒挑战，一举成名。这个故事同样给从事销售的人们一个启示：倾听不能"傻听"，要听出关键点，才能有助于销售，否则就是本末倒置。

那么，这个关键点是什么呢？

1. 客户的问题点

销售之所以成功,是因为产品或服务可以帮助客户解决问题。在实际的销售对话中,问题会出现很多种,真假难辨,无法预料。此时,你倾听的任务就是听出客户需要解决的真正问题。一般来说,这些问题客户是不会主动向你坦白的,这一点你应该清楚,所以要巧妙抓住客户字里行间的意思,甚至要用提问来引导。

2. 客户的兴奋点

任何人都有这样的心理:逃离痛苦、追求快乐。典型的销售流程——先让客户思考他所面临问题的严重性,然后再展望解决问题后的快乐感与满足感,而销售的产品正是解决难题、收获快乐的最佳载体与方案。问题点就是让客户感到痛苦的"痛点",兴奋点就是让客户感觉快乐的理由。其实做销售就是既让客户感觉痛苦,同时又让客户感觉快乐的过程。听兴奋点,关键是听那些让客户敏感的条件和情绪性字眼。

①情绪性字眼。当客户感觉到痛苦或兴奋时,通常会通过一些对话中的字眼来体现,比如"太好了"、"真棒"、"怎么可能"、"非常不满意"等,这些字眼都表现了客户的潜意识导向,表明了他们的深层看法,我们在倾听时要格外注意。一般而言,在成交的那一刻,客户做决定总是感性的。所以每当客户在对话中流露出有利于购买成交的信号时,要抓住机会,及时促成。

②敏感条件。以下这些方面,都是销售中的关键点,我们都应加倍注意:价格、优惠、折扣、送货、保障、维修、售后服务、各种形式的购买承诺等。

总之,倾听是有效沟通的重要基础。而且,善于倾听的人总是注意分析哪些内容是主要的,哪些是次要的,以便抓住表象背后的主要意思。我们倾听客户说话,也要抓住有利于销售的关键点,不要被枝节所误导。

眼神交流，给予客户最合时宜的回应

眼神是人在交往时，一种含蓄的无声语言，往往可以表达有声语言难以表现的意义和情感。俗话说"眼睛是心灵的窗口"，它在一定程度上能反映出一个人的内心世界。一位销售大师曾这样说过：没有眼神的交流，销售的语言是苍白的。我们应该用各种适当的眼神去和对方进行比语言上更深层的交流。如果连销售员自己都闭着窗户，顾客为什么要为他打开窗户呢？视觉位居"五官之首"，医学上讲，眼睛是人类五官中最灵敏的。如果没有眼神的交流，那么我们与顾客的沟通便只算是"逢场作戏"。除非你对工作也是"逢场作戏"的态度，否则我们必须拒绝这种"形式化沟通"。

销售情景：

王磊是一家培训公司的经理。在过去的五年销售生涯中，他终于逐渐懂得了如何与客户沟通。

刚从事销售时，有一次，他与同事参加一次会谈，结果客户的回答却是："你们的提案充满了激情，我们完全被你们眼花缭乱的 PPT 震住了，所以相信你们的团队在执行上同样充满激情。年轻人，好好干，你们很有前途。最后，我们需要根据你们的提案再商量一下，看看是否符合我们今年的市场策略，我们会尽快联络你们的……"原来，会谈时间只有一个小时。而从打完招呼的那一刻算起，他长达 102 页的 PPT 伴随着口若悬河的讲述，占用了至少 50 分钟。其间客户几度试图说点儿什么，都被他无情地打断。

再后来，他懂得了要倾听，毕竟谈生意不是说单口相声。他收起了爱表现的欲望。但问题又出现了，他把说话的机会给了客户，可客户为什么还不满意？一个朋友开玩笑说："你那死鱼般的眼睛能打动客户？"

他终于找到了问题的症结所在,原来,客户需要的是回应。他得出了沟通的一大经验:既要让别人说,还要专注于别人所说,并用眼神加以回应。也正是这一经验,让王磊在短短的五年时间,成为一名销售经理。

分析:

的确,正如王磊所理解的那样,倾听并不是面对客户时,不加以引导的任客户不停地叙说,没有范围和重点,而是要积极地去倾听,将全部身心都投入进去,要能够站在客户的角度上去理解,并给予及时的眼神回应。

作为销售人员,我们是否发现,当说到自己的产品是最好的产品的时候,表现出了什么眼神？你在表示自己已经尽全力满足顾客的要求的时候,又是表现出了什么样的眼神？有的时候即便你将自己的想法说出来了,未必有人能听得见。有时候你没说,客户却"听见"了。所以我们不要埋怨客户不敞开胸怀,是我们在交流上没做到位。

当销售人员用有神的眼睛向客户传递出热情、坦诚和执著时,往往比口头说明更能让客户信服。充满热情的眼神可以有力地感染对方,使客户增加对公司的信心以及对销售人员的好感。

那么,在倾听时,我们该怎样与客户进行眼神交流呢？

1. 视线停留在对方的眉宇之间

当我们倾听客户说话时,无论对方言语间表达的含义是什么,当彼此的目光相交时,我们要勇敢地迎接。一般情况下,视线平视在对方的眉宇之间被认为可以向客户传达出礼貌和友好的信息。

2. 目光有神,避免游移不定或东张西望

用眼神与客户交流,如果我们两眼空洞无神的话,就会给客户留下心不在焉的印象,客户就会认为你不值得信赖。

与顾客谈兴正浓时,切勿东张西望或看表,否则对方会以为你听得不耐烦，这是一种失礼的表现。如果目光游移不定，就会使客户们联想到轻浮或不诚实，就会对你格外警惕和防范。这显然会拉大彼此间的心理距离，为良好的沟通设置障碍。

3.注视客户的时间要适度

与客户对视，虽可以体现你的自信和热情，也不能一直凝视着对方，这被认为是对对方不尊重的表现。注视对方的时间要保持适度：时间太短，客户会认为你没有诚意；时间太长，客户又会感到不自在。

当然，眼神的交流也并不仅限于"听"中，还适用于"说"中，为了让客户对我们的谈话感兴趣，需要用柔和友善的目光正视对方的眼区，要让客户知道你在注视他。

"眼睛是心灵的窗户"，那么为什么要闭着窗户，让客户来猜心思呢？不要再抱怨客户为什么不理解你、不相信你。从现在开始，用眼神与顾客交流，让沟通从眼神开始！

倾听时给予客户赞同和认可，令客户满怀感激

人际关系中最忌讳的就是与人争论，没有人能从争论中获胜，没有人会从争论中赢得朋友。而相反，赞同会让你赢得良好的人际关系。因为赞同艺术的根源在于人们喜欢赞同他们的人，人们不喜欢反对他们的人，人们不喜欢被反对。作为销售人员，在倾听客户诉说的过程中，也要掌握这门艺术，培养赞同的习惯，成为一个自然地赞同客户的人。比如说声"您是对的""我同意您""是的"等赞同性语言，而且用肢体语言点头等传达对客户赞同的动作。即使不赞同客户时，也不必表示反对，尤其是不要与客户争论。

销售情景：

作为一名销售人员,杰克最近要写一份市场报告。但这篇报告的资料确实很难找到。通过打听,他得知,有一家工业公司的董事长拥有他需要的资料。于是,杰克便前去拜访。秘书告诉杰克,这些机密的资料,董事长是不会交给一个陌生的销售人员的。随后,杰克听到秘书对董事长说,"今天没有什么邮票。"打听后杰克得知,原来董事长在为儿子收集邮票。

杰克走进董事长办公室之后,刚开始并没有提及资料的事儿,而是先从儿子谈起。

"您办公桌上照片上的人是您的儿子吧,我也有个这么大的孩子,很调皮,不过有个很安静的爱好,他喜欢收集邮票。"

听到这话,董事长两眼放光,"是吗? 现在的孩子真是不好伺候,除了要给他充足的物质生活,还要时刻关注他思想动态,稍不留神,他就会闯祸,甚至在学校不听课、打架,尤其是男孩子,越来越不好管教了。"

"是啊,我昨天还被老师叫到学校了。"仔细听完这些后,杰克点头回答道。

"对了,你说你的儿子也喜欢收集邮票,他通常都是自己收集?"

"是的,董事长。"

"那你比我好多了,我每天都要叮嘱秘书为我留意邮票呢! 那你什么时候能把你儿子的邮票带给我看看吗?"

"当然可以,我还可以送您一些!"

"真的吗? 真是谢谢! 乔治他一定喜欢,准把它们当无价之宝。"董事长连连感激道。

接下来的时间里,杰克一直和董事长在谈邮票,临走时,秘书稍微提及了一下资料的事,没想到,还没等杰克开口,董事长便把他需要的资料全部告诉了他。不仅如此,董事长还找人过来,把一些事实、数据、报告、信件全部提供给了杰克。

分析：

我们可以看出，销售员杰克之所以能拿到自己需要的资料，是因为他从董事长最关心的问题开始谈起——他的儿子喜欢收集邮票。当他激发起董事长的谈话欲望之后，他转变谈话方式，把谈话主动权交给对方，自己充当倾听者的角色。在倾听的同时，他对对方的谈话内容表达了赞同的意见，从而引发了共鸣。可见，认可和赞同对倾听的重要性。同样，销售过程中，如果我们能在倾听的时候给予对方肯定性的回答，也一定会收到良好的效果。

那么，我们该如何肯定客户呢？

1. 保证你倾听的专注度

当客户诉说的时候，不要插话。并且，要做到身体往前倾，直接面向客户，注意力集中在他的脸、嘴和眼睛，这不仅是一种尊重，更是表明你在认真倾听，就好像你要记住客户所说的每一个字那样。

你在别人说话的时候保持专注不分心，就是最基本的倾听技巧。这是所有技巧中最难养成的，但它的回报是相当可观的。

2. 用你的肢体语言给予肯定回答

以下是表达认同的肢体语言：不时点头；不时与对方保持目光接触；有兴趣的眼神；面带微笑、专注。要当一面镜子。别人微笑的时候，你也微笑；别人皱眉时，你也皱眉；别人点头时，你也点头……

3. 不要急于打断，不要急于下结论，等你的客户说完

要是对方说了你不赞同的事，也要尽力控制自己的情绪，不要激动，更不能发怒。你唯一的工作是找出你的产品或服务能带给客户的更多的好处。

4. 复述

我们在与客户开始沟通前最好复述一下对方的观点，这不仅是一种认同，更能检查你认真倾听的证明。

5.停顿一下再表达认同

当客户讲完以后,你不要心里一直想什么就急着说出来,静静地等个三五秒钟。在肯定客户前停顿有三个特别的好处。第一个好处是如果客户只是暂停下来整理思绪,你就避免了打断他说话的风险。第二个好处是,你的沉默表示你对客户刚刚所说的话非常重视,自己对客户的言论听进了心里,这是一种最大的恭维。第三个好处就是给自己留下思考的空间,可以准备一下如何应对客户的话。

"喜欢说,不喜欢听"是人的弱点之一,喜欢被认同是人的弱点之二,如果你在与客户见面时能够掌握这两个人性的弱点,让客户畅所欲言的同时获得一种认同感,你一定会事半功倍。

不厌其烦仔细听取客户抱怨,你就能成为客户的朋友

销售过程中,我们经常遇到客户的抱怨,可能是产品质量问题,可能是售后服务问题等,能否处理好客户的抱怨,体现了我们的销售水准。如果我们能不厌其烦地细听客户的抱怨,让客户激烈的情绪在我们的耐心中逐渐冷却下来,那么,我们不仅能消除客户的抱怨,还能成为客户的朋友。

销售情景:

一天,某饮料公司经理办公室突然闯进一位先生,对着经理大喊大叫:"你们哪里是饮料公司,简直是要命公司!只顾着自己赚钱,都掉进钱眼里了!你们眼里还有消费者吗?万一你们的产品把我们消费者喝出个好歹来,看你们怎么收拾!没有一点社会责任感!典型的奸商!"很快,秘书准备叫保安,但被经理拦下了。

这位经理不紧不慢地说道："先生，究竟发生了什么事情，请您告诉我，好吗？"

"你自己看吧，饮料里居然有玻璃碎片，这简直是谋杀，我要告你们！"先生把一个饮料瓶重重放在办公桌上。

经理拿起瓶子一看："怎么会发生这种事？太骇人听闻了，人吃了这东西会要命的。先生，这都是我们的错！"他立刻拉住对方的手，"请你快告诉我，你家人有没有误吞玻璃片，或者被玻璃片割破口腔，咱们现在马上送他们到医院治疗。"

这时，这位先生的火气消了些，说没有人受伤。

听了这话，经理显得轻松了很多，然后对对方表示感谢，并愿意赔偿先生的损失，并表态，以后杜绝这种事情的发生。最终，这位先生的火气全消了，满意地离去。

分析：

其实，有时候，客户的抱怨并不是什么大问题，而是希望获得一个满意的答复。这时，就要看我们的态度了，这才是客户最在意的。此时，如果我们能够抱着尊重他们的态度，认真倾听他们的抱怨，并适当做一些安慰和同情，他们一定会把我们当成朋友，情绪自然也会缓和下来，这样，很多问题就能够解决了。

在销售过程中，耐心是一种巨大的力量，也是赢得客户的关键素质之一。而面对客户抱怨，只要你做到平静从容，耐心倾听，问题也必然会圆满解决。此时，我们需要做到这样倾听：

1. 全面性倾听

这是保证充分、全面听取客户反映的问题的最好办法，这就需要我们不仅要全面从沟通中获得客户所要表达的完整含义，同时不要放过对方语言之外所表达的意思，包括其所表达的情感等。沟通时对客户的表达有疑问的,要采取向对方提问等方法来确保理解的正确性。

2. 以理解的心态倾听

这就要求我们面对客户时,要将我们置身于客户的位置上,设身处地地为其着想,从对方的角度去理解说话的含义,而不能将我们的意念、猜测等强加到对方头上。这样才能保证对所获信息的理解更加符合客户的本来意思。

3. 不要打断

面对客户投诉,我们要认真倾听,让客户先将所抱怨的问题说完,然后再站在客户的立场上来说服客户,给客户逐一解决问题。因此,销售员在面对客户投诉时,不要急于表达自己的观点,要让客户多说,自己多听。如果客户刚一说话你就打断,"我明白你的意思了"、"你的问题是……的吧",这样很容易激怒客户。

销售员要明白,客户向你投诉,很大程度上他是在倾诉他心中的不满和意见,他希望你能认同他的观点,对他的处境表示同情,然后帮助他们去解决问题,他们不希望听到的是销售员的解释、说明或辩护。

4. 善加思考、巧妙提问

当客户抱怨完后,我们要停顿几秒,然后要和案例中的这位经理一样询问对方:"请你快告诉我,你家人有没有误吞玻璃片,或者被玻璃片割破口腔,咱们现在马上送他们到医院治疗。"这类询问表达的是一种关心。另外,通过提问可以真正弄清对方的意思,避免不必要的误解,也可以表明你在认真听,与对方形成呼应,并能对客户加以引导,让对方跟着你的思路走,让对方感受到重视,也可弄清对方对你的话理解到什么程度。

当然,在听完客户的抱怨后,我们还应该给客户一个解决方案或者明确的答复。如果自己能够解决的,马上为客户解决;如果当时无法做出解答的,要做出时间上的承诺,并把处理的建议、日期和方法告诉客户。在处理过程中,无论进展如何,到承诺的时间就一定要给客户答复,直至问题的解决。

所以,当客户抱怨时,无论刚开始他的脾气多大,我们都要鼓励他把心中的怨气都发泄出来,并耐心地倾听,客户只有发泄完了怨气,才会恢复理智,甚至会感激我们的理解,从而把我们当朋友!

虚心请教,让客户乐于对你提出批评与建议

"好为人师"是人性的一个弱点。孟子说:"人之患,在好为人师。"每个人都希望能得到他人的尊重和敬仰,这一点,不分年龄、性别以及职业等。法国大作家罗曼·罗兰说:"自尊心是人类心灵的伟大杠杆。"你满足了对方的自尊心,你也就掌握了对方。销售员利用人类的这一弱点,尊称对方为老师,虚心向对方求教,这样对方就会心情舒畅,心中充满温暖和同情,对你抱有好感,从而不自觉地接受你的销售。

销售情景:

有名电脑销售员叫杨平。一次,他向某大公司推销电脑。工作努力的他,加上平时跑得勤,下的功夫深,成交希望非常大。但他没料到的是,"半路杀出个程咬金",在关键时刻,该公司总经理把这件购买事宜交给了一个技术顾问——电脑专家陈教授。经过考察,陈教授私下表示,两种厂牌,各有优缺点,但在语气上,似乎对竞争的那一家颇为欣赏。杨平一看急了,"煮熟的鸭子居然要飞了?"于是,他准备进行最后的努力。他找了个机会,口沫横飞地辩解他所代理的产品如何优秀,设计上如何特殊,希望借此改变陈教授的想法。谁知道,还没等他说完,陈教授不耐烦地冒出了一句话:"究竟是你比我行,还是我比你懂?"这话如五雷轰顶一样打醒了杨平,不过似乎已经

晚了。

当杨平垂头丧气地回到公司向同事诉说这件事后，一位同事告诉他："为什么不干脆用以退为进的策略推销呢？"并向他说明了"向师傅推销"的技巧。"向师傅推销"，切记的是要绝对肯定他是你的师傅，抱着谦虚、尊敬、求教的心情去见他，一切推销行为必须无形，伺机而动，不可勉强，不可露出痕迹，方有效果。

于是，杨平重整旗鼓，再次拜访陈教授。见了面，他一改自己的说话习惯，对陈教授说："陈教授，今天，我来拜访您，绝不是来向您推销。过去我读过您的大作。上次跟老师谈过后，回家想想，觉得老师的分析很有道理。老师指出在设计上我们所代理的电脑，确实有些地方比不上其他品牌。陈教授，您在××公司担任顾问，这笔生意，我们遵照老师的指点，不做了！不过，陈教授，我希望从这笔生意上学点经验……"杨平说话时一脸的诚恳。

陈教授听了后，心里又是同情又是舒畅，于是带着慈祥的口吻说道："年轻人，振作点。其实，你们的电脑也不错，有些设计就很有特点。唉，我看连你们自己都搞不清楚，譬如说……"陈教授谆谆教导，杨平洗耳倾听。这次谈话没过多久，他们之间的生意成交了。

分析：

这则案例中，销售员杨平刚开始推销的失败，是因为他忽略了对方的自尊心，大谈自己产品的优势。然而，他犯的错误就是试图显得比客户更高明，这是不会赢得客户好感的；同样，他能挽回败局，将一笔即将泡汤的生意又做成，其原因正是利用了人性的弱点。通过求教，满足对方的自尊心，赢得了对方的好感，从而获得成功。可见，"向师傅求教"能让我们在销售中反败为胜。

美国一位著名的哲学家说："驱使人们行动的最重要的动机是做个重要人物的欲望。"先向师傅学推销，然后向师傅推销，这是推销中很高明的一招。所以，作为销售员，如果你某次推销失败了，对客户不要就这么从此形同陌路，不再见面，务必再去看看客户，抱着学习请教的心情去。"斗"不过他，就干脆拜他为师，了解一下失败的原因。生意不是只做一天两天，以后仍有机会，"师傅，下次如果照着你的指点去做，您不会不买吧?"把对方抬到师傅的"轿子"里，对方自然而然地会喜欢你。

那么，我们该如何把客户当成"师傅"呢?

1. 虚心倾听

比如对他们渊博的学识表现出敬佩的样子，这不仅让他们好胜的心理得到满足，也会为了表现自己而向我们传授更多知识。

2. 专注

我们在听取客户说话时，对客户所反映的内容要非常集中精力地去听，要不停地加以分析、概括和汇总所听到的信息，要关注每一个细节，要重视和发现一些不起眼的信息所起到的作用。

3. 适当使用讨教的语气求教

我们可以降低姿态，以讨教的语气进行交流。比如，你可以问对方："请问，您刚才说的电脑配置，指的是哪些方面呢?"倾听时如此反馈，一来会体现出你在认真倾听，二来可以满足对方好为人师的心理，以此来促成销售。

4. 不要反驳

如果客户说出的是我们不同意的观点、意见，我们会在心里阐述自己的看法并反驳对方，但我们不要急于反驳或者做出判断，对不同想法和不正确的观点，要待对方说完以后再做进一步的交流。

第 **4** 章

能言善道,客户听得动容能更快达成交易

俗话说:"买卖不成话不到,话语一到卖三俏。"销售是靠嘴吃饭的行业。一名出色的销售员,最大的本领就是具有出色的说话能力。现实销售中,一些销售员的确能言善辩,介绍产品时口若悬河。但在销售中却四处碰壁,这是为什么呢? 这是因为他们的话没有对客户产生积极的作用。真正会说话的销售员,能根据客户不同的表现说出不同的话,一词一句都说到客户的心里去,这样成交起来也就容易得多!

善用数字和事实来说话，理性的客户也为你"折服"

销售过程中，我们经常听到有些销售人员反映：为什么热情为客户介绍产品，但客户似乎总是疑虑重重、对产品总是不感兴趣？为什么那些客户总是那么理性，始终无法打动他？实际上，这说明你对产品的介绍并未对客户起到作用。此时，若你能用一组数据说明产品或者用权威、事实等证据，就能打消客户的疑虑，增加客户的购买信心。

销售情景：

销售人员："您好，我是××公司打印机客户服务部的××，我这里有您的资料记录，你们公司去年购买了××公司打印机，对吗？"

王经理："哦，对呀！"

销售人员："我给您打电话的目的是，这个型号的不干胶打印机已经不再生产了，以后的配件也比较昂贵，提醒您在使用时要尽量按照操作规程。您在使用时阅读过使用手册吗？"

王经理："没有呀，不会这样复杂吧？还要阅读使用手册？"

销售人员："其实，还是有必要的。实在没时间阅读当然也是可以的，但机器的寿命就会缩短。"

王经理："我们也没有指望用一辈子，但最近生意比较忙，打印机的任务也就多了一点，如果坏了怎么办呢？"

销售人员："没有关系，我们还是会上门维修的，虽然要收取一定的费用，但比购买一台全新的还是便宜的。"

王经理："对了，现在再买一台全新的打印机什么价格？最近的业务量开始大起来了，我还怕以前的那台机器受不住呢。"

销售人员："要看您选择什么型号的，您现在使用的是××公司的R210，后续的升级的产品是R270，不过完全要看您每个月的使用频率。以您现在的机器的使用情况，我还真要建议您考虑用后续的了，它的承载量是前者的两倍。"

王经理："要是这样，您能否给我留一个电话号码，年底我可能考虑再买一台，也许就是后续产品。"

销售人员："我的电话号码是8520××转123。我查看一下，对了，您是老客户，年底还有一些特殊的照顾，R270型号的渠道销售价格是10100元，如果作为R210的使用者购买的话，可以按照八折来处理，或者赠送一些您需要的外设，主要看您的具体需要。这样吧，您考虑一下，然后再联系我。我可以将一些优惠政策给您保留一下。"

王经理："稍等，这样我要计算一下，我在另外一个地方的厂房里要添加一台打印机。这样吧，基本上就确定了，是您送货还是我们去取？"

销售人员："都可以，如果您不方便，还是我们送过去吧，以前也去过，容易找的。您看送到哪里，什么时间比较好？"

……

后面的对话就是具体落实交货的地点、时间等事宜了。

分析：

这则案例中，销售员不到三十分钟的时间就再次推销出去了一台打印机。这里，我们发现，自始至终，他的说明都很具体。而正是对这些数据的精通，让客户折服，相信他的专业素质，从而选择再次与销售员合作。

的确，在介绍产品的时候，一定要显示出自己的专业素质，尽量权威、精确地介绍产品的各个方面，越是精确、越是权威的数字，越能让客户感受到你的专业，也就越能获得客户的信任。现在，很多商家都意识到了这种方法

的重要性,所以在广告宣传中,很多商家都运用数据来说话。比如:

"科学证明,我们的电池能待机 15 天。"

"我们的洗衣粉能去除 99% 的污渍。"

"我们已经对全国超过 1000 名的使用者进行了连续 1 个月的跟踪调查,没有出现任何的质量问题。"

因为在客户看来,口说无凭的介绍是起不到任何作用的,也不能够刺激他们的购买欲望。现在人们对产品的要求越来越高,购买商品当然不能仅凭销售员的夸耀,但是当销售员用数据来展现给客户的时候,就很有说服力了。

当然,除了这些数字说明外,如果我们能让产品和权威事实联系起来,也能打动客户。

虽然用数据和事实来说服客户和很多销售技巧一样具有很好的作用,增强产品的可信度,但是如果使用不当,同样会造成极为不利的后果。对此,我们需要注意:

1. 保证数据的真实性和准确性

销售员运用精确的数字就是为了引起客户的重视和信任,但如果数字本身的可信度有问题,比如数字不准确或者虚假、夸张等,就会引起和客户之间的信任危机,因为一旦客户发现这些数据本身有问题,就会对销售员本身乃至整个公司的产品产生质疑。那么无论对于销售者或者企业,都会产生无法估量的恶劣影响。因此,销售员在用数字证实的时候,可以从以下方面入手:

①用影响力较大的人物或事件说明。比如:"某某明星从××年开始就一直使用我们公司的产品,到现在为止,她已经和我们公司建立了 5 年零 6 个月的良好合作关系。"

②拿出权威机构的证实结果。比如,你可以说:本产品经过协会的严格认证,在经过了连续 9 个月的调查之后,××协会认为我们公司的产品完全

符合国家标准……"

2. 仅仅罗列数据是不够的

精确数据的使用，当然会为产品质量起到一个很好的保证作用，但一味地罗列数据，会让客户找不到重心，也会让客户以为你在故弄玄虚，对你产生厌恶感。所以，使用数据是有一定的原则的：

①合适的时机。要想让你的数据说明具有更强劲的说服力，销售人员首先要挑选合适的时机。比如当客户对产品的质量提出质疑时，你可以用精确的数据来证实产品的优秀质量。

②度的把握。销售人员还要注重适度运用精确数据来说明问题，要懂得适可而止，不要随意滥用。

③数据的更新。很多相关数据是随着时间和环境的改变不断发生改变的，比如产品的销量和使用期限等。为此，销售人员必须及时把握数据的更新和变化，力求提供给客户最准确、最可靠的信息。

做到以上这些，销售员在介绍自己产品的时候，就多了一个取胜的筹码。

面对感性的客户，说些"动情"的话打动他

人是情感动物，会受到周围环境的影响。客户也不例外。销售中，面对那些感性的客户，如果我们能说些动情的话，打开客户的心结，那么销售的成功几率无疑会大大提高。与冷冰冰的销售言辞相比，热情、充满关爱的语气有时更容易打动客户。然而现实销售中，一些销售员能言善辩，介绍产品时口若悬河，但在销售中却四处碰壁，很大程度上就是由于他们缺乏感情。

销售情景:

场景一:

销售员甲与客户在对话:

"我们现在不需要。"

"那么是什么理由呢?"

"理由?总之我丈夫不在,不行。"

"那你的意思是,你丈夫在的话,就行了吗?"

销售员甲说话咄咄逼人,终于把这位客户惹恼了:"跟你说话怎么那么麻烦?"

场景二:

销售员乙与客户对话:

"我们现在不需要。"

"看得出您很忙!有您这样的人持家,您的家人一定十分幸福!"

"噢,谢谢!今天我丈夫不在家。"

"我听说了,我知道您先生是一位事业成功、在业界有影响的优秀人士。那句话说得没错,'每一个成功的男人背后都有一个伟大的女人。'"

"呵呵,哪里。我们对你的产品还是挺感兴趣的,等我丈夫回来后,我们一块儿去你那里购买。"

"好,谢谢!这是我的名片。"

分析:

上面这两个场景中,两个销售员之所以会获得不同的销售结果,在于二人在与客户交流中使用了不同的方式:场景一中的销售员虽然能言善辩,让客户无话可说,但却不合人情,最终惹恼了客户;而场景二中的销售员在面对客户拒绝的时候,仍然保持良好的态度,并对客户说了一些"动情"的话,从而获得了客户的认可，挽救了销售局面。可见，在销售中，销售员不要以为自己的语句合乎逻辑就可以让推销的工作顺利进展了，真正打动人的是带有情感的话。成功的销售员都会想客户所想，忧客户所忧，尤其是对于那些感性的客户，这一方法总是更显效果。

每个人的心中都会留有一片空地，专门为情感打结所用，所谓"心有千千结"并不夸张。销售员不是解开情感心结的人，但销售员必须知道，这结是情感的结，推销中要注意把握情感，做情感的舵手。

那么，在销售中，销售员该如何说"动情"的话，以此来感动客户呢？如何拥有热忱的态度呢？

1. 保持微笑

客户总是喜欢和热情、开朗的销售员谈生意，因为客户认为，拥有热忱态度的销售员总是能带给他们快乐的感受和周到的服务。而同时，热忱的态度是一个优秀的销售员不可或缺的素质。可以这么说，如果没有热忱的态度，销售的成功就十分渺茫了。热忱，是指一种精神状态，一种对工作、对事业、对顾客的炽热感情。美国著名女企业家玫琳·凯说：对每个推销人员来说，热情是无往而不利的，当你用心灵、灵魂信赖你所推销的东西时，客户必定也能感受得到。

所以说，作为销售员，我们要时常把热情变成一种习惯，学会微笑，用真诚的微笑去感染客户。经常锻炼脸部肌肉，随时都能露出笑脸。

2. 态度要诚恳

在与客户沟通的过程中，要让客户感到你是诚实的，客户是不愿意和一个虚伪狡诈的人沟通的。因此，销售人员说话一定要恰如其分，符合双方的身份，不然，就会引起客户的反感。

3. 说话要柔和亲切

一定要把话说得亲切、和蔼，这样才能使客户感到愉快，从而对销售人员产生信任。热情的语言也决定了态度的热忱。

4. 理解客户的情感，说话时以情动人

销售员可以以朋友的心态来面对每一个客户，多站在客户角度想想，考虑一下客户的利益以及客户的想法，倾听他们的想法。可能客户一次两次不能接受自己，只要我们是真诚的，第三次就能打动他，真心付出总会有收获的。

总之，善辩不一定就是优秀的销售员。销售员与客户结缘，也绝用不上什么高深理论，最有用的可能是那些最微不足道甚至有些无聊的平常话，这些话只要能说到客户的心坎上，就能打动客户，从而产生积极的效果！

变换控制语音语调，让客户吃准你这一套

语调，就是说话的腔调。从严格定义上说，语调应表述为：整句话和整句话中某个语言片断在语音上的抑扬顿挫，包括全句或句中某一片断的声音的高低变化、说话的快慢（即音的长短和停顿）以及轻重等。在口语交际中，语调往往比语义能传递更多的信息，能对听众的心理产生极其微妙的特殊作用，因此也更为重要。

在销售工作中，我们除了学习销售的基础，还要学习销售的技巧。作为一名销售员，口才是其销售成功的灵魂所在。出色的口才是建立在被客户信任的基础上。所以，很多有经验的销售员在表达的时候，都会注意控制好自己的语调音色，尽量在言语间让客户感觉到自己说的话可靠。

销售情景：

三年前，苏红还是一名保健器材的推销员，而现在，她已经做到了销售经理的职位。在销售行业的成功，得益于她出色的口才。

一次，她代表公司到日本的分公司演讲。当时，不会日语的她直接用汉语演讲。当地的日本同事似乎都听不懂汉语，虽说不了解她台词中的意义，却觉得听起来令人非常愉快。

苏红接着演讲，语调渐渐转为低沉，最后在慷慨激昂、悲恰万分时戛然而止。台下的观众鸦雀无声，同她一起沉浸在悲伤之中。而这时，台下传来一个男人的笑声，他是陪同苏红来日本的丈夫，因为苏红刚刚用汉语背诵的是一首中国的古诗，并没有演讲什么销售经验。

分析：

从这个故事中我们可以看到，语调竟然有如此不可思议的魅力。即使不明白其意义，也可以使人感动，甚至可以完全控制对方的情绪。销售人员若能利用语调的作用，学会变换控制你的语调，那么，你的销售业绩一定也能百尺竿头。

希腊哲学家苏格拉底说："请开口说话，我才能看清你。"人的声音是个性的表达，声音来自人体内在，是一种内在的表白。因此，你的声音中可能会透露出畏惧、犹豫和缺乏自信，也可以透露出喜悦、果断和热情。我们说话的声音，也和音乐一样，只有渗进人们心中，才能达到说服别人的目的。

然而，很多销售员并未意识到自己的语调有问题，反而自我感觉良好，全然没顾上客户的感受，或者他们认为语调和嗓音一样，都是天生的。实则不然，任何一种说话习惯都是逐渐养成的，只要销售员愿意主动纠正一些不良的说话习惯，就会取得一定效果。那么，销售员如何控制好自己说话的语调音色，让客户觉得可靠呢？

1. 掌握富有特色的各种句调

一句话富有表现力，是因为它声音有高有低，有快有慢。声音的高低是由声带的松紧决定的，声带拉紧，声音就变高；声带放松，声音就变低。销售员说话时可以自由地控制声带的松紧，使之发出不同的高低音。一句话声音的高低变化叫做句调。句调是语调中主要的内容。句调可分升调、降调、曲调、平调四种。升、降、曲、平四调,各具特色。只有掌握了句调的特点,才能灵活运用。

因此,我们说话时,要使我们的话如同音乐一样动听,就要注意语调的快慢高低。比如,在表示有疑问的时候,你可以稍微提高句尾的声音;要强调的时候,声音的起伏可以更大些;要表现强烈的感情时,可以把调子降低或逐渐提高。

2. 让你的语调抑扬顿挫

语调越多样化,越生动活泼,其吸引力就越大。分寸感是语调正确的首要条件。每句话都可以用不同的语调来说,而不同的语调给对方的信息刺激也是不同的。这一点,我们在销售过程中尤其要注意。比如,同样一句话,由于语调不一,就可能让人产生不同的理解,文明语言可能传达不尊敬对方的信息;相反,有些不礼貌的话在非常亲近的人之间却传达了一种亲密无间的信息。这要视客户的性格和具体的谈话环境而言。

3. 言辞中肯,措辞得当

销售员在与客户沟通时,要充分尊重客户的人格和习惯,绝对不能讲丢客户面子的话。委婉含蓄的语言能帮助你很好地表达。如客户提了意见,我们一时难以给予准确的评价,便可说:"您提的意见是值得考虑的,太感谢您了!"

4. 满怀热情

客户总是喜欢与热情、开朗、面带微笑的销售员谈生意,因为能得到愉快的心情和周到的服务。在销售中,销售员首先应该发自内心地去为客户服务,让客户心情舒畅;接着要用充满热情的语言去介绍产品,让客户感到既能学到有用的东西,又能度过一段愉快的时光。

总之,语调对于有声语言表达的效果有着重要的作用。语调不仅能成功地表达一个人的心理和性格,还可以表达说话者微妙的感情。不同的语调,将导致对方不同的感觉效果。一句话起什么作用,产生什么效果,给听者什么感受,取决于说话者的语气和语调。所以,销售员想要有好的销售成绩,就必须练习那种真实、准确、富有生命力的语调。

凸显专业还要强势点,较真的客户也能对付

销售过程中,我们常常遇到这样一些客户,他们总是喜欢与人较真,即使销售员说的话很在理,他们还是不肯罢手,还要字字斟酌,仿佛非要分出个胜负。这种人认为,世间万物,非黑即白,并始终认为自己是正确的。对于这种客户,我们除了要用专业知识说服其外,最好还要强势点,以提高自己的自信心。但这并不是说,要与客户争论,因为即使赢了,你还是输了,因为你输了生意。

销售情景:

销售员小江从客户那里回来后,愤愤不平,正向同事小刘诉苦。

小江:"刚才那个客户真是烦人,他什么都不懂,还非要冒充是行家,说我卖的电脑这里不好,那里不好。还说他们家那台老式的电脑是目前市场上卖得最火的,我看至少有三四年的时间了,你说好笑不好笑。"

小刘:"那你怎么说服他的呢?"

小江:"说服他? 我刚开始和他讲解现在的市场行情他不听,后来我生气了,和他大辩了一通,使出我浑身的解数。结果他一句话都说不出来了。哈哈!"

小刘:"那他有没有买你的电脑呢?"

小江:"……"

分析：

案例中，小江遇到的客户就是爱较真的人，无论自己对产品是不是真的了解，他都要和销售员理论一番，然后证明自己是正确的。销售员对于这样的顾客，最好能让他三分，不要直接和他起冲突和争执。因为无论争论的结果如何，你都是失败的。因为你与客户交流的最终目的是说服其购买。和客户争辩起来，如果你在争辩中胜利了，他自然会对你更加痛恨，当然拒绝和你交易；如果客户胜利了，他会摆出一种洋洋自得的神情，更加鄙视销售员，自然也会看不起你的产品。所以，和这种客户直面争辩，无论胜败与否，都是对销售员不利的。那么，销售员如何应对这种客户呢？

1. 放低姿态，不妨承认客户正确

爱较真的客户虽然嘴上功夫厉害，但是也有一个弱点，那就是喜欢被人夸耀。因此，与他们打交道时，销售员首先要表示尊重，让他们说话，并以和善的态度对待。此时，如果销售员能够把握住客户的这种心理，抓住时机，神不知鬼不觉地给对方戴上"高帽子"，以获取最终交易上的成功和实际利益，即使在争论中兵败如山倒，只要能顺应客户的心意，让他购买你的产品，你还是最终的赢家。

"是的，您说得很有道理，我一定把您的话反映到我们的技术部门，在未来研究的产品中，重视您的建议。"

2. 关键时刻强势一点

如果一味认同这类客户，难免有奉承之嫌，也会显得销售员的软弱。对这类客户提出的争辩性问题，如果我们能在关键时刻强势一点，摆出一个权威性的证明，那么，说服客户也并不是不可能。但即便强势，也要保持良好的态度，最好先肯定对方的意见。比如，我们可以这样说：

"说句真话，我从事电脑销售好几年，像您这样如此关心本公司产品性能的客户，我见的不多；像您这样了解本公司产品的客户，更是少之又少，而且，您的建议对我们很有用，所以我衷心地谢谢您。正如您所说，我们的产品现在还存在一定的问题，不过现在它的市场销量很好，说明还是有不少益处的。您看，这是我们去年的销售情况一览表……承蒙您这样的客户的关照，我们会更注意改进产品的性能。您买了我们的产品，如果在使用的过程中，有什么问题，欢迎您继续给我们提出来。"这样说，客户一定能接受。

总之，与爱较真的客户打交道，销售员就算知道客户说的话毫无道理或者根本是在诡辩，也不可以加以指责或点破对方，毕竟退一步海阔天空。如果销售员想取得销售上的成功，不妨让客户一步，当然关键时刻还需要强势点，对客户实行"先礼后兵的策略"。因为你的最终目的是要将自己的产品成功推销给顾客，并非要取得争论上的输赢，即使在争论中失败，如果客户购买了你的产品，你仍然是最终的赢家。

说话到位有重点，客户听得明白就不会"挑刺"

任何一个销售员都明白"顾客就是上帝，而上帝永远是对的"这句话的含义，这也是成功推销产品的至理名言。但有时候，我们会遇到这样的客户，无论我们怎么把他当"上帝"，也无法让其满意，他还是会"挑刺"。其实，既然客户挑刺，说明还有没有解决的问题。如果我们能在与客户的交流中，能找到客户挑刺的真正原因，从这些重点问题加以阐述，并加以解决，客户自然就不会挑刺了。

销售情景：
一天，一家服装店内来了两个女孩子。进店前，其中一个女孩就看中了玻璃橱窗内的一条裙子。于是，她们商量好，由另外一个女孩子帮忙砍价。

她们来到这家服装店,装模作样地看了几条裙子后,拿起那条早已看中的裙子。

要买裙子的女孩让她朋友帮忙看一下,于是朋友就拿起这款裙子,一件一件地挑,不是嫌这条的做工粗糙,就是嫌那一条的扣子没有缝好。其实她的用意只是为了砍价。

这时,在一旁的销售员恼怒了,冷若冰霜地说:"你们要想买就买,要是看不中就拉倒,不要在这里挑来挑去耽搁时间。"

朋友一听生气了:"不买就不买,你以为就你这里卖裙子啊。"然后两个人愤愤地走了。

分析:

很明显,案例中,这位销售员之所以会让顾客生气,最后愤愤离去,是因为他犯了销售中的大忌:因为任性和没有耐心,而顶撞了客户。假若他能找出客户挑剔的原因——砍价,进而有针对性地说服客户,把话说到位,那么就可能是另一番销售情景。

现代社会,随着市场经济的发展,人们在购物时的选择自然会增多。于是,客户对产品的期望度越来越大,对产品也就越来越挑剔。尤其是对于那些生性爱挑剔的客户,销售难度更为加大。面对挑剔的客户,销售员应该采取什么样的态度呢?

1. 找准客户挑剔的原因

客户挑剔的原因各异,不过大体分为两类:一类是本性爱挑剔,他们在面对任何事情的时候都喜欢挑剔,在这类客户的眼中,没有什么东西是优秀的。另一类是以挑剔为手段想要达成某目的,他们以各种各样的小问题、小异议,企图说服销售员。客户的挑剔,不管有没有道理,若能从挑剔中仔细深入检讨,通常可发现一些不足之处。

2.洗耳恭听

在遇到"攻击"的时候，大多数人出于本能，不是自卫就是反击。但对于从事销售行业的人来说，此举只能是"火上加油"——加大与顾客之间的分歧。可见，销售员要做的不是排斥和拒绝，而是虚心倾听，这有三点理由：第一，从顾客滔滔不绝的谈话中你可获得新的信息，而这有助于增加你迂回的余地和灵活性。第二，耐心地听而不反击有利于消除客户的怒气。第三，洗耳恭听并不意味着你对客户作出了让步。然后，销售员要冷静分析客户挑剔的观点，在分析的过程中，要站在客户的立场上去了解客户为什么挑剔。对只是因为客户的性格使然的问题，销售员可以微笑应对，不予理会。对客户挑剔的确实是产品的问题，销售员应妥善回答，对一些好的建议和想法销售员应该采纳，并答谢顾客。

3.面对以降价为目的而挑剌的客户，让步要慢

在判断出客户的挑剔仅仅是为了让产品降价后，销售员也就找出了问题的关键点，但此时，你不能为了迎合客户而立即降价。因为这样会让客户认为是产品确实存在很大的问题，客户会对成交产生疑虑，这反而不利于销售。

因此，针对这种情况，销售员要从价值出发，避开价格的问题，尽量让客户认识到产品的价值，当客户更加赞同产品的价值时，他就不会对价格问题有更多想法。当然，对客户提出的问题，如果可以回答的话，销售员还是要给予回答的。

其实这个过程就是与客户磨合进而成交的过程，如果客户对所得利益并不满意的话，销售员可以适当为客户添加一些优惠条件，从而促进与客户的成交。

总之，即使面对的是对最挑剔的客户，销售员也要面带笑容，耐心而认真地倾听客户的挑剔，并且不要计较客户不礼貌的言辞和态度。

对犹豫不决没自信的客户，说点刺激神经的话

销售中，我们经常遇到这样的顾客，对于琳琅满目的商品，他们东挑挑，西看看，每件商品都很喜欢，但又觉得每件商品都不满意。在销售员的推荐下，他好不容易决定购买，却在关键时刻"掉链子"，觉得产品这里不好，那里不好。这样的客户就是犹豫不决型的客户。这类客户外表平和，态度从容，比较容易接近。但长期交往，便可发现他言谈举止十分迟钝。购买活动需要经济付出，则更难以做决定了。这类顾客可能性格就是优柔寡断，往往注意力不集中，不善于思考问题。因此，销售员首先要有自信，并把自信转达给对方，同时鼓励对方多思考问题，并尽可能地使谈话围绕营销核心与重点，而不要设定太多、太复杂的问题应对这种犹豫不决的客户。

销售情景：

杜言是某咨询公司一个出色的销售员。有一次，他要将一项培训课程推销一家公司的人力资源部总监。这是一笔大生意，因此，在拜访之初，杜言就告诉自己，一定要成功。但通过了解，杜言获悉，要说服这位客户进行购买还是比较困难的，因为这位客户总是提出很多异议，而且同时和多家咨询公司进行联系，即使在对本公司的培训课程比较满意的情况下，他还是想再看看其他咨询公司是否更好。

果然不出所料，客户在听了杜言的介绍后，给了杜言这样的回答："为了保证培训能够达到很好的效果，我想再认真考察一下每一位培训老师的资格与能力。"

听到客户这样说，杜言心想，要真按照客户的说法，逐一考察每位培训

老师的资格和能力的话，成交恐怕遥遥无期。于是，在考虑了一会儿之后，杜言对客户说："宋总，如果您是要保证培训效果的话，我相信陈平老师是最适合的人选了。因为陈平老师有丰富的一线工作和带队经验，他为很多知名企业进行过这方面的培训，如……"看到客户犹豫了一下，杜言又接着说道："不过，陈平老师非常忙，我还需要查看一下他最近有没有时间。"迅速查看资料之后，他又说："正好陈平老师下周有三天时间，要不我就帮您预约这三天的时间吧？"

听到杜言这样妥帖的安排，客户心动了，但他似乎还是在犹豫："可是，这会不会有些太仓促了，公司里准备参加培训的人也不知道下周都有没有时间。"

杜言又说："这就不是问题了，只要您安排了培训，大家肯定都会想办法把时间安排好的，这么好的课程我相信谁都不想错过，就这样定了吧。您看这样行不行，您把需要的一些资料传给我，剩下的事情都由我来处理，等事情一定下来我马上通知您。您看怎么样？"

客户松了一口气说道："那就照你说的办吧，不过千万不要有什么问题呀！"

杜言用充满自信的声调回应说："您放心吧，保证贵公司的培训到时候顺利完成！"

……

分析：

在上面的案例当中，杜言遇到的就是一个优柔寡断的客户。为此，他采取了非常手段，那就是果断地采取了替客户拿主意的成交技巧——客户担心培训老师的能力，他就为客户推荐经验丰富的陈平老师；客户未下定决心，他就提出具体的合作时间；在最后，他还提出帮助客户解决一些细节问题，这就吸引了客户，客户自然会选择成交。

现实销售中,杜言的这种成交方法被广泛运用。面对这类总是犹豫不决的客户,销售人员在实际的销售实践当中不妨充分结合客户的需求特点、关注方向等因素主动向客户提出成交要求,在关键时刻替客户拿主意。然而,这一方法也是有风险的,它很容易让客户感到自己受到胁迫和控制。销售员最好是使用一些策略刺激一下客户的神经,在真正是否成交的问题上,还是应由客户自己拿主意。对此,我们可以这样做:

1. 适当施加压力

例如,你可以告知顾客优惠活动的时间有限,或者产品库存有限等。

2. 制造优越感

顾客在自身优越感得到一定满足时往往更容易接受销售员的请求。

3. 给予适当诱惑

告诉一些顾客购买商品后能够获得什么样的好处,将购买之后和之前的情况向客户做一个对比,让其在权衡利弊之后做出购买意向。

从以上几点我们可以看出,在客户拿不定主意、左右为难的时候,不要再无休止地询问"您打算怎么办",我们要主动出击,把握销售的主动权,及时提出你的建议,并告诉客户"我们一定会令您满意的"。

第 **5** 章

知己知彼,玩转心理博弈令销售变得更轻松

作为一名销售员,你是否想过这个问题:你如何将一个足球卖给一位老太太? 这看起来简直不可能! 但如果我们从客户的角度看呢? 以老太太的心态,替她想问题,除非她要把足球送给自己的孙子! 的确,销售过程中,了解产品并不够,还要了解你的客户,知己知彼才是销售的王道! 你想从客户的口袋里掏钱,必须给客户一个掏钱的理由。这个理由源自哪里? 源自客户的内心! 只有真正体会到客户思维的销售,才是真正的销售高手。

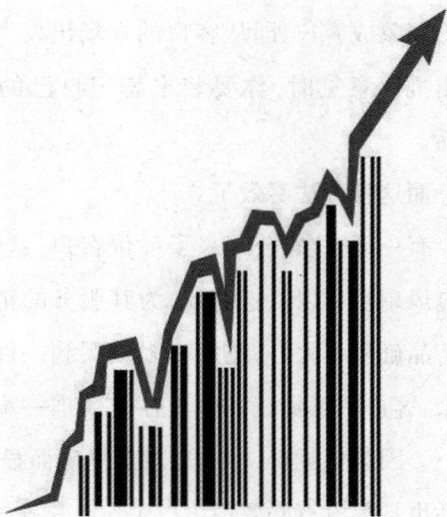

心理调换，站在客户角度揣摩其心理有妙招

"没有卖不出去的产品，只有卖不出去产品的销售员。"从销售的角度来说，这句话是非常正确的。销售员要想把产品卖出去，首先就要与客户建立良好稳固的关系，要实现这一步，销售员就要做到最基本的一点：就是要做到站在客户的角度考虑问题。因为客户购买产品的时候，表面上是购买产品，实质上是购买产品背后的利益，所以，你只有站在客户的立场去介绍产品，才能让客户看到你产品的有用之处。

销售情景：

某风扇公司销售业绩一直不佳，为此，经理请来一名心理学家，为销售员们上课。心理学家为销售员推荐一种推销方法：这种方法要求推销员把自己想象成客户，即从客户的立场出发考虑问题。当客户对你推销的产品提出批评意见时，你要装出忘记自己的推销使命的样子，站在对方一边说话。

而这种方法奏效了。

有一天，这家公司来了一位客户，这位客户对产品挑剔很多，并声称不买电风扇也可以。这时候，为其服务的销售员就顺着对方的意思说话："这种产品确实不太好，花那么多钱买到一件不如意的东西真不合算！"这话一出来，客户的感觉就好像正在使劲推一扇门，门突然不见了，自己有劲也使不上。因为他觉得，他的反对意见反而显得不重要了，即使还有什么不满意的话也觉得没有必要说出口了。

接下来，这位销售员乘势转变，以富有同情心的语调真诚地为对方设

想。"一般来说,中等档次的电风扇都有这种毛病,说实话,今年夏天虽然不太热,但电风扇还是用得着的。"

"是的,电风扇还是需要的,不过我还是希望买个质量好的……"

"如果不在乎价钱的话,可以买好一点的……"最后,这位客户买了几种不同型号的高档电风扇。

分析：

按照常理,销售员要说服客户购买自己的产品,必定要极力吹嘘,吹得过分一些,就难免有水分。长此以往,人们对销售普遍形成了一种偏见,认为他们说的话没有真的。而案例中,销售员的成功推销得益于他站在客户角度说话。因为在这样的交流中,对方无形中就把销售员当做帮助自己拿主意的人来看待,对推销员本能的戒心消失了。在这种情况下,客户很容易在销售员暗示下做出购买决定。

可见,一个专业的销售人员,想提高自己的销售业绩,就必须学会站在客户的角度想问题。但是,很可惜,现在有很多销售人员不知道这一点,他们往往喜欢站在自己的立场思考问题,而不能像一个普通的客户那样思考问题。

当你以知心朋友身份出现时,顾客就会被你的真诚所感动,从而被说服。对此,销售员具体可以从以下几个方面去做：

1. 多使用"我们"

看似简单的人称,却有很深的学问。聪明的销售员会用"我们"来代替"我"或"你",不说产品会带给"你"什么好处,而是带给"我们"什么益处。因为这一人称会给对方一个心理暗示：销售员和客户站在同一立场,是站在客户的角度想问题的。虽然"我们"只比"我"多了一个字,但在情感上却多了万分亲近。

2. 重视客户的利益

在销售活动中,客户所关心的是自己的利益,销售员所关心的是自己的提成或公司的利益,这两者看似矛盾,实则是一致的。只有客户的利益得到了保障,公司的利益才有基础。

所以,伟大的销售员都有个成功的法则:第一时间考虑客户的要求。的确,销售员最重要的能力就是口才,但如果我们能从客户的切身利益展开销售工作,即"站在别人的角度,说自己的话。"那么,我们的销售工作一定能事半功倍。而如果我们始终只是强调产品的优点,那么,即使你再能言善辩,也不能打动客户。

3.理解客户

客户购买产品,其实买的就是一个顺心。如果客户能感觉到销售员对自己很理解,注重自己的心情和感受,那么客户就会被这种氛围所吸引,进而对产品投入更多的关注。

4.帮助客户解决问题

一位优秀的销售员总是善于将自己的产品摆在为客户解决问题的"及时雨"这一高度上。所以,如果条件允许,销售员最好能就客户的基本情况进行一番了解,知道他们目前正在遭遇哪些问题。

这样,在介绍产品的时候,如果你的产品恰好有助于他们改善或有效解决眼前的困境,那你就要抓住时机告诉客户:你的产品在解决难题过程中的种种优越之处。另外,如果客户能认识到你的产品"功效",那么即便你不做过多的介绍,客户也会对你的产品情有独钟、充满兴趣,从而产生购买的想法。

因此,销售员一定要设身处地为客户考虑,善于从客户的角度出发,为目标客户介绍他最适用的产品特点,为客户提供最真诚的建议,满足客户的愿望,充分理解客户、尊重客户,这样才能为自己的成功和公司的发展打好基础。

巧用顾客的"喜新"或"念旧"心理来推销

人是情感动物，其情绪会受到周围的人和事的影响，在情感上也有一些共同之处。比如"喜新"或"念旧"，人们总是希望走在时尚的前沿，成为新元素的领头者；但人们对于过去发生的事，又有一种怀念情结。从事销售的过程中，如果我们能巧用客户的这两种心理，将产品成功推销出去会容易得多。

销售情景：

场景一：

王刚是一名酒水推销员。

一次，他到一家饭店推销红酒，大堂经理一见是推销员，便毫不犹豫地拒绝了。而王刚并没有走，他点了菜，请大堂经理吃起了饭。这位经理看已经拒绝了王刚，也就没有多想。

在聊天中，经理得知，他们以前都就读于某大学，只不过在不同院系，所以才没有见过面。得知这一点后，经理对王刚变得格外热情。王刚也和经理越聊越投机，不知不觉过了一下午。在他离开的时候，经理不但要了他带来的所有红酒，而且经理还承诺，以后饭店所有的红酒都由王刚提供。

场景二：

小查结婚后，自己开了一家饰品店，生意一直不错，因为她知道顾客都需要什么。

这天，店里来了两个小姑娘。小查一看，就知道是学生。她们挑了很久项链，也没有挑到合适的。看着她们失望的表情，小查灵机一动，走过去说："小妹妹，你们想买什么类型的项链啊？"

听到小查这么说，两个小姑娘你望望我，我望望你，没有说话。很显然她们也不知道自己究竟喜欢什么样子的项链。这时候，小查拿过两款最新流行的项链说："你们看看，这两款怎么样，这可是今年最流行的配饰，好多时尚杂志都把这款项链当作夏季的主打产品。"

两个小姑娘的脸上顿时有了高兴的表情。她们拿着项链，一副爱不释手的样子。在简单地试戴了以后，就付钱买了下来。

分析：

从情景一中，王刚之所以能将红酒推销出去，并拿到饭店的酒水供应权，在于他抓住了饭店经理的"念旧"心理。对方遇到当年的老校友，会立即让其开始回忆校园生活，产生一种怀旧的情愫。

而情景二中，正好相反，小查之所以能卖出项链，是因为她抓住了小姑娘的心理特点，那就是追求时尚，认为流行的就是最好的。

可见，每个人都有怀旧心理，每个人也都有爱好新事物的心理。如何利用顾客的这两种心理，还需要我们视具体情况而定。

1. 帮顾客回忆往事

①多了解客户，为引导客户回忆做好准备。销售员在进行销售前，最好能对顾客的情况进行一番了解并用心地体会。因为只有了解客户的过去，才能帮助客户回忆，才能在谈到往事的时候，跟得上客户的节拍，引起心理共鸣。比如很多企业的老板都是非常艰辛地一步一步走过来的，经历了很多别人无法理解的苦难。如果销售员在拜访客户之前对老板的这部分生活有所了解，那么客户最后的单子自然是你的。

②以仰慕的态度与客户交流。客户愿意人们提及他的过去，并不是为了表明过去有多么艰辛，而是为了证明自己拥有现在的成就来之不易。所以，销售员在和客户的聊天中，要认真地倾听客户的倾诉，感受客户的那份对往事的情感，同时也要表现出对客户的经历和成就的仰慕，让客户因为拥

有这么一段刻骨铭记的历史而感到自豪和骄傲。客户怀旧的心理得到满足后，自然厚爱对那段经历有浓厚兴趣的销售员。这样，销售员就能和客户合作，最终达到销售目的。

2.引导顾客赶时髦

①及时掌握流行信息。我们发现，那些销售流行性商品的销售员，他们自身对流行元素的敏感度就很强。因为想要引导客户进行时尚消费，销售员首先就要对最新的流行元素有一个大概的了解。这个了解的途径有很多，比如，网络、电视、广告、时尚杂志等。当销售员掌握了最新的流行性元素之后，就可以适当地引导客户赶时髦，追求时尚。当客户的这种欲望被充分地调动起来之后，即使商品的质量不怎么好，商品的价格也不怎么合适，依然会选择购买，相对于质量和价格，能受到别人的关注和羡慕对客户来说具有更大的诱惑力。

②准确定位客户的流行需求。不同的客户，需要的是不同的流行元素。而且，在同一个时间段，流行的元素有很多种。这对于销售员准确定位客户的需求是个很大的挑战。所以，销售员在和客户沟通的过程中，要尽可能多的了解客户的流行需求。定位客户的流行需求，销售员除了在言谈中了解客户以外，还要认真地观察客户的穿着，或者留意其喜欢商品的种类，因为人们的爱好情趣或多或少地会在外表上有所体现，这样就能更加清晰地了解客户的真实需求。

洞察客户的微表情与肢体语言，读懂客户心思

销售过程中，我们发现，客户出于某些目的，比如价格异议，对产品不满意等，他们不会直接向销售人员道明自己的想法。此时，销售人员可能会觉

得无计可施。而实际上,语言并不是了解一个人内心世界的唯一方法,如果我们能洞察客户的微表情和肢体语言,同样可以读懂客户的心思,从而让销售更为顺利。

销售情景:

王晓是学市场营销的,毕业之后,他在一家化妆品卖场担任男士化妆品的销售员。他很会察言观色,因此业绩非常的好。

这个周末,卖场来了很多顾客,当然也不乏男士。尽管人很多,但忙碌的王晓还是在人群中发现了一个特殊的男客户:他大概三十多岁,一身简单又名贵的穿着。来到卖场,他一句话不说,只是不停地看化妆品。

面对这样的客户,几个销售员在得到"爱答不理"的回应后,就不再招呼他了。而王晓则发现这个客户有个特殊的动作——他突然站在某化妆品前,总是一边看,一边不停地用脚尖拍打着地面,而且在那里站了好长时间。

王晓知道这种人是典型的完美主义者,非常自恋。所以也不大会处理人际关系。于是他站在不远处,等这个男士抬头寻求帮助的时候,他才过去帮忙介绍产品的功能和价格。很快,这位客户购买了商品便愉快地离开了。

分析:

这则销售案例中,在其他销售员无计可施的情况下,销售员王晓并没有贸然推销,而是先观察客户,从客户的肢体语言——用脚尖拍打地面判断客户是个完美主义者并自恋,因此在客户需要帮助的时候才过去帮忙介绍产品的功能和价格,从而顺利把产品推销出去。

我们知道,客户有各种不同的性格心理,即使同样的客户,在不同的情况下也会有不同的心思。而客户一般不会直接告诉销售员他们内心的真实想法,这就需要销售员善于察言观色,要从他们的言谈举止和一些习惯性的

动作中准确把握,然后针对不同心理采取不同的措施。对此,我们需要从客户的微表情和肢体语言两个方面来把握:

1. 微表情

①不停地眨眼睛。如果客户对你眨眼睛,而且频率非常慢,那表明客户对你的话表示蔑视和嘲笑,也就是对你的产品介绍根本没有兴趣,如果你继续进行下去,势必没有任何效果,而且还会引起顾客的反感。这时候就要积极地改变策略,转移话题,重新想办法说服顾客。当你发现顾客眨眼睛的频率变快的时候,说明你的说服起到作用了,客户开始动心了。

②斜视你。客户斜视你的情况不可一概而论,有可能是对方对你很感兴趣,是下一步合作的前兆,也有可能表示顾客对你很厌烦,或怀有敌意。这两种心理我们可以这样区别:一般情况下,如果客户斜着眼睛看你时,眉毛轻轻上扬或者面带微笑,说明顾客认可你,对你所说的话感兴趣,这时候要抓住机会,提出和对方签合同的要求,成功的几率很大。而如果当对方眉毛压低,眉头紧缩或者是嘴角下拉,说明客户对你不信任或者是心存敌意。出现这种状况的时候,你就要想方设法消除顾客心中的疑虑和不快,重新建立顾客对自己的信任感。

③盯着你看。客户盯着你看,很大成分上是对你的质疑,对你所持的观点反对和不赞同。这时候你如果意识不到,往往误解了顾客的态度和情感。这样一来,无形之中就把顾客和你对立了起来。试想,此时顾客怎么可能和你合作呢?

2. 肢体语言

①用脚尖拍打地面。正如案例中的王晓所解读的一样,购买时用脚尖拍打地面的人是个完美主义者,甚至有点自恋,但比较保守、封闭。所以,销售员与这类客户打交道,言谈举止一定要中规中矩,不可太随意,以免给对方留下不好的印象。

②说话时不停地打手势。有这类肢体语言的客户一般是控制欲非常强

的人，同时也是个雷厉风行的人，很讲究做事情的效率。与这类客户打交道，销售员要学会奉承，更主要的是要将做事情的效率提上去，附和客户的做事风格。只有这样，客户才能觉得你是知己，才会和你有一个长久的合作。

③喜欢点头和摇头。这类客户一般自我意识都比较强，他们一般不轻易和人合作，一旦决定合作，就会负责到底。因此，遇到这样的客户，销售员一开始要花大力气去攻心，但是只要"改"下来，对方就是你的忠诚客户。

④双手不停地在口袋里伸出来插进去。这种客户做事情想的比做的多，行动起来畏首畏尾，总是小心谨慎，怕这个怕那个。他可能答应你的东西不能完全做到。为此，在与这类客户打交道时，如果客户答应购买，那么，你一定要"速战速决"，当时签不了合同，一定要及时地跟进，万不能等着客户联系你。

生活中的一些习惯动作和微表情，准确地反映了人们的心理活动。同样，客户在消费的过程中，也会通过微表情和肢体语言将自己的内心真实想法流露出来。销售员如果能积极捕捉客户的这些习惯性的动作和微表情，就能准确地把握客户的心理，更好地促使客户达成合作。

制造心理共鸣，拉近与客户的心理距离

对客户进行访谈或者交流时，如果双方心理距离太远，往往遮遮掩掩地你来我往，难以进行实质性的沟通。因此对于销售员来说，在与客户进行销售沟通之前，花费一定的时间和精力对如何制造与客户的心理共鸣进行一番研究是非常有必要的，这样在沟通过程中才能有的放矢。通常来讲，销售员可以通过巧妙的询问和认真的观察进行分析了解客户，进而找到客户感

兴趣的话题，拉近与客户的心理距离。

销售情景：

某公司销售部经理李雷要去拜访客户。那天，客户方来了好几个重要部门的经理，发起人是企管部的经理，想推动一个项目，但其他部门不理解，甚至有些人反对，所以，李雷一行人去拜访的时候，对方的防范心是比较强的。

在和客户寒暄之后，李雷讲了这样一段话："在来的路上我和我们的销售人员讲，按照我们筛选客户的标准，我们是不应该来的，原因很简单：我们了解到我们公司（指客户，用你们太生分了）每年的 IT 投资不到 100 万，只能维持日常所需，所以不可能给我们什么项目做。但我还是来了，因为我们双方之前已经有过很多沟通，我们这边也参加了 AMT 很多培训，现在这边有一些感兴趣的东西希望我们一起讨论，出于对各位的感谢和回访，我们也是应该来的。但我真的没有期望这里会有什么项目，所以今天我们就敞开来谈，不要限于某些方面，大家感兴趣的都可以谈，我知道的、懂的就多说一些，不太知道的、不太懂的就少说一些。"

后来的进程说明，这段话的效果比较好，使大家少了很多的防范，谈得也很融洽。

分析：

很明显，李雷的这段话打消了客户方的顾虑，让大家坐到一条板凳上了，而不是很正式的供应商与客户的关系，这会为后面的交流奠定很好的基调。

销售过程中，如果销售员只是单纯地把产品的信息传达给客户，而不能引起和对方的心理共鸣，那么，这只能是失败的前兆。因为客户是不会对那

些丝毫不能打动自己的产品感兴趣的。而相反,如果销售员能在进行推销前先和客户进行情感上的沟通,让客户感到和你"相见恨晚",那么,一旦客户认同你,购买你的产品就是水到渠成的事。

那么,销售员该怎样与客户达成心理共鸣呢?通常情况下,销售员可以通过引出以下话题来达到这一效果:

① 及客户的爱好、兴趣,如体育运动、饮食爱好、娱乐休闲方式等。

②谈论时事新闻、体育报道等,如每天早上迅速浏览一遍报纸,在与客户谈论的时候,才有切入点。

③与客户谈论时下大众关心的问题,如世界杯赛事情况、房地产是否涨价、如何节约能源等。

④谈论客户的工作,如客户在工作上曾经取得的成就或将来的美好前途等。

⑤询问客户的孩子或父母的信息,如孩子几岁了、上学时的情况、父母的身体是否健康等。

⑥和客户一起怀旧,比如提起客户的故乡或者最令其回味的往事等。

⑦谈话客户身体,如提醒客户注意自己和家人身体的保养等。

总之,有人情味的销售才是成功的销售,如果把自己的销售工作弄得充满了商业气味,失败的几率是很高的。如果销售员一张嘴就把产品的种种信息背诵给客户,客户必定会在心理上产生抵触情绪。

客户也是人,也会受情感左右。所以,在接近客户之初,不要急于谈生意,先与客户寻找共同感兴趣的话题,这样,在不做生意只谈朋友的前提之下,和客户取得了心灵的共通,博得了相互之间的认同。"先做朋友,后做生意",既然是客户的朋友了,对于客户说,跟自己熟悉的朋友合作,自然要比跟陌生人合作更加放心了。只要做成了朋友,那么你的单子自然很快就能签下来了。

欲擒故纵，以退为进，令客户主动购买

销售过程中，有些销售员使出了浑身解数、费尽口舌，却始终无法与客户达成共识，让客户购买。其实，我们若能从客户的角度出发，当双方僵持不下的时候，不妨采取迂回战术——以退为进，以适当的让步留住客户，那么，成功推销出产品会变得顺利得多！

销售情景：

做了生意后的老张发达了，准备把那辆已经开了 5 年的老车卖了，转手再买辆新车。通过中介，老张找到一些买主。第一天，老张约了某车行的老板来家里看车，但还没等老张开口，对方就将这辆陪了老张五年的爱车说得一文不值，老张因此闹得一肚子火，还没有等他开价，就下了逐客令："你走吧，这车我不卖给你了。"

第二天，老张又约了一位车商。这位车商来看时，第一句话就是："先生，您的车真的开了五年？"

"是啊！"

"可是，这车怎么这么新呢？这车怎么保养得这么好！"听到车商这么说，老张脸上挂上了微笑。

"我很少开，自己又不抽烟，平时也经常洗，我的儿子们要开我都不让，所以很干净。"

车商："难怪，这车 5 年了，跟新的一样，你一定很有品位。"

这话说到老张心里去了，两个人就在那里聊起来，最后这部车以 13 万元成交，离老张原想的 15 万的目标还差了 2 万。

分析：

这则销售案例中,这两位车商采取了不同的谈判方式,也取得了不同的结果。第一位车商虽然明白"要破坏对方产品的价值,才能方便砍价"这一道理,但他的话无疑伤害了客户的自尊心,惹恼了客户,自然会被下逐客令。而第二位车商先不谈成交的条件,而是先夸赞客户,让客户心花怒放,进而取得他的信任,得到了让价和最后的成功。

曾经有位营销专家说过:"谈判并非是一条直线,而是一个圆,销售员处于这个圆上的某一点,我们的目标是到达圆内的另一点。当我们无法朝着一个方向直线前往的时候,我们完全可以转个身,退后几步,从另一个方向跨越障碍到达目的地。"这就是以退为进、欲擒故纵销售法。

那么,在具体的销售过程中,销售员该如何运用这种以退为进的迂回战术呢?

1. 把握大局

"两害相权取其轻。"当销售员与客户在交涉过程中陷入僵局时,销售员不可只为了短期利益与客户僵持不下,而应该从大局出发,争取长期合作,适当时候可以作出让步,做到能退则退,为接下来的工作打好基础。

2. 洞悉客户的底牌

销售员只有把握客户的底牌,在与客户交涉的时候,才能驾轻就熟地与客户交谈,更好地把握退让的"度"。当然,这并非易事,需要销售员通过各种途径来获知。比如,你可以通过客户资料查看客户上一笔交易的费用支出,或者打听客户的购买预算等。

3. 把握"退"的尺度

每个销售员都明白"永远也不要做没有利润的交易"这个道理。如果让步尺度过大,就会产生利益危机。所以"以退为进"并非无条件地让步。比如,如果我们和客户在价格上陷入谈判僵局,就要把握好这个让的"度",每次降价的幅度都不能太大,这样才能使自己始终处在主动地位,从而保证利润的获得。

4.掌握一些以退为进的策略

①打折、促销和赠品。这是现代商家促进销售的常用方法,也属于"欲擒故纵"法。因为通常来说,人们都有爱占便宜的心理,正价、无赠品的销售会让他们觉得吃亏,而打折、赠品或促销会让他们觉得以同样的价钱购买到了更多的产品价值。

②试用产品。试用产品通常是免费的,所以,大家一般都会踊跃参加,而如果客户感受到了产品的功能和优点,那么,他们一般会掏钱购买。在这个过程中,销售员起到的只是一个引导的作用,这远比我们费尽口舌地劝客户购买效果要好得多。

③限量销售。让客户试用产品或者给客户一些小利小惠,也能使他很容易接受销售员的产品。有一种方法更加高明,可以迫使客户自己找到商家,要求购买产品,这就是限量销售。限量销售是通过控制日销售的产品量或产品总量来诱惑消费者,从而提高产品知名度和受欢迎程度的一种方法。因为人性就是这样,越是得不到的东西就越觉得珍贵,而产品只有在他想买的时候买不到,他才会想尽办法去购买。

在与客户沟通的过程中,如果销售员只是一味地步步紧逼,常常会给客户带来很大的压力,而一个人承受压力的程度是有限的,过多的压力就会让客户心生反感,从而放弃和你的沟通。所以,使用欲擒故纵、以退为进的方法,先让客户暂时获利或暂时对他们淡漠,解除他们的反感和警惕之心,可以更容易地销售出自己的产品,成功占领市场,达到"擒"住客户的目的。

用点激将法，让客户主动购买

在销售过程中，我们常常会遇到这样一些客户，虽然有产品需要，但是犹豫不定，拿不定主意，总是会对销售员说："等等看吧"。面对这些客户，我们要想促使他们下决心签单，成功推销出产品，就要敢于搏一搏，利用他们的好胜心、自尊心，采用激将法促使他们做出购买决定，迅速签单。

销售情景：

晓丽是某商场珠宝专柜的销售员。

五一那天，商场所有产品都参与打折活动，晓丽的专柜也是如此。因此，客户特别多，晓丽和其他销售员一样，忙前忙后的。但忙碌中的晓丽还是注意到了一位青年男士，虽然衣着名贵，但却在一款比较普通的对戒旁驻足了，他向柜台销售员问询了很多这款戒指方面的知识，但就是不购买。这时候，晓丽决定主动采取点措施，促成购买。

晓丽："先生，请问您购买戒指是自己戴还是送人？"

顾客："想送我未婚妻。"

晓丽："原来是婚戒啊，祝您生活幸福。是这样的，我们的戒指做工都非常好，就是价格稍微有点高，你不会因为这个原因犹豫不决吧？"

这位青年满脸通红，说："怎么可能呢，这点小钱，我根本就不会在乎！"

晓丽接着说："但是凭我的感觉，我敢和你打赌，你今天是不可能购买我们的戒指的，对吗？"

这位青年笑着说："你还别激我，我今天就当着大家的面买给你看。"可是等他把钱包拿出来的时候，一脸的尴尬。

晓丽接着说："你空着两只手，拿什么买我们的产品啊？就会吹牛。"

这时，这位青年终于从钱包里拿出了"家当"——一张卡，说："谁说没钞票就不能买啊，你看好了，我现在刷卡了。"说完，向晓丽要过了刷卡机，顺利地完成了消费。

晓丽笑着说："看来我今天真是看走眼了。"

青年瞪了一眼说："小姐，别把人看扁了。"说完头也不回地走了。

晓丽露出了开心的微笑。

分析：

案例中，销售员晓丽之所以成功将戒指推销给原本犹豫不决的顾客，就是因为她抓住了顾客要面子、害怕别人说自己没钱的这种心理，然后采用激将法，挑动顾客这一敏感的神经，从而让他在跟自己赌气的过程中完成购买。

总的来说，激将法就是利用自尊心、面子或者逆反心理等人性的共同点，以"刺激"的方式激起对方的不服输情绪，将其潜能发挥出来，从而得到不同寻常的说服效果。但是，销售中，激将法不可随便滥用，在使用时要看清楚对象、环境及条件。同时，运用时要掌握分寸，态度要自然，不可操之过急，也不能过缓。过急，欲速则不达；过缓，对方无动于衷，无法激起对方的自尊心，也就达不到销售目的。

因此，在学习和掌握这种促成订单的技巧时，销售人员还需要注意以下几个问题：

1. 一定要在人多的场合下进行

客户害怕失面子的这种心理，在人多的时候体现得尤为明显。谁也不想让自己在众目睽睽之下丢了面子。因此，在人多的场合，销售员不妨用激将法来对付那些过于挑剔的客户，让他们在不情愿和不乐意的情况下，一边嘴里说着不好，一边掏钱购买。而且，这样也无疑是给产品打了活广告。其他客户会认为:这么有意见的人都在购买,那说明这个产品还是不错的。

2. 和客户"对抗",但不能伤害客户自尊

销售员在采用激将法促使客户购买的过程中,大可不必害怕因此得罪客户。表面上看,你是在逼迫客户购买,但从另外一个角度来看,客户也会从心里感激你,因为正是你的逼迫,让他在众人面前露脸,向众人宣布:我是有钱人,我有能力消费! 也可能他在心疼钱的同时却因满足了虚荣心而沾沾自喜呢。当他的这种虚荣心满足了,自然会感激你给他的表现机会。

销售员可以和客户"对抗",但是必须以不伤害客户的自尊为前提。如果销售员伤害了客户的自尊,即使你把产品推销出去了,那么,对于客户来说,也是"一次性购买"! 因此,正确使用激将法应该是在不伤对方自尊的基础上切中对方的要害。

3. 要注意态度自然

销售员在使用激将法时,一定要注意自己的态度和表情。否则,就容易让客户看出来是在"激"他,从而产生逆反心理,最终导致无法成交。

4. 把握客户的心理,针对不同的客户采取不同的应对方法

在销售过程中,销售人员要采用激将法,首先要把准客户的心理。否则,将很难起到激将的效果,甚至还有可能把一桩很有希望的生意逼进死胡同。因为激将法不一定会对所有客户产生作用。一般来说,地位高、年纪轻、穿着考究的人更在乎周围人的眼光。在促成订单时,销售人员可以根据具体的客户对象,采用不同的方法去激将他们。

把握以上几点,我们在运用激将法促成订单时,便能有效避免很多问题了。

第 6 章

财源不断,利用各种资源挖掘你的客户群

销售中,销售循环的第一步就是寻找潜在客户,在确定你的市场区域后,你就得找到潜在客户在哪里并同其取得联系。如果不知道潜在客户在哪里,你向谁去销售你的产品呢? 就是说,没有丰富和高质量的潜在客户,成功便无从谈起。但我们经常看到一些销售员为找不到客户而犯愁。要知道,你身边的朋友、亲戚、同事、同学、客户,甚至是陌生人,都应该成为你的人脉资源中的一部分,只有学会充分利用你的资源,充分挖掘你的人脉,你才能挖掘出你需要的客户群,为接下来的销售工作做好准备,取得良好的销售业绩!

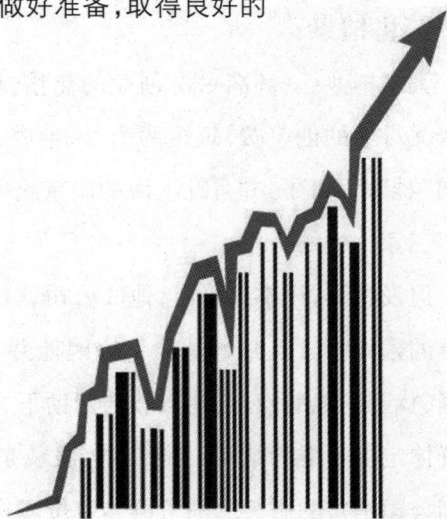

定位客户群体，让自己的销售有的放矢

有这样一句话："选择比努力更重要，方法比激情更有效。"许多人喜欢做这样的事情：顺着梯子爬到了墙上，结果却发现梯子靠错了墙。销售行业就存在这样的状况：一些销售新手在刚从事销售工作的时候，都有一颗充满激情的心，但往往由于缺少潜在客户或者掌握不了潜在客户的信息，就采取乱撒网的方法。结果呢？时间一天天的过去，有效客户没有抓到几个，销售业绩没有什么增长，反而把自己的身心搞得非常疲惫。可见，有的放矢地进行推销在销售中的重要性。

作为一名销售员，我们都知道，只有拥有足够多的准客户，才有可能交出漂亮的业绩单。那么寻找准客户之前，就需要我们定位客户群体。

销售情景：

大学毕业后，怀揣一份创业的热情，杨文决定办一家前卫的服装公司。拿着父母给的创业费，短短两个月，他就让自己心仪已久的"杨文个性服装公司"挂牌面市了，并且在上海的南京路等高档消费群体集中地的写字楼旁开了三家这样的公司。

但没想到，还不到半年，他的公司就难以为继了。杨文终于尝到了创业艰难的苦涩味。但究竟是什么原因他并不清楚。随后的一个月，他去了趟美国，找到了他的叔叔，在叔叔的帮助下，他开始了一项市场调查，得出了消费群体定位不准的结论。他发觉，服装是一种时尚、前卫的休闲消费品，而他们公司销售的服装的消费群体定位不应该是白领阶层，而应是追求新潮、讲究个性表现的青少年。找到这一点后，杨文对项目做出了根本的调整：第一，他把消费群体定位于青少年，把"杨文个性服装公司"易名为"酷帅个性服饰店"。第二，把店铺从高消费群体集中的写字楼搬到了学校门口、音像市场、体育用品店等青少年易去常逛的地方。

这一调整给杨文的事业带来了生机，不到一年的功夫，他的公司盈利居然达到了一百多万元。

分析：

案例中，杨文在事业上由开始的失败到后来的成功，可以归结于一个消费群体的定位问题。刚开始，他把服装定位于白领阶层，很明显，这是错误的，也给他的事业带来了很大的创伤；但杨文是一个理性的青年，他没有让败落的结局将自己的信心击碎，而是通过市场调研及时发现了自己产品市场定位及营销策略中存在的弊端，及时地调整了经营方略，进而获得成功。

在销售工作中，客户群体的定位尤其重要。寻找潜在客户的方法与技巧，可能是多种多样，但是为了能够确保潜在客户的有效性，你必须把握以下四点基本要求。

1. 充分了解你的产品特性

销售人员只有充分了解自己的产品特性，才能有效定位哪些客户是我们产品的真正需求者，避免走冤枉路。这里的特性包括很多方面，比如产品的材料、原理、性能等各个方面，除了我们自身所销售的产品，相关行业、相关产品的一些特性我们也要有所了解。

2. 充分了解你所销售的产品的行业特性

试想一下，如果我们销售人员连自己所销售产品所属的行业性质都搞不清楚，那怎么可能最大范围内地去寻找自己的潜在客户和筛选自己的客户呢？

3. 充分了解与本行业相关联行业的特性

如果我们能了解与本行业相关的行业的特性，就能进一步扩大寻找潜在客户的范围,进而挖掘到更多的准客户。

4.熟知准客户的条件

在做足了以上三个方面的工作后,如果我们不能准确定位准客户的条件,所做的就是无用功,就会前功尽弃。那么,准客户必须准备什么样的条件呢?

① 购买意向。有购买需要的人才能称之为准客户,只有当客户具有购买意向,对产品有需求,他才有可能成为你的客户。如果没有购买意向,无论销售员如何费尽心机,也不可能达到让其购买的目的。一般情况下,客户产生购买需求时,会有以下表现:

向销售员问询一些关于产品的问题。例如,产品的性能、规格、型号、运输、包装等等。

开始和销售员杀价。例如:你要是不降价我就到别人那里买了。

很仔细地翻阅你带来的资料,并不住点头。

语气变得缓和,不像刚见到你时那样生硬,并且开始询问有关售后服务的事情。

②有购买能力。生活中,人们的购买能力是不同的,这主要和人们的收入有关。客户有需求,但没有购买能力,也不会购买。因此,我们在销售前,要先对客户的购买能力做个大致的判断。一般来说,穿着质地优良、式样别致服饰的客户,应该有较高的购买能力。而服饰面料普通、式样过时的客户多是购买力水平较低的人。当然,单凭这一点,我们也不能做出绝对的判断,还需要我们通过沟通做进一步的了解。

③有购买权力。罗伯特·马格南有一句名言:"如果你想把产品卖出去,就得去和那些有购买决策权的人进行谈判,否则,你就会徒劳无功。"因此,要实现销售,你最好还是要找具有决策权的购买者。当然,有些客户会以"这件事不归我管,我没有做决定的权力"为借口来拒绝销售员的推销,这需要我们加以判断,如果他真的不是负责人,他一般情况下会告诉销售员问

题的答案。如果他对销售员的询问并没有明确的答案，那往往表明他就是负责人，这种情况下就需要继续努力地向他介绍自己的产品了。

如果销售员能从以上几个方面入手，那么，大致可以定位目标客户了。

利用好口碑让老客户主动为你介绍新客户

我们经常看到一些销售员为找不到客户而犯愁，而实际上，他们没有意识到自己浪费了一种非常好的客户资源，即老客户。实际上，老客户的推荐非常有效，如果销售人员想快速定位有效客户，就一定要利用好这个资源。可以说，只要你的产品货真价实，只要你的服务能令客户满意，即使销售业绩再差的销售人员手中也会有几个老客户，通过他们你可以得到一些详细的潜在客户资料。当然，我们若希望老客户愿意为我们介绍新客户，一定要树立起口碑，让老客户满意。

销售情景：

乔·吉拉德是世界上汽车销售最多的一位超级汽车销售员，他曾平均每天要销售6辆汽车。他的业绩被收入世界吉尼斯纪录。那他是怎么做到的呢？客户推荐法是他使用的一个方法。

任何人介绍顾客向他买车，成交后，他都会付给介绍人25美元。25美元在当时虽不是一笔庞大的金额，但也足够吸引一些人，因为举手之劳即能赚到25美元。而哪些人能当介绍人呢？当然每一个都能当介绍人，可是有些人的职位更容易介绍大量的顾客。乔·吉拉德指出，银行的贷款员、汽车厂的修理人员、处理汽车理赔的保险公司职员，这些人几乎天天都能接触到有意购买新车的顾客。

乔·吉拉德说:"首先,我一定要严格规定自己'一定要守信'、'一定要迅速付钱'。例如当买车的客人忘了提到介绍人时,只要有人提及'我介绍约翰向你买了部新车,怎么还没收到介绍费呢?'我一定告诉他'很抱歉,约翰没有告诉我,我立刻把钱送给你。你还有我的名片吗?麻烦你记得介绍顾客时,把你的名字写在我的名片上,这样我可立刻把钱寄给你。'有些介绍人并无意赚取25美元的金额,坚决不收这笔钱,因为他们认为收了钱心里会觉得不舒服,此时,我会送他们一份礼物或在好的饭店安排一次免费的大餐。"

分析:

从吉拉德的成功案例中,我们可以发现老客户的力量。老客户虽然不能持续不断地在销售人员这里购买产品,但却能持续不断地把自己使用产品后的感想告诉给别人,这一举动一方面为我们的产品做了广告,另一方面他们也能帮助我们挖掘更多的潜在客户。当老客户的朋友、家人听到他转述的产品使用心得,若赞同就会产生购买的欲望,这就是商机。很多销售人员拼命开发新客户,拼命打广告,却忽略了最大的销售力量——老客户的推荐。

但销售员若希望老客户为我们推荐更多的有效客户,就要更加严格地要求自己,做好自身的售后服务,这样老客户才会选择并忠诚于你,最终实现双方互利双赢的良好局面。经常有销售员郁闷地问:"人们对销售员的态度为什么这么差呢?"有人回答:"因为销售员对顾客也不好。"

要想拥有源源不断的客户,就需要赢得客户的信任和喜爱,让客户可以在别人面前替你说好话。那么,如何才能与客户建立良好的关系呢?下面几点维护老客户的基本原则,是帮助销售人员维护好老客户的法宝。

1. 关心客户,随时关注客户的产品使用状况

聪明的销售员从不做"一次性销售",当他们把产品卖出去以后,他们会

经常给客户打打电话,不时询问一下客户使用产品的感触,如果出现问题就可以及时帮助客户解决。销售人员的关心会让客户十分感动,这样就能大大增加客户再次购买或转介绍新客户的几率。

2. 与客户交朋友

人们常说:"先交朋友,后做生意。"销售员不要把与客户的关系局限在工作上。工作之余,我们也可以与客户多接触。如果你和客户能成为朋友,客户就会自然而然地将自己的朋友介绍给你。比如,你可以通过偶尔送小礼物来密切与客户的交往,但一定要在一个适合的环境下,提出恰当的理由,千万别让人感觉你在拍马屁。例如,如果客户是一个非常痴迷足球的球迷,你就可以送给他一个足球,上面签满你们销售员的名字,并写着"谢谢您帮助我们团队。"

3. 多考虑客户的利益

优秀的销售员都知道一个道理:客户与自己是可以达到双赢的。因此,他们在向客户推销产品时,都不会盲目地推销给客户不需要的东西,而是尽量为客户节省开支。当客户体谅到他们的用心后,也会更加信任他们,并把周围的朋友介绍给他们。

4. 信守原则

一个信守原则的销售员总会让客户觉得可以信任。因为客户在为我们介绍新客户的时候,通常担心销售员是否也会为这位新客户提供同样优质的服务。很明显,我们只有做到信守原则,他们才能放心与我们再次合作和交往。

5. 回馈老客户

对于给你提供推荐作用的客户,你一定不要忘记给予他们回报,哪怕是一个你自己精心制作的小礼品也好,说明你的心里在感激着他们。

可见,如果一个客户对销售员没有十足的信任,对产品没有高度的认可,对服务没有来自心底的满意,是不会向别人说销售员的好话的。只有真心诚意地为客户着想,为客户服务,才能得到客户的肯定与赞美,让客户自愿为你推荐新的客户。

从亲戚开始挖掘你的客户源,起步更轻松

"潜在客户在哪里呢?"当销售员能对潜在客户进行一些简单的定位后,通常会发出这样的感叹。但无论如何,那些东西都是写在纸上的东西,是我们准备工作的出发点,我们还没有接触到你的核心——最需要的客户群。可是并不是每个销售员都会这样幸运:你的上任或者公司会给你一个名单,让你有一个好的开头。这尤其让那些销售新手苦恼,但我们可能忽略了一点:为什么不从始终支持我们的亲戚开始呢?香港企业界流传一句销售格言:"亲戚朋友是生意的扶手棍。"利用私人关系,是销售员开发新客户的基本方法。

销售情景:

小宁是学机械的,大学毕业后,他决定先从事重型机械的销售工作。但销售行业并没有他想象得那么简单,尤其是这种重型机械的销售。

刚开始工作的几天,小宁为了寻找到客户资源,不断拜访公司的前辈,甚至包括那些已经不在职的销售员,但这并未奏效,那些前辈们对他的请教也只是敷衍了事,并未透露一个客户的信息。后来,小宁又去上网查资料,可是,他还是没找到什么有用的资料。

一天晚上,小宁疲惫地回到家,满脸倦容的他对母亲说:"我想放弃这项工作了。"

"为什么?出什么事了?怎么上班还没几天就说不干了呢?这可不是

你的作风!"母亲提出一连串的质问。

"做销售最重要的就是有客源,可是我一个新手,哪里找客源,那些老前辈们有资深,但他们一个字都不愿意跟我说。"

"那你就从别的方面下手啊。对了,你销售的是什么产品?"

"重型机械,比如挖掘机。这产品不是一个钱两个钱,谁买的时候都会再三考虑,所以销售起来也就很困难。"

"我倒想起来有个人可以帮你。"母亲提示道。

"谁呀?"

"你舅舅呀,你忘了他是工程承包商? 肯定认识需要这类机械的人吧?"

"对呀,我怎么没想起来?"

母子二人商量后,就给小宁的舅舅打了个电话。巧的是,他舅舅最近正需要几辆挖掘机。后来,小宁舅舅还利用自己的人脉关系,为小宁介绍了该行业的很多人,很快,小宁的业绩就好了起来。

分析:

案例中,机械销售员小宁在从事销售行业之初,为找不到客户资源而苦恼,但经过母亲的提醒,他很快找到了可以解决问题的方法——从自己的舅舅开始,逐步开发客户资源。这一方法很奏效,小宁的业绩自此有了新突破。

的确,我们发现,那些成功的销售员,大多数都是爱动脑筋、富有创意的人,他们善于用独到的方法开发新客户,并不是反复研究公司那些陈旧的客户名单,而是会走出公司,从身边的亲戚开始做起生意。因为一般情况下,亲戚始终是支持我们的,所以,起步也就会更轻松。

那么,我们该如何从亲戚开始挖掘客户资源呢?

1. 向你的亲戚推销

如果你确信你的亲戚中有需要你的产品的,为什么不去和他们联系呢?

而且他们大多数都没有时间限制,非工作时间都可以进行。向亲戚销售,多半不会出现异议和失败,而异议和失败正是新手所恐惧的。他们喜欢你,相信你,希望你成功,他们总是很愿意帮你。与他们联系,告诉他们你已经开始了一项新职业或开创了新企业,你希望他们与你共享你的喜悦。如果你6个月的每一天都这么做,那么他们会为你高兴,并希望知道更详细的信息。尝试向他们推荐你确信优越的产品,他们将积极回应,并成为你最好的顾客。

2. 以你的每个亲戚为客户中心,扩散客源

不管你的亲戚们有没有购买需求,你都要联系他们。寻找潜在顾客的第一条规律是不要假设某人不能帮助你建立商业关系。他们自己也许不是潜在顾客,但是他们也许认识将成为你顾客的人,不要害怕要求他们推荐。你要取得他们的同意,与你分享你的新产品、新服务以及新的构思时的关键语句是:"因为我欣赏您的判断力,我希望听听您的观点。"这句话一定会使对方觉得自己重要,并愿意帮助你。

总之,从亲戚开始挖掘客户资源,需要我们先与亲戚联系,再以亲戚为中心,将客户资源逐渐扩散开来。但这中间,需要我们维护好和亲戚的关系,一个令人憎恶的人,是很难得到他人帮助的!

同学关系可能是你最庞大的潜在客户群

销售工作中,寻找有需求的潜在客户是非常重要的,所谓"无米不成炊",销售工作缺少了客户就不可能完成,那么该如何去寻找这些潜在的客户,该去哪里找,谁最有可能成为你的客户,哪些客户又是高质量的客户呢?事实上,销售人员的大部分时间都在找潜在客户。但每个成功的销售员并

不是天生的信息专家,他们对于潜在客户的寻找并不是每天走街穿巷地拜访,也并不是每天下班后还打五十通电话、看一百页资料,他们有自己的寻找客户的方法。比如,他们很善于把握同学关系,在维护同学关系的同时也轻松地把产品推销出去。

销售情景:

才短短的三年工夫,李瑞现在已经由一名普通的会展公司的业务员变成业务经理。当下属们问到他的成功经验的时候,他说:"你们还记得吗?当初你们总是问我为什么总是工资不够花,那是因为:不是今天这个同学结婚送礼,就是明天那个同学家里需要钱。但正是这些付出,才有了今天的成就,正是这些同学帮了我。我曾经浏览过我的客户一览表,里面的客户大部分都是我的同学,而剩下的也是我的同学们介绍的客户。可以说,这些年,我现在的成就都是我这些同学的功劳。我常常和那些销售新手说,与其在外面辛苦地寻找客户,还不如从身边的人开始挖掘,我们可能没有几个朋友,但同学关系一定会有的,只要我们经常和这些同学联系,同学有事主动帮忙,多关心同学,那么,他们一定很乐意为我们的业务提供帮助。"

分析:

李瑞的一番话是有道理的。我们或许性格内向,没有几个朋友。但从入学开始,我们的同学总是在不断增多。但随着时间的推移,很多同学被我们遗忘。你现在正联系的同学还有多少呢?而如果我们能多利用起这些同学关系,我们的准客户数量也一定会随之递增。即使你的人缘再不好,估计也有一两个关系好的同学,他还有家人和亲戚,这些都是你的资源。一个人带一圈,这是你结交人的最快速的办法。你的第一个同学可能不需要你的产品,但是同学的同学、同学的朋友你能肯定也不需要吗?去认识他们,你会结识更多的人。

那么,具体来说,我们该如何利用同学关系挖掘出最庞大的客户群呢?

1. 多参加同学聚会

我们周围的同学们会不定期地举行一些同学聚会,有些人认为,这些聚会只会谈及有些不痛不痒的事,其实并非如此。同学长时间不见,由于不同专业、不同行业、不同经历,大家对同样的问题站在不同的角度,往往会有新的观点、新的思路,弥补了个人的盲点,使许多工作上、生活上遇到的难题有了更全面的解决办法。而对于从事销售行业的我们,聚会更是联络感情、挖掘客户资源的好机会。当然,我们参加聚会之前,要先进行一番了解,比如你的哪个同学从事的行业与你所销售的产品有关系,你就要有的放矢地与之联系,获得其帮助。当然,与这些同学维护感情,不要表现出自己的功利需求,不然会让对方有种"无事不登三宝殿"的感觉。

2. 多利用培训机会

我们都看过电影《逃学威龙》,主角周星星是个好榜样,不但完成了老大交代的任务,还抱得美人归,引来羡慕无数。你是否也曾动心过? 其实,这对我们销售人员也有一定的启示作用。当然,这并不是要求每个人都交上周星星的"桃花运",但在轻松的学习中完成销售,倒是个绝佳的机会。我们常常会参加一些销售行业的培训学习课程,可以利用此机会,在培训机构以同学身份,快速结交关系,以促成订单。

当然,我们还要注意,最好不要让培训机构知道自己的单位。你要知道,维护企业的专业形象,掩饰自己的销售目的,对以后你"间谍生涯"的"持续经营"还是很重要的,那样你就可以坐享收成了。

只要你善于研究,你就会发现,你的同学关系是个庞大的潜在客户群,他们当中就可能有人需要你的产品,或者他们知道谁需要。在寻找的过程中,你的任务就是沟通。让他人知道你、了解你,这将有助于你开启机会的大门!

动用老乡情令销售面越拓展越广大

很多销售新手在刚开始工作时,都会不断地问自己、问他人:"到底客户要怎么找? 怎么样才能找到精准的客户? 我都磨破嘴皮子、跑断腿了,能想的办法都想过了,连睡觉都在想怎么开发客户,就是找不到精准客户,都快坚持不下去了。"其实,无论是哪个行业,竞争都存在,你采用这样的方式挖掘可以,别人也会。打个很简单的比方,你通过打电话给资料中的客户,别人也会。那该怎么样才能抓住机会呢? 其实,你不妨另辟蹊径,转换挖掘客户资源的方式。要知道,你身边的有些资源是独特的,是其他销售员所不拥有的。这其中,就包括你的老乡。

人们都有恋乡情结,尤其是在周围都是陌生人的环境中,遇到老乡会倍感亲切。而在某一特定地点,都有一定的老乡群体。若我们动用老乡情,能进入这一群体,那么,你的销售面就会不断扩大。

销售情节:

保险推销员李雯有个同事叫黄波,被公司的人称为"神人"。因为在他看来,似乎就没有推销不出去的保险。每个月,他的销售业绩总是遥遥领先,这一点,让很多同事羡慕眼红。于是李雯想从他那里讨教一二。黄波是个很自大的人,而李雯准备利用他这一点。

有一天,公司新推出一款保险,李雯想借此机会问问这位"神人"的看法。

李雯:"大家都说不管什么客户,你一出马就能搞定,真这么神么?"

黄波:"那肯定啊。"

李雯:"吹的吧? 你要有这本事,那随便什么类型的保险你都能推销出去了。今天刚讲的可以分红的那款你行吗？你要是做成一个这样的,你就是咱们公司的大明星,别吹牛!"

"这怎么是吹牛呢？你不信?"黄波的脸也绷得紧紧的。

"就是不信!你给拉两个来看看!别说两个了,你就拉一个来给我看看也行!"李雯想乘势激黄波。"你先说这样的客户在哪儿？放心,我不会抢你的,我是希望你好。你说,首先得有潜在客户吧？对不对?"她扭头对另外一个同事杨生说。

黄波一挥手示意杨生说:"就在这儿!"

杨生一愣,马上摆手哈哈笑道:"不行不行,我可不是什么大客户啊。"杨生以为黄波是在开玩笑。

黄波见李雯和杨生边摇头边笑,知道他们不相信,于是不急不忙地说:"别急,你听我说,我并不是说'杨老板'就是我的直接客户,但你们发现没,杨老板是山西人,山西老乡里有着巨大的潜在客户。其中,煤老板就是最大的!"

李雯听到这儿,不由得把眼睛瞪得圆圆的,急切地问到:"对呀!我怎么没想到,你说具体点。"杨生也不由地把身子往前倾倾,现出一副关注的神情……

当黄波叙说完以后,李雯不得不佩服得五体投地。

分析:

我们发现,案例中,保险推销员黄波的聪明之处就在于,他寻找潜在客户的时候,有着与众不同的思维,人们都知道山西煤老板有着巨额资金、经济实力雄厚,对于投保自然不会没有资金,但似乎很少有推销员会想到利用"老乡情"来进行推销。

那么,我们该如何动用老乡情来挖掘客户资源呢？

1. 多参加同乡会

同乡会,其实就是一个很好的销售平台,如果那些从事推销工作的人能够很好利用这个平台,这个平台确实商机无限。有人说,你怎么能赚同乡的钱呢? 但你的钱不想给同乡赚,那么,你想让谁赚你的钱呢? 对于老乡或者朋友,要大大方方地赚他们的钱。价钱可以优惠、打折,但服务不能打折。相反,最好加料。而且,一旦你的产品和服务得到了同乡们的认可,他们还会为你介绍新客户,你的业务就会不断扩展。

2.平时多关照老乡

任何人情都是需要投资的。如果你的老乡需要你帮忙,你不主动出手,你也就断了你的这条"老乡推销"路。而如果我们能在平时多关照老乡,关心老乡,并能为同乡会多做一些工作的话,自然会得到大家的认可,大家就没有理由拒绝购买你的产品,甚至还会主动帮助你推销,成为你的兼职推销员,因为谁都希望自己的老乡发展得好,那样自己也有面子。

3.结识老乡中有影响力的人

可能很多销售员说,我不认识××呀? 但××一样不认识你。所以,你想认识他,很简单,主动找机会就认识他了。要想给他留下一个深刻的印象,更简单,多接触他就是。一旦结识了这位老乡中有影响力的人,你的社交圈子会马上随之扩大,自然就会财源滚滚来!

总之,从事销售行业,就是要靠关系,所以人际关系不可忽视。建立好的人际关系,我们可以从老乡开始,最有效的方法就是要多参加一些老乡之间的活动,多露面,多跟一些中心人物接触。

在各种活动现场搜集积累客户信息

销售工作中,不管我们遇到什么销售难题,都要意气风发、斗志昂扬,每天与客户深入交谈,了解情况、搜集信息,精心筛选准客户,实施有效的公关策略。然而,实际工作中,好多销售员跑断腿、磨破嘴、绞尽脑汁,用尽办法,也难以找到准客户,最终因客户资源枯竭、经营艰难而失败。而实际上,我们发现,那些成功的销售员在寻找准客户的过程中都不是盲目的,而是会有的放矢,比如,各种活动现场都是他们关注的焦点。因为一般来说,各种活动现场都是行业内人士云集的地方,在这类场合搜集客户信息,远比毫无目的地上门推销要省力得多!

销售情景:

叶子是保险公司的推销员。她在推销保险上有一套自己的心得,比如每年的"五一"、"十一"、春节长假,很多人都会外出旅游,她会利用旅行社举行的一些活动寻找到很多客户。

活动前,叶子会通过旅行社的人员获得这些客户的资料,然后再采取一些有针对性的措施。

在活动现场,她会给客户送一些旅游资料。比如有的客户要出国,她就从网上搜索出这个国家的资料,整理成小册子送给客户。小册子介绍了这个国家的风土人情、流通货币和餐饮食宿,客户用起来很方便。同时,叶子还会向客户介绍旅游保险以及境外援助的方式等。而对于一些有较强购买力但还没有买保险的准客户,叶子会送他们一些卡单式短期意外伤害保险。这些人通常会在长假期间外出旅游,这种保险期限为几天的意外伤害保险特别适合他们。

叶子就是借着这种保险和他们建立进一步联系的,并让他们对保险有更进一步的认识,从而慢慢成为自己的大客户。

分析:

案例中,叶子寻找准客户的方法值得我们效仿。活动上,叶子通过给准客户送他们所需的旅游资料的机会，自然而然地推销了与客户出行相关的旅游保险。另外，对于那些对于没有购买保险的有潜力的人，她采取送卡单式短期意外伤害保险的方式，加深他们对保险的认识，也增强了他们对她的信任。经过如此的沟通，有一天当他们需要购买保险时，肯定会先想到叶子的。

那么，我们可以通过哪些活动来搜集客户信息呢？

1. 展会

每年各个地方都有不少交易会或者展会，如广交会、高交会、中小企业博览会等，只要是符合你行业属性、产品属性的展会，你都可以去光顾，在展会上你可以搜集到大量的客户资料，甚至现场寻找客户、联络感情、沟通了解。

2. 会议

是指利用参加会议的机会，通过与其他与会者建立联系来寻找客户。例如新产品洽谈订货会、贸易年度洽谈会，以及其他类型的行业会议等。

3. 俱乐部

很多俱乐部是由一些公司牵头发起行业组织，在这些组织的背后是庞大的商业客户群体，作为一名销售员，可以充分利用这些资源。同时，作为企业，也可以组织自己的俱乐部，为自己的企业建立一些客户网络。

作为一名销售员，为了找到更多的潜在客户，可以参加多个俱乐部，成为这些俱乐部的会员，在俱乐部里积极进行社交活动，以结交更多朋友，从中寻找目标客户。

4. 当地行业协会活动

基本上每个行业都有自己的行业协会，如软件行业协会、电子元件行业协会、仪器仪表行业协会、汽车协会、美容保健协会等，虽然行业协会只是一民间组织，但恐怕没有人能比行业协会更了解行业内的情况了。这些协会经常会组织一些活动，如果你的潜在客户恰好是某某协会的成员，能参加该协会组织的活动并得到协会的帮助,是你直接接触潜在客户的有效方法。

5. 大型专业市场

大型专业市场,如汽车汽配市场、美容保健市场或某某商品一条街是商家云集之处,来到这里不仅可以获取大量的潜在客户资料,甚至还可以现场物色潜在客户。在这里,来来往往的人几乎都是可以为你提供一些宝贵信息资料的人。

如果我们能从以上几种活动现场多留意客户,收集客户的信息,那么,一定会对销售有所帮助!

应酬中发现有利于销售的人脉关系

在现代商业社会,要生存要发展就必须具有较强的竞争力。销售行业竞争之激烈更是有目共睹。而这种竞争不仅包括才能、素质等方面的条件,还与人脉有重要的关联。人际关系好,就会有广博的客源,做起生意来就会得到众人的支持,在与对手的竞争中就会处于优势地位。而人缘差的话,就会"寡助",在你困难的时候就得不到帮助,甚至还会有人乘机跳出来踩你两脚。所以,一个销售员要想拥有更广大的客户群体,就要增强自己的竞争力,就要注重发展自己的人脉。而人脉的获得,自然离不开应酬。一个会应酬的人,自然得人心!

销售情景:

方先生经营着一家纺织厂,这些纺织品主要是出口,很少内销。在2000年的时候,这家纺织厂还只有十几个工人,生意冷清,但情况很快发生了转变。

有一次，一个越南客商要从这家纺织厂购进价值五万元的布匹，方先生按照对方的要求已经把这批布匹包装好，并准备运送码头发货。但正在这时，这个越南客商却突然打来电话请求退货，原因是该客商对当地市场估计错误，这批货到越南后将很难销售。

厂里很多干部劝方先生，既然对方这么毫无信用，大可一口拒绝对方，反正合同都已经签了。但经过两天的考虑，方先生决定答应对方的退货请求。因为对方答应支付包装、运输等一切费用，而且这批布匹由于是外贸产品，在国内市场同样也可以销售出去，方先生等于没有什么损失。而最大的好处是他这样做等于是帮助了对方，有助于双方建立良好的合作关系。

果然，这位越南客商很感激方先生，并表示以后在同类产品中将优先考虑方先生的产品，他还不断向自己的朋友夸奖方先生，为方先生介绍了很多生意。就这样，在不到两年的时间内，方先生的纺织产品风靡越南，他的生意也越做越大。

后来，方先生常说，"眼睛只盯着钱的人做不成大买卖。买卖中也有人情在，抓住了这个人情，买卖也就成功了一半。"

分析：

案例中的这位方先生是非常聪明的，他清楚地认识到人脉对生意的重要性。如果当时他拒绝了越南客商的退货要求，那么虽然他做成了一笔小生意，但却会损失了这个客户包括后来客户推荐的很多新客户，而答应了退货的要求表面上吃了点亏，但他却交到了一个朋友，孰轻孰重，明眼人一看就知道了。

先交朋友、再做生意，无疑是挖掘客户、成功推销产品十分有效的途径。人脉资源越丰富，寻找客户的门路也就越多；你的人脉档次越高，你的钱就来得越快、越多，这是有目共睹的事实。然而，并不是所有人都对我们的销售工作有所帮助，这就要求我们在与人应酬和打交道的过程中，要做到善于

发现,善于交往,并逐渐积累有利于销售的人脉。具体来说,我们可以从以下几个方面入手:

1. 结识专业人士,寻求他们的帮助

这一点,对于那些刚刚踏入销售行业的新手来说尤其重要。因为对于所从事的工作的生疏感会让你很茫然。这时,你就需要一个能给你提供经验的人,从他们那获得建议,对你的价值非常大。

这就是专业人士,他比你有经验,对你所做的感兴趣,并愿意指导你的行动。关于这类专业人士,你需要从行业协会、权威人士、有影响力的人或者本地一些以营销见长的企业中去寻找。

在很多企业,在销售领域,他们都会安排一些销售新手和有经验的前辈一起工作,让前辈培训新手一段时期。这种企业制度在全世界运作良好。通过这种制度,企业的老手的知识和经验获得承认,同时也有助于培训新手。

2. 展开商业联系

不论你是否是刚刚开始接触销售,你都有可能处在销售中。商业联系比社会联系更容易。借助于私人交往,你将更快地进行商业联系。你不但要考虑在生意中认识的人,还要考虑政府职能管理部门、协会、驾驶员培训学校、俱乐部等行业组织,这些组织带给你的是其背后庞大的潜在顾客群体。

3. 多结识"同道中人"

推销过程中,我们会接触很多人,当然包括像我们一样的销售人员。其他企业派出来的训练有素的销售人员,可能更熟悉消费者的特性,只要他们不是我们的竞争对手,一般都会和我们结交,即便是竞争对手,也可以成为朋友。与之搞好关系,我们也许会收获很多经验,在对方拜访客户的时候他还会记着我们,我们有合适他们的客户时,我们也一定会记着他们。这是一种比较有效地寻找客户资料的方法,且不需要任何投入。

中国伟大的名著《红楼梦》作者曹雪芹说过："世事洞察皆学问，人情练达即文章。"从某些方面来讲，也说明我们若要做一个优秀的销售员，若要挖掘我们需要的客户资源，就要懂得从人际交往和应酬中积累人脉，毕竟"多个朋友多条路"。"先赚人气，再赚信誉"，一个善于结交朋友、累计口碑的人，不仅会处处受欢迎，而且遇到麻烦也有人帮，办事处处通！

第 7 章

激发需求，学会刺激客户的购买欲

作为销售员，我们都清楚，只有当客户在同时具备购买需求、购买能力，并有购买权力这三要素的情况下才能称之为准客户。如果没有这三个要素，无论销售者如何费尽心机，也不可能达到让其购买的目的。因此，在向客户推荐产品之前，销售员一定要对客户进行一番"审视"，了解客户在经济水平、购买动机等各个方面的信息。这样，即使客户以"我不需要"拒绝购买，销售员也能对症下药，充分做好说服工作，激发客户的购买欲望，让客户最终承认自己"需要"！

根据年龄特点与文化层次判断顾客需求

从事销售行业的人们都知道,只有当客户具有购买意向,对产品有需求时才有可能成为你的客户。如果没有购买意向,无论销售者如何费尽心机,也不可能达到让其购买的目的。而客户的购买需求,并非一成不变,是可以转化的,只要销售员能激发客户的购买欲望,那么,也能让客户完成购买。但我们每天的客户群体并不是单一的,是由很多人组成,有不同年龄段和不同文化层次的客户,我们只有对他们的消费特点进行一番了解,然后才能对症下药,激发他们的购买欲。

销售情景:

阳子是一名销售新手,刚大学毕业。在推销产品的第一天,就被经理训了一顿。原来,他也不管对象是谁,就胡乱推销。当天晚上,经理建议他写一份关于他家庭各个成员的消费报告,以加深他对不同客户的消费情况的了解。这份报告的内容是这样的:

我们家的成员分别是:父母亲、爷爷奶奶、姐姐和我。我们每个人的消费观念和水平都不尽相同,进而我们也有着各自不同的消费特点。而且,作为一个家庭,除了个人开支之外还有一些家务开支,现在就对这些消费状况进行阐述分析,使自己能够对不同年龄段的人的消费特点有所了解,从而有助于我的销售工作:

父亲,除了每天必要的生存需求之外,他每天要抽一包烟,每餐要喝点酒,所以对于父亲来说这在酒与烟上的消费是必不可少的。偶尔他要请朋友吃饭也需要一定的花费,还有交通费用,至于衣服都是母亲买的。父亲身体不是很好,医药费用在所难免。另外,他和母亲都是教育工作者,经常会购买一些书籍、文化用品等。

母亲,除了每天必要的生活费之外,在美容保养上面花费较大,偶尔会与朋友一起逛街,给父亲、我、姐姐还有她自己买衣服,这是一笔花费。交通花费,请朋友一起吃饭的费用,偶尔生个小病,其他基本上没有特别的花费。

我和姐姐,在上大学的时候,我们的学费是家庭的主要开支。父母每个月还要给我们生活费,偶尔买衣服还要另外加钱,在校期间的消费基本上比较稳定。节假日在家里偶尔逛街,与同学聚会,会有一定的开支。我们每个人都买了一台笔记本电脑,也是不小的开支。应该说家里的主要开支是在我们身上。

关于爷爷奶奶,很少有额外的消费,他们的退休金基本上已经够用。

分析:

可以说,这份家庭消费报告和中国大多数家庭是吻合的,也的确能帮助我们对不同年龄的消费情况有个大致的了解。除了不同年龄阶层有不同的购买特点外,处于不同文化层次的人的购买需求也是不同的,正如销售员阳子所说,"他(父亲)和母亲都是教育工作者,经常会购买一些书籍、文化用品等。"总体来说,我们可以根据年龄特点和文化层次对客户做出以下归纳:

1. 年龄越大手越紧

40岁以上年龄段消费者花钱都"比较仔细",并且表现为年龄越大越仔细。其中60岁以上的消费者"特别仔细"。相对而言,20～29岁年龄段的消费者花钱最不仔细。

老年人的消费内容主要集中在饮食、医疗保健和文化娱乐方面;消费习惯比较确定,对产品的品牌忠诚程度很高。

青年人消费能力很强,市场潜力大;消费意愿强烈,具有时代感和自我意识;消费行为易于冲动,富有情感性。

中年人往往在家庭消费中占据主导地位,他们往往是一个家庭的经济支柱,知道金钱来之不易,所以在消费的同时也注重储蓄,消费过程中有一定的节制。

2. 学历越高,职位越高,花钱越不仔细

一般说来,大专以上学历的人们消费比较"大方",而高中文化程度及以下的群体消费特征为"比较仔细"。从消费者职业和身份特征上分析,花钱最细的要数离休人员,然后依次是农民、军人、企业职工、科教文卫人员。花钱相对最不仔细的是私营业主、个体劳动者、企业管理人员、高校学生。

3. 女性花钱爱算计

女性中花钱特别仔细的占12.4%,比较仔细的占49.8%,花钱不太仔细的占20.7%,花钱很不仔细的占2.9%,不一定的占14.2%。

以上关于不同年龄和不同文化层次人群的消费特点和习惯,相信能对我们激发客户的购买欲望有所帮助!

委婉了解客户的经济水平和购买力

销售员都知道,客户是否有购买能力是判断其是否能成为我们的准客户的一个方面。客户有购买需求、有购买权,但是没有购买能力,我们依然无法成功地推销出产品,对于分期付款的客户,也可能会造成销售后的呆账或死账。因此,在推销前,我们就应谨慎行事,在大型的购买活动中,要提前了解客户的经济水平和购买力,在确认你的潜在客户有这方面的预算后,还要对其信誉进行一番考察。

销售情景:

一天上午,某汽车店内来了一位妇人,衣着大方,气质高贵。经理查理判断出,这位太太应该有一定的社会地位。在妇人把她那辆旧车开进对面那家汽车销售门面的时候,查理就已经看到了,查理很明白,这位太太估计已经有选中的车了,但他还是决定试一试。

"欢迎光临,请问太太有什么需要吗?"

"我只是随便看看,我在那家店已经有看中的车了,只是那家店的经理还没来,我催了一会儿了,他说还要我等会儿。今天是我五十岁的生日,我想换辆车来当做生日礼物送给自己。"听到这话后,查理对身边的秘书悄悄说了几句话,就转身对妇人说:"请您跟我到办公室坐会儿吧,您看好吗?"

到了办公室后,两个人很快聊了起来。原来这位妇人是一位伯爵夫人,在二十几岁就失去了丈夫,那部车是丈夫留给她的财产,所以一直舍不得换。妇人心情很低落。

这时,秘书进来了,捧了一大束玫瑰,并交给查理,查理把它递给妇人:"夫人,祝您生日快乐!"看到礼物,妇人高兴极了,脸色也马上好起来了:"真的太谢谢了,这是我丈夫去世以后,我第一次收到这样的生日礼物。可是,你知道吗?当我开着这辆老车来找那个经理的时候,他居然对我很冷淡,还让我等了这么久,他还建议我分期付款,可能是觉得我没钱吧。我看你们的车也很不错,我看就在你们店里买吧,我一次性付款……"

最后,这位妇人购买了查理店里最贵的一辆福特车。

分析:

这则销售案例中,汽车销售经理查理在观察了这位妇人后,得出妇人有一定的社会地位的结论,尽管妇人开着一辆老车,尽管他断定妇人已有中意的车,但他还是抱着试试看的态度,热情为妇人服务,并以美丽的玫瑰打动了妇人,进而让妇人改变了主意,选择了购买他的车。而相反,对面那家汽车销售店面的经理,却过于以貌取人,妇人开的是老车,就认为妇人无力购买,甚至建议妇人分期付款,当妇人上门时,却让其一等再等,最终失去了这笔生意。

的确,客户的购买能力和我们的推销工作有很大的关系。可见,在销售前,销售员必须要对客户的购买状况进行一番了解,其中最重要的就是顾客的经济能力,然后才能进行有针对性的销售,这样才能事半功倍。

那么,具体来说,我们该如何委婉地了解客户的经济能力呢?

1. 了解客户的信用状况

可从与职业、身份地位等相应的收入来源状况加以分析,判断其是否有购买能力。一般来说,根据人们收入的高低,购买能力也不同。比如你的产品是奢侈品,大多数年轻人都喜欢高档消费,但是月工资只有1000元的人是没有能力购买的。而那些高收入的金领或老板,则具有较高的购买能力。假如你的产品是家庭用品方面的,那么家庭主妇则是最具有购买能力的。

2. 了解客户的支付情况

可从顾客期望一次付现,还是要求分期付款,还有支付首期金额的多寡等情况分析,判断客户的购买能力。比如,针对一些大型产品,你可以在顾客对某产品产生兴趣,并有购买意向的时候提出疑问:"请问,您觉得哪种付款方式更适合呢?"

3. 观察顾客的穿衣打扮

一般来说,服饰质地优良、式样别致的客户,应该有较高的购买能力。而穿着服饰面料普通、式样过时的客户多是购买力水平较低、处于温饱水平的人。销售员通过观察客户的服饰打扮,大体上可以知道客户的职业、身份及购买力水平。

比如,在向顾客推销一件衣服的时候,你可以先这样说:"您这件衬衣真好看,很显您的气质,在哪里买的,价格一定不菲吧?"根据顾客的回答,你大致就可以看出顾客的购买情况了。

总之，销售员在对客户进行说服时，首先要弄清客户的经济水平，才能分析客户为满足自身需要能够接受的价格水平，当然一定要注意了解方式的委婉，太过直接、明朗会引起客户的负面情绪！

探明客户的生活环境，能挖掘出更多的客户所需

销售过程中，我们经常苦口婆心地劝客户购买，但客户的态度始终是"我不需要"，这确实令我们很苦恼，客户可能真的不需要，没有购买需求，交易始终是无法达成的。但我们何不转换一个角度想，客户自身不需要，那么，客户周围的人呢？如果我们能挖掘出客户身边人的需求，那么，就能找到销售的转机。因为人都是生活在一定的社会圈子中的，探明客户的生活环境，我们会挖掘出出乎意料的销售契机。

销售情景：

有家广告公司在一家企业跟单了两年都没有合作成功，开始是业务员跟，然后就是业务经理跟，后来部门经理跟单——谈了十多次都没谈成，因为客户总是称自己不需要，这也让这家公司毫无办法。

但后来，情况却因为部门经理的一件礼品发生了变化。什么礼品这么有威力？使客户同她签了百万元的订单？是两双高跟鞋！原来，她经过调查发现，客户的妻子是个典型的小脚美女，马上想到脚如此小的人，鞋子肯定难买。于是，她专门找人定制了两双小码高跟鞋并送到客户妻子的手上，当时接过礼物的客户妻子很感动，而一直很爱妻子的客户自然被俘虏了。

分析：

案例中,这位部门经理的聪明之处就在于,她明白客户称"不需要"是因为没有找到让他购买的理由。既然长时间从客户自身无法找到销售的突破口,那么,不妨从客户身边的人入手。于是,她用两双高跟鞋就打动了客户妻子,从而俘虏了客户。

那么,我们该如何从客户周围的人和事入手,激发客户的购买需求呢?

1. 把产品推销给客户身边的人

小周是某旅行社的业务员,她为人精明,生意做得也比其他业务员好。主要是因为她善于变通,如果业务无法直接推销给客户,就设法推销给客户周围的人。

有一次,她遇到一个姓张的大客户,这位张先生虽然是某大财团的董事长,但却是个怕老婆的人,只要一回家,就什么都听妻子的。

于是,小周就准备从张先生的妻子身上下工夫,张太太很爱美,于是,她就从销售化妆品的朋友经常买些保养品送给张太太。很快,她就和张太太交上了朋友。张太太每个月都要带着儿子出去旅游,旅行安排自然都交给了小周。后来,怕老婆的张先生也听从老婆的建议,把公司每年员工的旅游事宜都交给了小周。自此,小周的业务越做越大。

2. 细心观察,从小事上为客户身边的人提供帮助

比如,如果无意中知道客户存在这样的状况:"老父身体不好,希望他多锻炼,可出门运动又怕危险,真头疼……"此时,如果你需要销售的是笔大订单,那么,你不妨在物质上进行一些投资,比如,你就应该为该客户的父亲买一套保健按摩的机器,当然,你也可以抽空陪老人多散散步……如果你能认真实践这一点,肯定会让客户感到惊喜并留下一个好印象给客户。打动客户后,你还担心产品推销不出去吗?

3. 从客户的生活习惯入手,深度了解客户

一家企业的营销员有一个很顽固客户,无论他怎么劝说,客户就是不愿

购买。后来,他通过与客户朋友结交发现,原来客户有个喝茶的习惯。他也发现客户办公室果然有高级的茶具。所以后来,他每隔几个月必给他带一盒茶去,久而久之,他们家的、公司的茶全部是他免费供应的了,最终业务都不用怎么谈了,就是专心做好售后服务了。

可见,一个人总有"弱点",如果我们只和客户打交道,可能无法发现这些可以轻而易举攻破的"弱点",而如果我们能多了解客户的生活习惯,和客户周围的人多接触,就能深度了解客户,找到解决问题的突破口。

积累各种客户真正购买动机,利用 "相似性"理解更多客户

销售过程中,很多销售员反映:"为什么我们总是摸不清楚客户在想什么? 我们推荐的,永远是客户不需要的。"的确,无法了解客户的购买需求,是无法打动客户的。而要激发起客户的购买欲望,就必须要了解客户真实的想法,也就是客户的购买动机。打个很简单的比方,为什么有些收入一般的人愿意买昂贵的东西,而有的人即使腰缠万贯也爱买便宜货? 这些都涉及到购买动机的问题。影响客户选择某种产品的原因就叫购买动机,购买动机取决于客户的要求和需要。

销售情景:

晨鸣从医药管理专业毕业后,就在一家药品公司从事医药销售工作。刚开始在药房实习的时候,她对客户心理可谓一窍不通。

一天,药房来了一位顾客,身边还有其他几个人。他称自己感冒了,需要买感冒药。晨鸣为其推荐了一种感冒药,但正在晨鸣为其找药的过程中,

他却自己在药柜上浏览了起来。过了一会儿,他对晨鸣说:"小姐,不用找了,我就要这个。"晨鸣一看,这是一种很名贵的抗生素,这位顾客只是轻微的感冒,没必要用这么名贵的药。正当晨鸣准备劝顾客时,顾客说:"我就要这个,你不用找了,我还赶时间。"没办法,顾客一再坚持,晨鸣只好给他开了那种药。

顾客走后,晨鸣问和她同药柜的大姐,大姐告诉她:"你刚刚没发现这位顾客是和一些人一起来的? 他们一行人操的都是东北口音,而且,刚刚他买的药是长春生产的。他们东北人有时候比较爱面子,明明几块钱可以治好的感冒药,可是和一群朋友一起,为了面子,宁愿买几十乃至几百的药。或许买回去之后,他们根本不吃,感冒也会好起来。这种情况,我在药店看得多了。不同的人有不同的购买动机啊!"

"是吗? 怎么会有这么奇怪的事呢? 那顾客一般都有哪几种购买动机呢?"晨鸣问。

"这个就说来话长了,但一般来说,顾客的购买动机还是可以总结为几类的……"

分析:

案例中,药品销售员晨鸣遇到的这种顾客,比较爱面子,在购买药品时,宁愿买贵的,也不愿买对的。在这里面子就是其购买动机。实际生活中,人们由于职业、年龄、身份、文化程度、兴趣、爱好、脾气秉性和经济条件的不同,会有不同的购买行为。而这不同的行为,归根结底,是受不同的购买动机和购买心理所决定的。

而在实际销售中,研究顾客购买动机并非一件简单的事情。因为:第一,顾客的动机往往是多种多样的,除了最主要的以外,有的深藏不露。第二,同一动机还可能引起多种购买行为。所以销售员应尽可能地挖掘顾客的购买动机究竟是什么。

总结起来，人们的购买动机可以归结为以下几种：

1. 本能性动机

有些产品，人们不得不购买，比如，服装、食物、房屋、药品等，没有这些，人们便无法生存。在购买这些产品上，人们的购买行为常常表现出经常性、习惯性和相对稳定性的特点。但应看到，随着人们生活水平的提高，人们在购买此类产品上的动机也在发生改变，这种在单纯的本能性动机驱使下的购买行为随之变得比较复杂，比如，住房，有些客户购买住房，也由当初的解决住宿问题到变成投资等。

2. 情感性动机

情感性动机分为三种：

（1）理智型动机

拥有理智型购买动机的客户往往有着比较丰富的生活阅历，有一定的文化修养，比较理性成熟。他们的购买动机具体表现在以下方面：

①关注实用性：比如，购车，他们会首先考虑汽车的技术性能和实用价值。这类客户的决定一般不受外界因素的影响。

②关注安全性和质量：具有这种购买动机的客户更加关注产品的品质。他们对产品的质量、产地等十分重视，对价格不予过多考虑。

③关注价格。这是很多顾客购买产品时的心理特点，他们购买产品，注重经济实惠。在其他条件大体相同的情况下，价格往往成为左右取舍的关键因素。这类客户以经济收入较低者居多，喜欢对同类产品的价格进行仔细地比较。

④关注品牌。有一部分客户选购产品时追求的是品牌和档次，借以显示或抬高自己的身份、地位。购买产品不仅可以满足他们使用上的需要，更重要的是满足了他们心理上的需要。具有这种购买动机的客户不太重视产品的使用价值，而是特别重视产品的影响和象征意义。

（2）情感型动机

情感型购买动机的具体表现形式：

①求新、求异。这种情况一般在年轻人身上表现得更为突出，很多年轻人购买富有个性的产品就反映了他们标新立异的心理。

②攀比。具有攀比购买动机的客户希望跻身某个社会层次。别人有什么，自己就想有什么，不管自己是否需要，价格是否划算。

③炫耀。这多见于功成名就、收入丰厚的高收入阶层，也见于其他收入阶层中的少数人。

④从众。具有这种心理的客户，总想跟着潮流走，不愿突出，也不甘落后。他们购买产品，往往不是由于真实的需要，而是为了赶上或超过他人，借以求得心理上的满足。受这种心理支配的客户占有相当大的比例。

（3）社会型动机

由人们所处的社会自然条件、经济条件和文化条件等因素而引起购买商品的动机称为社会型动机。消费者的民族、职业、文化、风俗、教育、支付能力以及社会、家庭、群体生活等，都会引起其不同的购买动机。

上述理智型、情感型和社会型三种购买动机，都有着内在的相互联系。在消费者个体身上仅仅为了一种动机而购买某种商品的情况是少有的，往往是兼而有之。但作为销售员，在了解了客户这些购买动机后，就可以触类旁通，利用"相似性"理解更多的客户，从而细心观察、揣摩顾客的心理，了解其真正需求！

展现现实例证，激发客户的购买欲望

销售过程中，销售员要达成交易，必须要经过以下四个步骤，即：引起顾客注意；激发顾客兴趣；刺激顾客购买欲望；促使顾客采取购买行为。其中，销售中极为重要的一步，也是达成购买协议前最重要的一步，就是激发顾客的购买欲望，让顾客感到需求紧迫。很多时候，我们正面向顾客推销，顾客却不吃我们那一套，但如果换种推销的方式，比如说，向客户展示一些现实例证，进而放大顾客的需求，就会让顾客产生紧迫感，自然就会加快购买的脚步。

销售情景：

某销售员正在说服客户购买其公司生产的某种先进设备。

客户："虽然你说这么多，可我还相信 M 公司的设备，觉得他们的设备比较符合我们的要求，而且他们的价格比你们的要低得多……"

销售员："他们的价格比我们的要低，而且他们的设备也不错。这我都承认，但是我们的产品更适合你们。首先，贵公司每年的维修费都是一笔巨大的开支，产品的使用寿命是贵公司需要考虑的关键问题。我们的设备经过××测试，可以比 M 公司的设备多使用十年左右。而且，贵公司的生产方式需要一种高性能、高效率的设备，要考虑设备长久的资源利用率，我们的产品刚好可以与贵公司的旧设备共同作业。您觉得呢？"

客户："可是，你们公司设备的价格与他们产品的价格相差甚远，而他们公司的设备质量也不错。"

销售员："这是一份产品的故障调查报告，我们的设备故障率只有￥1.2%，不知道对方有没有这样一份故障调查报告。据我所知，他们的故障率一直都是在 5% 左右。这样算下来，贵厂将会为此多付出几万块。"

客户："是吗？这一点我还真不知道，那我还是购买你们的设备吧。"

分析：

案例中，这位客户反复强调另外一家公司的设备更好，不愿购买这位销售员所卖的设备。在这种情况下,销售员并没有直接说客户竞争对手的设备不好,而是先承认客户的看法,然后再向客户陈述自己的设备更好。空口无凭客户自然不信任,此时,他摆出了一些事实例证,比如,"我们的设备经过××测试,可以比M公司的设备多使用十年左右。"节省了一大笔维修成本。而这一点,竞争对手的设备做不到。另外,针对价格问题,这位销售员也利用了一些调查数据加以说明,证明对方的产品虽然价格低,但故障率高,最终让客户放弃了原本的想法,选择购买这位销售员所推荐的产品。

销售过程中,最忌毫无事实证据的论述。因为客户对产品不感兴趣,本身就可能是因为对产品不信任,对销售员心存戒心。若我们的论述无据可依,则会加深客户的疑心,也就无法激发客户的购买欲望,而如果我们能展现现实例证,让客户吃一颗定心丸,自然会加大客户购买的信心。

对此,我们可以从以下几个方面做到:

1.用具体的、真实的事例来说明问题

真实的事例是一种具有说服力的论据。比起抽象的产品质量报告,具体真实的事例显得更加形象生动。

有一位顾客想要购买燃油锅炉。一些销售人员得知这个消息之后,都纷纷跑来向客户介绍自己公司的产品。这让客户感到非常为难,因为他之前和这些公司从来没有合作过,也不知道哪一家的产品更加可靠,所以一时半会儿拿不定主意。

这时候,有一位销售人员摸清了客户的心理,在产品的介绍材料里夹了一份该产品的售后联系单,其中有一个客户就是这个顾客的邻居。于是这个客户就给邻居打了个电话,咨询该产品的相关情况。

从邻居那得知该公司的产品质量还不错,而且销售人员也值得信赖,于是顾客就选择了这家公司的锅炉。

当然,销售人员给客户所举的案例一定要真实,否则就是搬起石头砸自己的脚。

2.借助权威为产品打广告

销售员可以借用专家的研究或分析结果，也可以借用知名人物或企业的合作来强调产品的"品牌"。这种事例，真实可信，十分具有说服力。如："某某500强企业一直在用我们的产品，到现在为止，已经和我们公司建立了5年零8个月的良好合作关系。"在说明的同时，用一些图片或是资料进行辅助证明，能发挥出更好的效果。

如果销售员告诉客户："我们是奥运合作伙伴，这是我们合作的标识。"那么客户不仅欣然接受，也会深信不疑。

3.表明产品的畅销度

在销售中，销售人员要想促成顾客购买商品，利用从众心理促成交易，也是一种不错的选择。尤其对于那些追求流行的客户，这一招经常可以起到作用。比如，你可以拿出产品的销售情况表，告诉客户："您看，这是我们这个月的销售情况和客户反馈意见表……"这是产品畅销度最好的证明方法，客户自然会打消心中疑虑，购买产品的欲望也就更强烈。

可见，客户对产品提不起兴趣，并不是客户不需要。很多时候，是我们没有激发起客户的购买欲望。此时，如果我们能为其摆出一些事实例证，那么，就可以激发客户对产品的信任度，从而让其放心购买！

帮助客户畅想未来，令客户感到购买的紧迫性

作为销售人员，如果你与客户的关系不冷不热，业绩做得"不死不活"，那么，原因一定是你没有让客户认识到购买产品的紧迫性。当然，要想让客户充分认识到这一点，就要开发客户的想象力，引导客户畅想未来，这将会对你销售成功有很大的促进作用。引导客户对未来进行一番想象，需要我

们从两方面入手,首先是当客户拒绝购买的时候,我们不妨为客户勾画一幅痛苦的画面,痛苦感越强,产品在客户眼里的价值就越高。当清楚了客户的这种痛苦感之后,我们就从反方面为客户描摹一幅拥有产品的快乐画面。因为"追求快乐,逃避痛苦"是每个人购买产品的心理,所以我们在引导客户畅想未来时,一定要"把好处说够,把痛苦说透",这样离成交就不远了。

销售情景:

通用电气公司曾经致力于推销一些照明设备很多学校纷纷购买。但有个小学,一直不肯购买教室黑板的照明设备,销售员联系了无数次,说了无数的好话,但均无结果。正当这个难题无法解决之时,有个聪明的销售员想出了一个招儿,使得问题迎刃而解。他当着校长和老师的面做起来示范:他拿了根细钢棍站在教室黑板前,两手各持钢棍的端部,说:"老师们,你们看我用力弯这根钢棍时,它是弯的。当我不用力它就又直了。但如果我用的力超过了这根钢棍最大承受力的话,它就会断。同样,孩子们的眼睛就像这弯曲的钢棍,如果超过了孩子们所能承受的最大限度,视力就会受到无法恢复的损坏,那将是花多少钱也无法弥补的了。"

果然,他的办法奏效了。很快,那所小学就更换了所有的教室黑板照明设备。

分析:

案例中,通用电气公司的推销员在向这所小学推销照明屡次遭拒后便转换说服方式,他在校长和众多老师面前做了一个绝妙的示范,让校长和老师们都认识到照明设备对孩子们视力的重要性。而事实证明,这一方法奏效了。

可见,在向客户介绍产品时,充分调动客户的想象力是非常重要的。让客户跟着我们的思维走，在我们设定的方向上去想象，客户对产品的印象就会更深刻，理解也会更透彻，客户自然就会对产品产生和我们共同的认知，销售活动自然就畅通无阻了。具体说来，引导客户想象未来的两方面可以这样展开：

1. 为客户描绘拥有产品后的幸福画面

一位销售员要为客户推销一栋老房子。一进入院子，太太便发现后院有棵美丽的樱桃树，很高兴地对丈夫说："你看，院子里这棵樱桃树真漂亮！"而当这对夫妇进入客厅时，对陈旧的地板、掉皮的墙壁都不满意。销售员对他们说："虽然地板有些陈旧，但这栋房子最大的特点是从客厅向窗外望去，可以看到那棵美丽的樱桃树。"然后，不管这对夫妇指出这栋房子有什么缺点，销售员都一直强调："是啊，这栋房子是有一些缺点，但有一个优点是其他房子所没有的，那就是从任何一个房间的窗户向外望去，都可以看到那棵美丽的樱桃树。"最终，这对夫妇毫无怨言地花了50万美元买下了"那棵樱桃树"。

故事中，这对夫妇之所以会买那套老房子，并不是房子本身具有的价值，而是"那棵樱桃树"，给客户带来的幸福感，销售员一直强调樱桃树并不断为客户描绘这种幸福的画面。最终，客户购买了这所老房子。实际上，他们是购买了自己心中的"樱桃树"。其实，每个客户在购买产品的时候，心中都有"一棵樱桃树。"如果我们能不断为客户描绘这棵"樱桃树"，那么，客户心中的美好画面也就树立起来了，推销自然水到渠成。

2. 极力塑造客户"不买某件东西的痛苦"

掏钱总是一件痛苦的事情，所以拒绝就成了客户的一种本能。面对这种情况，我们该怎么办呢？很简单：将"不买某件东西的痛苦"说透，使之超过花钱的痛苦，客户同样会愿意和我们成交。打个很简单的比方，当我们走在沙漠的时候，如果水用完了，太阳非常毒辣，你的嘴巴快要冒烟了，这个时候有人过来卖水，哪怕是一千元一瓶的矿泉水，我们也会花钱买下，这个时候,那不仅仅是一瓶水,更是救命的东西,它的价值远远超过一千元。当然,如何塑造这种痛苦,就要考验销售人员的个人素养了。案例中通用电气公司的推销员就是通过演示法来达到这一目的的。

总之,我们要学会用自己的语言为客户的想象力指明道路,并限制或发展客户的想象空间,这就像制造一个固定的空间、固定的路径,引导客户朝着设定的方向想象,从而达到销售的目的。

第 8 章

完美展示，让卖点成为客户眼中的"亮点"

现代商业社会，随着商品的逐步丰富，导致了销售行业竞争的加大，各种商品，琳琅满目，应有尽有，这无疑给销售员的工作带来了难题。如何才能让客户认识到自己的产品与众不同，如何创造出与竞争对手不同的差异化特色的推销方法，就成了销售员工作的重点。而差异化的实质就是给顾客一个购买理由，即为什么买你的而不买别人的。这就要求销售员努力聚焦，把一件事做到极致，凭借别人无法企及的某种特色来赢得客户，这就是人们常说的卖点。如果我们能完美地向客户展示产品的某一方面的特色，那么，你一定能让客户认同产品，从而实现购买！

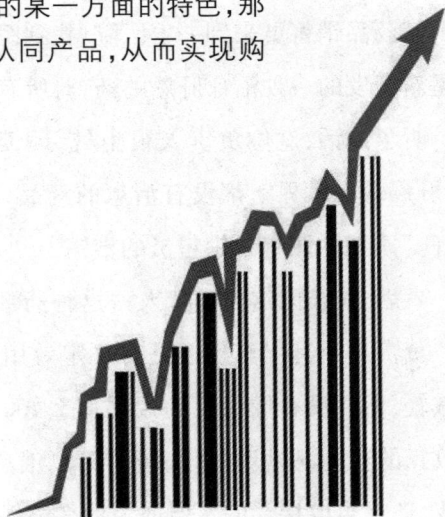

不夸大吹嘘产品的功效，实事求是
更能赢得客户倾心

我们经常会听到有人这样评价销售员："王婆卖瓜，自卖自夸"。的确，销售员向客户推销产品，只有把产品的各项优点和特色，也就是卖点向客户充分传达，客户才有可能产生兴趣，进而完成购买。但在这个过程中，过分夸大产品的优点，势必让对产品市场比你还了解的客户因此不再信任你，而不知情的客户购买产品后，如果发现产品并没有达到你所夸耀的程度，就会对你产生抗拒和厌恶的心理，不会再继续购买你的产品。因此，销售员介绍产品，切不可过分夸大或吹嘘产品的功效。

销售情景：

某药品销售员来到一家医院，找到医院负责人后，他对负责人说："我们这是新开发的一种治疗肝癌的药，对所有的患者可以说是药到病除。"

听了这话，这位负责人很生气，愤愤地对这位销售员说："你也真敢吹牛，肝癌现在世界上都没有治愈的药品，而且这种药我们也试用过，效果并不好。"于是他谢绝了销售员的推销。

事后，院长问这位负责人："这种药真的没有疗效吗？"

负责人回答："其实还是有一定效用的，它确实可以使一些肝癌患者病情减轻，但并没有像他说的效果那么好。我们都知道肝癌是现在世界上正待攻克的难题，哪里有什么新药可以治愈。如果他把市场试用情况如实告诉我，还是可以接受的。但他为什么要无端夸大产品的优点呢？"

分析：

案例中,这位药品销售员之所以会被医院药品采购的负责人拒绝,是因为他这些关于药品的不实介绍引起了对方的反感,所以推销工作不能顺利进行。

随着市场竞争的日趋激烈,销售员为了推销产品,增加业绩,往往会对产品进行各种各样的宣传,但任何一种宣传都要诚实,要实话实说,要对消费者负责。不能为了一时的销售业绩,就夸大产品的性能和价值,虚假的宣传只会赢得暂时的客户,却会失去更多的长久客户。

那么,销售员应该如何避免夸大介绍呢?

1.语言平实、介绍产品要客观

美国首屈一指的个人成长权威人士博恩·崔西说过:"说尽优点,不如暴露一点点真实。"销售员在介绍产品的时候,要尽量简单明了,避免啰嗦和聒噪,这样不但可以突出产品的特性,还让客户容易接受。

一个销售员说:"这位小姐正是买了廉价的化妆品,结果造成皮肤过敏,整个脸都肿了,想想真是得不偿失! 我们的化妆品是正规厂家生产的,虽然价格贵些,但它是通过国家质量检测的,质量有保证。虽说多花些钱,但可以获得安全、健康的保证。"

这位销售员说的就比较客观,既明确地表达了自己产品的优点,又提醒客户不要图便宜用那些廉价的化妆品。这样客户会觉得你是诚实的人,客户也会容易地接受。

另外,销售员应该注意,在介绍产品时,资料要绝对真实可靠,因为它展示的是该产品的主要功能和特性,如果存在虚假信息,必然会产生不利的影响。

2.扬长避短地介绍产品

客户自己也明白,任何产品都不可能是完美无缺的,都存在好的一面,以及不足的一面。作为销售员,应该站在客观的角度,清晰地与客户分析产品的优势,对于产品的缺点,要懂得尽量去回避,而不是去欺瞒。因此,不管客户是否需要,你都要将你的产品所能带给他的益处一一介绍清楚。

扬长避短是一种口才技巧,其目的是为了转移客户的注意力,要大力强调产品的特色和优点。而对于客户没有提到的产品缺点,销售员就不要画蛇添足地多说,否则就会令自己的产品缺点曝光,阻碍销售工作的顺利进行。

3. 切忌无中生有,欺骗客户

一般来说,客户购买产品,或多或少都有些对产品了解。而如果我们说话无中生有,存在虚假成分,客户会觉得你在欺骗他,本来交谈好好的事会因此而泡汤。

"我们的减肥产品。保准你在十天内减掉五十斤……"

"我们的衣服面料非常好,这件衣服你最起码可以穿上十年……"

"使用我们的化妆品,能让你脸上的痘痘全部消失……"

"这个药品包治百病……"

以上的话,即使对产品一点也不了解,也明白是销售员在吹嘘,客户要么会与你争辩,要么就干脆不再听下去,这两种情况对销售员来讲,都是非常糟糕的。

所以销售员应注意,介绍产品作用时,要绝对真实可靠,不能夸夸其谈,要展示自己产品的主要功能和特性,如果存在虚假,就会影响产品和你的可信度,切记不要因小失大。

总之,销售员在向客户介绍产品的优点时,要实事求是地根据产品的长处来介绍产品,切忌不要过分夸大产品的优点,这不仅是销售员的重要口才技巧,也是销售员的基本素养。

让客户真实体验,比叙说卖点更有说服力

人们常说:"耳听为虚,眼见为实",相比销售员所说的,客户更愿意相信

自己的眼睛，更愿意看见产品带给自己的真实感受。也就是说，如果我们能积极创造出让客户亲身体验产品的机会，让客户用视觉、嗅觉、味觉、触觉等感觉来亲身体验产品，一旦客户对产品有了一些切身体会，他们就更容易联想起拥有产品之后的感受，就能很快明了产品给他们带来的好处。所以，对于销售员来说，要舍得让客户使用自己的产品，客户只有亲眼看到效果，亲自感觉到产品带给他的好处，才能乐意购买产品。

销售情景：

这天，乔·吉拉德所在的汽车展厅又迎来了一位客户。经过沟通和了解，乔·吉拉德向她推荐了一款合适的车型。那位客户看着崭新的汽车，左转转右转转，好像非常欣赏。

"夫人，如果您不介意，可以坐上去试试？"

"是吗？你们对面的福特车行，每款车上都写着'请勿触摸'的字，你们的可以试试吗？"

"当然可以！"

这位女士坐在驾驶座上，握住方向盘，触摸操作一番。从车里出来，那位女士说：

"不错，新车的味道真好！"

"那您决定买这辆车吗？"

"哦，我再考虑考虑，好吗？"

"亲爱的夫人，您可能还不知道这辆车驾驶起来有多么的舒服。您愿意把它开回家体验一下吗？"

"真的吗？"这位女士感到不可思议。

"当然，没有任何问题！"

后来，这位女士决定购买乔·吉拉德的车，因为她把车开回家之后，丈夫、孩子和邻居都赞不绝口，这让她感到很满足，于是马上决定购买。

分析：

可以说，乔·吉拉德之可以成功推销这辆车，是因为他在让客户参与方面做得很成功，让客户了解到了这款车的方方面面，满足了客户的好奇心。其实每个人都有很强的好奇心，特别是对自己不太了解的产品，都喜欢亲自接触和尝试。

销售员在介绍产品的过程中，通过让客户体验来说明产品的质量，直观的、实地的演示向客户传达了感性的体验，这不同于单调生硬的技术说明书，具有及时、生动有效的特点，能引发客户的购买动机，直接刺激客户的购买欲望。而且，无论销售员对产品的介绍是如何美妙，客户心中总是存有疑惑的，不如让客户亲身体验产品来得痛快。客户亲身体验产品，还可以省去销售员很多口舌，产品的性能和特点都在客户体验中表现出来，不需要费尽心机去说服客户。

因此，作为销售员，不论你销售的是什么，如果都能想方设法展示商品，并让客户亲身参与，就能够吸引他们，掌握住他们的感情，从而有更大的把握将产品销售出去。

那么，如何让客户参与到产品的体验、亲身来体验产品呢？

1. 让客户亲自体验产品

优秀的销售员会积极创造让客户亲身体验产品的机会，客户也只有对产品有了一些切身体会后，才会在心中对产品有一个很好的印象。所以，销售员没有必要舍不得让客户试用产品，反而要在客户试用产品的时候，有意地引导客户，询问客户的兴趣所在，并让客户亲自感受产品在用户兴趣方面所展示出的性能和特点，满足客户的心理享受。

2. 让客户参与到问答活动中来

销售员在做产品介绍时，可以运用一些问题作为每一次产品性能的描述，这样就能让客户更多地参与到产品展示中来。

比如，销售员刚刚介绍完一款印刷产品的品质后，就可以问问客户，他对印刷的质量感觉如何，或者是最喜欢的机器型号是哪一个。然后，不用停顿太久尽快转到下一要点，因为停顿太久会使客户的心思弥散，产生其他的想法。例如，他或许就会考虑往后拖拖，或仔细考虑一下价格。

让客户参加到产品展示问答活动中来，不但可以让销售员更好地控制产品展示的场面，还能更大地引起客户的注意，活跃展示现场的气氛，并且可以更好地引导客户的心理，让其最终做出购买的决定。

3. 销售员要扮演好解说员的角色

客户亲身体验产品，势必会在体验的过程中向销售员提出一些关于产品的问题。此时，销售员要想应付从容，就必须非常了解自己的产品，只有认真操作和使用过自己的产品，才能像专家一样回答客户提出的问题。

4. 以欣赏的态度对待自己销售的产品

如果销售员对自己的产品不认可、不欣赏，在展示的过程中，就会不自觉地流露出厌烦的态度，这必然影响顾客的心态，并最终影响他们的选择。他们会觉得连销售员自己都不欣赏自己的产品肯定不会是好的产品。也就是说，销售员要想取得理想的展示效果，在向客户展示产品时，就必须表现出十分欣赏自己产品的态度。

介绍产品是销售中必经的阶段，也是让客户拿主意的关键阶段。如果有销售员生动的描述，并加上客户的亲身感受，不仅让对方听到，而且还要让对方看到、摸到，并感受到产品优秀，惊讶于产品品质。那么，客户不但会产生购买愿望，甚至可能立即喜欢上这款产品，更乐意马上购买！

通过比较和数据，令产品更具可信性

在销售过程中，任何客户在购买之初都会对销售员存在一定的戒心，自然不会轻易相信销售员关于产品的种种论述。此时,既然这种空口无凭的说服无法打动客户,那么,我们就不妨拿出一些"重量级"的事实,打消客户的顾虑。只要是实实在在的东西,在销售过程中都可以派上用场。其中,最具有说服力的就是精确的数据和对比论证的方式。就像写议论文一样,有足够的论据支撑才能取信于人。同样的道理,销售员想要客户购买自己的产品,也需要一些论据来证明产品的品质,让客户心服口服。

销售情景:

某女士来到家具城,转了半天之后,她看上了两套不同的床垫。

客户:"那两种床垫的,价格分别是多少钱?"

销售员:"那张较大的 2000 元,另外一张 3000 元。"

客户:"这一款为什么贵?"

销售员:"女士,请您在两张床垫上都坐一下,比较比较。"客户依照他的话,分别在两张床垫坐了一下,一张较软,一张较硬。

销售员接着说:"2000 元的床垫坐起来比较软、很舒服,相反 3000 元的床垫您坐起来觉得不是那么软,那是因为床垫内的弹簧数不一样。3000 元的床垫由于弹簧数较多,绝对不会变形。多出来的弹簧的成本就将近 800元。它不会因为体重过重而受到磨损、松脱,因此,这张床垫的平均使用年限要比那张多很多,但价格只差到 1000 元。老实说,那张 2000 元的床垫中看不中用。"

客户听了店员的说明后,就买了那张 3000 元的床垫。

分析:

案例中,案例中销售员使用的就是对比法,让客户认识到产品优势的。他通过让客户体验两张床垫的差别,然后再对两张床垫的不同之处进行解释,让客户自己在心里做出对比,从而让客户心悦诚服地感到第二张床垫确实物有所值。

当然,除了对比之外,我们还可以通过数据来说服客户,提升产品的可信性,具体来说,我们可以这样做:

1. 用精确的数据来说服客户

"如果能用小数点以后的两位数字说明问题,那就尽可能不要用整数;如果能用精确的数字说明情况,那最好不要用一个模模糊糊的大约数来应付别人。"这是一家公司员工手册上的内容。的确,销售员在向客户介绍产品的时候,如果能用精确、权威的数字说明,会显示出我们的专业水平,从而会增加产品的可信度。然而,这里的"数据",必须真实可信的、精确的。作为销售员,我们该怎样运用数据,取信于客户呢?

①拿出权威机构的证实结果

一般来说,人们都相信权威的力量,权威机构的证实更能让客户对产品死心塌地。当客户对你所列举的数据有疑问时,你可以拿出权威机构的证实结果来打消客户的这种疑虑。例如:

"本产品经过本产品以过 ISO9001 质量体系认证,完全符合国家标准,且经过一年的反复调查,得到了××协会的完全认可和支持。"

②用影响力较大的人物或事件说明

要想降低或消除客户对我们所罗列出的数字的质疑,我们在说明的时候,可以举出一些家喻户晓的大人物或者大事件,比如:

"这是某次奥运会的指定产品,仅那次奥运会就使用了 68720 箱这种产品。"

"××企业××从年就开始用我们的产品,到现在为止我们已经合作了 6 年,而且还要继续合作下去……"

③仅仅罗列数据是不够的

罗列大量的、精确的数据,的确能够很直观的证明产品优异的质量,然而一味地用数据说话却会显得态度上不够重视,交流上不够充分。也因为数据会随着环境和时间的不同而有所改变,所以,销售员在使用数据的时候,要在恰当的时机选择清晰、有序的数据资料,根据客户情况和销售进展使用对销售最有利的数据内容,这样才能达到好的效果。

此外,许多数据会随着时间或环境的变化而变化。销售员在使用数据的时候,要注意产生数据的日期和年限范围,必要时不断更新数据,以保证数据的准确、真实。

2. 用对比论证来强化产品优势

用对比的方法,能突出产品的特点和优势,对于说服客户有很大的作用。一般来说,我们在对比的时候,可以进行同类产品对比,与竞争对手的产品对比,价格对比,价值对比等,无论是哪种方法都是在传递同一个信息,那就是产品的优势。通过对比产品的性能、价格、服务等方面,来强调优势和特点,让客户找到最满意、最适合的产品,从而加强客户的购买欲。

如果能做到以上这些,销售员在推销自己产品的时候,就多了一个胜利的筹码。

突出最与众不同的卖点,用特点赢得顾客认同

市场竞争的日益激烈,某一产品一旦流行,就不断被生产,不断被复制,这给销售员的工作带来了难题,如何才能让客户认识到自己的产品与众不同,也就是要创造出与竞争对手不同的差异化特色的推销方法。差异化的实质就是给顾客一个购买理由,即为什么买你的而不买别人的产品。这就要求销售员努力聚焦,把一件事做到极致,凭借别人无法企及的某种特色来赢得客户,也就是人们常说的卖点。当然,在突出产品卖点之前,我们还需

要了解客户的"买点"，如果不能针对客户的具体需求说出产品的相关利益，客户就不会对产品产生深刻的印象，更不会被说服购买。而针对客户的需求强化产品的益处，客户就会对这种特征产生深刻的印象，从而被说服购买。

销售情景：

"爱她，就请她吃哈根达斯"，自 1996 年进入中国，哈根达斯的这句经典广告语席卷各大城市。一时之间，哈根达斯成了城市小资们的时尚食品，也成了工薪阶层的奢侈食品。而看看哈根达斯的定价，最便宜的一小桶也要 30 多元，贵一点的冰淇淋蛋糕要 400 多元。那为什么人们还是对购买哈根达斯乐此不疲呢？

哈根达斯宣传自己的冰激凌原料取自世界各地的顶级产品，比如比利时纯正香浓的巧克力象征热恋中的甜蜜和力量，来自马达加斯加的香草代表着无尽的思念和爱慕，波兰的红色草莓代表着嫉妒与考验，来自巴西的咖啡则是幽默与宠爱的化身，而且这些都是 100% 的天然原料。

分析：

人们钟情于哈根达斯，是因为它宣传自己的原料来自世界各地的顶级产品，无形之中，哈根达斯似乎也就成了冰激凌世界的顶级产品，这就是哈根达斯的卖点。

同样，现实销售中，销售员也可以以此为鉴，在向客户推荐产品的时候，也可以极力塑造产品的某种卖点，甚至可以为产品赋予某些特殊的意义。具体来说，我们可以从以下几个方面来突出产品与众不同的卖点：

1. 原料

我们都知道，农夫山泉的广告词是"农夫山泉有点甜"，这句话带有明显的心理暗示意味，为什么甜？因为是天然矿泉水，因为含有多种微量元素，所以在味道上不同于其他水。又如蒙牛、伊利很多广告将来自大草原的优质奶源作为卖点。强调产品特殊的原料，会让客户觉得自己购买的是放心产品。

2.制作工艺

现代社会，人们都注重健康饮食，所以在饮食界，真功夫快餐打出了"坚决不做油炸食品"的大旗，一举击中洋快餐的"烤、炸"工艺对健康不利的软肋；乐百氏纯净水"27 层净化"的传播口号，能给焦虑的人们带来些许安全感。这些都是从制作工艺方面着手宣传产品的卖点。而实际销售中，我们也可以这样宣传产品："我们的产品，都是采用最先进的技术，对最天然的 ××进行加工，所以更健康……"

3.设计

客户通常关心产品的设计与外观，因为很多产品会体现买者的气质、品位等。例如，Swatch 手表创新性地定位于时装表，以充满青春活力的城市年轻人为目标市场。它的设计非常讲究创意，以新奇、有趣、时尚、前卫的一贯风格，赢得"潮流先锋"的美誉。这样个性化的色彩更浓，市场反应更加热烈，甚至有博物馆开始收藏，有拍卖行对某些短缺版进行拍卖。所以，我们在说服客户的时候，可以使用这样的话术："产品时尚的外观设计可以体现出您的超凡品位。""这款设计，更适合像您这样的成功人士。"

4.服务

迪斯尼公司认为首先应该让员工心情舒畅，然后他们才能为顾客提供优质服务；首先让员工们快乐，才能将快乐感染给所接待的顾客。别忘了人们来到迪斯尼就是为了寻找欢乐。如果服务不满意，扫兴而归，那还会有什么人再来呢？因此公司注重培训和员工福利，重视构建团队及伙伴关系，以此提高服务水准。

现代社会，人们在深知产品本身并没有多大差异化后，他们更加注重服务。因此，我们也要把产品的服务当作一个卖点并传达给客户："我们产品的服务是众所周知的，优异的性能加上优异的服务，您使用起来就会更方便舒适。"

5. 价格

如果你的产品相对于竞争对手的产品相对价格便宜，那么，这也会成为产品的很好卖点，但此时，你的说服重心就要转移到让客户相信产品质量上，因为通常人们担心"便宜没好货"，你可以这样说服客户：

"的确，这个产品是便宜了点，这是因为它不是什么名牌，我们的广告费用也相对少些，但它的优点却是最适合您的。它的节电功能可以让您尽情享受 3 天，您根本不必担心会用多少电。而且它的价格也比同类产品便宜得多，何乐而不为呢？"

而如果你的产品比同类产品贵，这也可以成为它的卖点，你可以这样说服一个购买空调的客户：

"价格是高了点，但它的性能是卓越而人性化的，有了它，您将会度过一个舒适的夏天。"

如果我们能从以上几个方面入手强调产品的卖点，那么我们的说辞会有较好的说服力。但我们在诉说产品卖点的时候，还要注意另外两点：

（1）扬长避短，弱化产品无法实现的某些需求

我们要尽量抓住产品的特点，突出产品的长处，来淡化产品的弱势。如果我们不能让产品的价值和优势打动客户，在接下来的工作中就会非常被动。

（2）针对客户的需求点中的关键部分来介绍产品的功能

我们在介绍产品的时候，要懂得联系客户的需求，因为如果这些产品的卖点不与客户需求联系在一起的话，就不能产生任何效用。如果针对客户的需求强化产品的益处，客户就会对这种特征产生深刻的印象，从而被说服购买。

表现出对产品自信和喜爱度，客户能收到你的感染

销售是与人打交道的行业，人与人交往，就要将心比心。作为销售员，无论你推销的是什么，你都要喜爱你的产品，并信任你的产品，这样才能在推销的时候把这种积极的情绪传达给客户，并感染客户。试想，如果销售员对自己的产品和提供的服务都没有信心，又怎么能让客户产生购买欲望呢？

销售情景：

陈伟是一名优秀的厨房灶具推销员，他口才过人，思维敏捷，善于洞悉客户的心理。但"人有失误，马有失蹄"，在一次推销中，他却犯了这样一个错误。

那天，他在一个商场内举办灶具推销活动，他热情洋溢的介绍，引来了众人的围观，现场气氛也非常活跃，已经有几名顾客准备购买了。这时，他的邻居也到场了，问他："小陈，既然你认为这种灶具这么好，但你家为什么不使用这种灶具呢？"

陈伟想了想说："这是两码事，不能混为一谈。我们公司的灶具非常好，我早就想买一套用了。但是，你知道，我最近的经济状况不太好，孩子的学业花了我一大笔钱，我的妻子也有病住院了。这些事情让我的支出大大增加了。所以只能过一段时间再买了。"

听他这么一说，原来已经决定购买的顾客改变了主意。他们说："既然你都不用你的产品，我们又怎么能相信你说的话呢？"

陈伟这时才反应过来，他感叹："是啊，我自己都不买，凭什么要求客户来买呢？"这件事之后，陈伟吸取了教训，立刻从公司买了一套灶具。从此，

他在与客户交流时，总不忘提及自己也用着同样的灶具，产生了很好的说服力。

分析：

案例中，销售员陈伟原本以为凭借自己的口才就能把厨具销售出去，而实际上，人们要听到的不是销售员如何吹嘘自己的产品，而是要听到销售员自己对产品的使用感受，并获得购买产品的信心。所以，陈伟的邻居会问："小陈，既然你认为这种灶具这么好，但你家为什么不使用这种灶具呢?"很明显，陈伟的回答是令他失望的。这也就是为什么陈伟没有说服这些客户购买产品的原因。

现实销售中，我们可以发现，一些销售员会把客户的抱怨或者自己销售业绩不佳的原因归结为产品质量低下等，而实际上，他们自己也明白，任何产品都不可能十全十美，都有瑕疵。即使有瑕疵的产品，依然会有很多销售能手把它推销出去。那些销售业绩优秀的销售员所销售的产品也并非完美的"另类"，每个公司都有销售冠军，如果产品有问题，那为什么他们还可以卖出去，并且让客户满意呢?

这说明一个问题，就是销售业绩的好坏很大程度上取决于主观条件，即销售员的心态问题。倘若销售员对自己所销售的产品都没信心的话，客户是无法产生信任的。而那些对产品满怀信心，对公司、对自己充满信心的销售员，他就能从心态上感染客户，让客户看到销售员和产品的实力，从而愿意购买。那么，销售人员如何才能树立对产品的信心呢?

1. 筛选好产品，保证推销给客户的产品质量

销售员售出的最终是产品，产品的质量好，才是树立好口碑的前提。如果你将假冒伪劣产品或者有问题的产品卖给客户，那么，最终会断绝自己的财路，甚至惹上麻烦。所以，销售员在推销产品前，一定要对产品进行筛选，要选择有市场前景的产品和有实力的公司。如果产品无法为客户提供利益

与价值,即使世界上最优秀的推销员,也不能保持持续的销售额。只有质量信得过的产品才是销售人员增加收入和进行高效销售的前提。

2. 热爱产品,"亲身试用"

曾有一个推销成年女士化妆品的销售员一直为自己的业绩没有起色而苦恼,后来,经同事点拨才知道,原来自己从来没有使用过公司的产品。于是,这名销售人员立刻购买这种化妆品,这样,她对自己的产品有了进一步了解。在她自己购买这种产品后,她的销售业绩也大有起色。

要知道,客户几乎无法拒绝真正热爱自己产品的人。因为这些人真诚,会把自己的试用经验与客户分享,他们用行动给客户最好的证明。

所以,如果销售人员能够购买和使用自己推销的产品,这在无形之中会增加客户对产品的信心。

3. 始终保持一个积极向上的心态

有些销售人员尤其是刚从事销售行业的销售员,会对销售工作产生一些恐惧,甚至发出这些疑问:客户怎么可能会购买呢? 要是客户拒绝怎么办? 卖不出产品就没有业绩,这可怎么办呢? 越是对这些问题感到忧虑,在销售过程中就越是容易出现问题。同时,销售员这种消极情绪也会影响到客户的情绪,客户会认为你消极心态的产生是由产品带来的。哥伦比亚大学研究表明,在美国销售领域,几乎50%的销售员在结束销售的时候,因情绪紧张都没有提出交易要求。

因此,销售人员应该积极培养自己的乐观心态,当你的心态变得积极时,客户自然会受到你的影响。

4. 多使用正面、激励的语言

销售员在与客户交谈的过程中,尽量不要使用消极、负面的词语,而应该想办法把自己的语言转化为激励顾客尝试的信号。

比如,当顾客表示某种儿童食品价格过高时,你可以这样解释:"孩子的健康是最重要的,这是我们公司的原则。我们的食品都是经过食品机构的各种检验,质量非常有保障。"

总之,销售员在推销前,一定要先对自己推销的产品充满信心,才能让客户和你一样对产品建立信心。只有当销售员对产品信心坚定不移时,才能一举攻破客户的"心防"。

强调产品的性价比,令客户感到物美价廉

现代商业社会,随着商品的逐步丰富,也导致了销售行业竞争的加大,各种商品,千奇百怪,应有尽有。在众多商品面前,客户自然就产生了挑剔的心理并对同类产品进行比较。谁拥有稀、奇、特、新的产品,一旦被潜在客户发现,就很容易被大众认同。在销售中,我们经常会听到"性价比"一词。也就是说,我们除了要在产品质量、性能、功能等必须符合满足客户的心理预期外,还要在推销的时候下足工夫,尽量突出产品的性价比,让客户感到物美价廉,从而进行购买。

销售情景:

客户:"这个价格还是太高了,我们仍然无法接受。"

销售员:"您曾经有过买便宜货的经验吧?或者您也看到过有人低价买一些劣质品吧?"

客户:"确实有过。"

销售员:"谁都知道,'一分价钱一分货',花钱买到劣质产品,感觉肯定不舒服。实际上,对花了钱的人来说,不仅没有达到省钱的目的,反而会带来更多的烦恼。我们公司的产品相信您已经有了深刻的体验,这种产品……"

分析：

人们都希望购买物美价廉的产品,这是客户一致的购买心理。销售过程中,价格异议似乎也是销售员最头疼的问题,因为你不管怎么强调产品如何便宜,可是客户却总会不厌其烦地和你讨价还价。而此时,如果我们能和案例中的销售员一样,把价格问题转到价值问题上,尽量让客户看到产品背后的价值,明白"一分价钱一分货"的道理,淡化客户对价格的敏感度,最终选择购买。

当然,除了在价格异议中我们需要让客户感受到产品的性价比外,销售中任何一个环节都需要我们向客户传输这一思想。因为价格问题会始终贯穿于整个销售过程。

让客户明白产品的性价比,自然是要有与之比较的对象,那么,具体的销售中,我们如何来强调产品的性价比呢?

1. 横向比较

所谓横向比较,就是销售员要把自己所销售的产品与竞争对手的产品进行比较,一般来说,我们可以从价格和价值两方面进行对比:

① 价格对比

这种对比方法,可以说是最常见的,也就是销售人员用所推销的产品与同类产品进行比较,用较高的同类产品价格与所谈的产品价格作对比,从而让客户明显感觉你所推销的产品价格更便宜的方法。很明显,所谈的产品价格就显得低了些。但运用这一策略时,销售人员手中至少要掌握一种较高价格的同类产品。当然,掌握得越多越好,这样,才更有可比性。

②价值对比

客户:我觉得你们的设备挺符合我们的要求,只是这质量方面,我还是有点担心。还有,我觉得有些贵。

销售员:这个您完全可以放心,国家质检部门已经做过多次检验了,我们所有的设备合格率是90%以上,而且这型号的设备质量比其他设备都要好,它的合格率达到了95%,而其他公司的产品才85 % 。

客户:是吗?

销售员:是的,您看,这是产品相关的质量合格证、质检部门的检测报告……

客户:是这样啊。

销售员:目前这款设备已经在全国20多个城市销售了100多万台,重要的是直到现在我们仍然没有接到任何关于这款设备的退货要求。所以,您大可放心。

2. 纵向比较

所谓纵向比较,指的是销售员针对客户所提出的一些具体的价格问题,以比较的方法予以解决。一般来说,通常包括以下几种比较法:

①差额比较法

客户:"这个价格实在太高了,远远超出我的预算。"

销售员:"那么,您认为在怎样的价格范围内您可以接受呢?"

客户:"我们的最高预算是5000元。"

销售员:"那和我们的报价相差1000元。难道您会因为这1000元的差价就放弃这样优良的机器吗? 更何况,我们这种先进的机器,每个月会为您多增加200元的效益,也就是说,购买这种机器,不到5个月的时间,您就可以把差价给赚回来。难道您就这样打算放弃这台机器给您带来的巨大效益吗?"

案例中,销售员就是在引导客户说出预期价格后,再把自己产品的价格和客户提出的价格进行比较,然后再在这个差额上做文章,最终让客户接受了自己的观点。

的确,与产品的总额相比,差额肯定要小得多,不会对客户产生更大的压力。这时,运用差额来说服客户就相对比较容易些。

②整体分解法

经验丰富的销售员经常会采用这种方法。它是按产品使用时间的长短和计量单位的不同来报价,把庞大的价格化整为零,隐藏价格昂贵的威慑力。这种方法使价格分散成较小的价位,实际上并没有改变客户的实际总支出,但却比总报价更加容易被人接受。

总之,只要价格合理,只要我们巧用对比,让客户感觉到物有所值,客户一定会购买。

第 **9** 章

扭转乾坤，彻底转变遭客户拒绝的尴尬场面

销售中，几乎每个销售员都希望自己遇到的客户能"善解人意"：能对销售员的工作表示理解，对销售员热情欢迎，对产品肯定有加、从不认为产品有任何不足、在最短时间内做出购买决定，而且是一次性支付现金，并没有任何售后问题。但无疑，现实的销售工作中，这种幸运几乎是不可能发生的。这只是销售员的一相情愿。客户的拒绝，无疑让销售员陷入两难的境地。不可否认，客户拒绝是有很多原因的，而且大部分都不是销售人员或者客户能够改变的。但许多时候，如果销售员能巧妙采取一些措施，我们就能改变客户的态度，让客户购买产品满意而归！

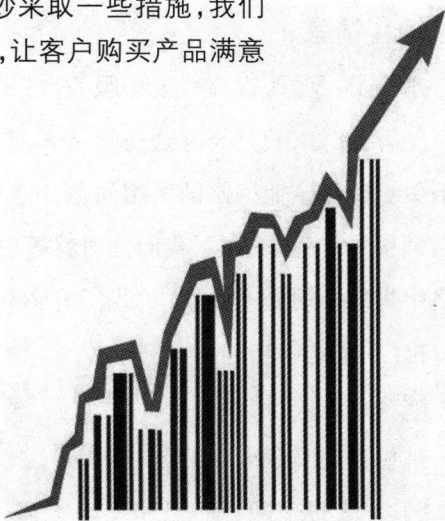

观察客户表情动作，探明客户拒绝的真实原因

销售过程中，买卖双方一拍即合的情况是很少见的；多数情况是客户先拒绝，销售人员再解释说明，如此不断反复才能最终达成交易。可以说，被拒绝在销售过程中是很普遍的事情。推销就是从拒绝开始的，而如何化解客户拒绝才是销售成败的关键。

客户说："我不想购买！""预算不够！"等，情况确实如此吗？当然不是，这不过是客户用认拒绝的一种措词。那么，当销售员遇到用这些言辞当作借口拒绝时，该如何应对呢？人们常说，语言可能带有欺骗性，但肢体语言和表情会在潜意识状态暴露内心的真实想法。如果我们学会从客户的表情和动作入手，进行观察，那么，探明客户的真实想法就会容易得多。

销售情景：

销售员：您好，很高兴为您服务。

顾客：您好，我是××公司的××，我们是一家新成立的公司，我想咨询一下关于制作企业网站的费用问题，可以吗？

销售员：当然可以。我们公司就可以给您做这方面业务，我们还可以在网络中为您公司做产品推广，我们有 7600 家行业网站联盟，还有情报跟踪、首页推广、直达等功能。

顾客：那多少钱？

销售员：一年 9800 元。

顾客：太贵了。

顾客在说"太贵了"的时候，眼神很快从销售员身上移开了，甚至都不敢

看销售员的眼睛。而这位销售员却没有察觉到顾客的表情。

销售员:这还贵呀,那您希望多少钱呀?

顾客:我暂时还不需要。

销售员:那你什么时候需要呀……

还没等销售员说完,这位顾客已经走远了。

分析:

可能很多经验不足的销售员都会遇到这种情况。很明显,案例中销售员的方法是无效甚至是失败的。聪明的销售员都明白,这种情况下,顾客称"不需要",完全是拒绝的借口而已。因为他的动作已经出卖了他,他不敢正视销售员,甚至故意躲避销售员的目光,表示他的回答是"言不由衷"或另有打算。真正让顾客拒绝的原因是价格问题,如果销售员能就这个问题,重新与顾客周旋的话,估计情况会有所不同。

在销售过程中,拒绝是经常发生的。面对拒绝,销售员应调整好自己的心态,不要因为客户一次拒绝而退缩,要自信、真诚地向客户讲解,找到客户拒绝的原因,解开心结,最终达成交易。因为客户拒绝的真正原因是客户暂时还不愿与销售员达成交易,他们的潜台词是:"你还没有说服我。"所以,销售员一定要分辨出客户的拒绝是真心还是借口,唯有如此,才能有针对性地采取下一步行动。

经验丰富的销售员,往往都具有深刻的洞察力,能从客户在整个商谈过程中表现出来的表情、动作、语言及神态上,准确地把握客户拒绝的真实心理。一般来说,他们会从以下几个方面入手:

1. 观察客户的肢体反应

①始终不愿意开口

无论销售员对客户怎样劝说,客户始终一言不发,无动于衷,这就说明客户对你的产品毫无兴趣,这时,销售员可以礼貌地与客户告别,不失风度地离开。

②对销售员不理不睬

即使再愚钝的销售员都能明白,客户做出这种姿态就表示他不愿意再听你讲下去。

③在商谈中,顾客忽然把双脚叠合起来(右脚放在左脚上或相反),那是拒绝或否定的意思。

④靠向椅背,双手抱胸

销售员在向客户介绍产品时,客户一直将身体靠向椅背,双手抱胸,这就是客户拒绝的信号。这时,销售员应将介绍暂停,谈一些客户感兴趣的话题,等对方关系融洽后,再接着介绍产品。

⑤顾客不时看表

这是逐客令,说明他不想继续谈下去或有事要走。

⑥顾客不停地玩弄手上的小东西

例如圆珠笔、火柴盒、打火机或名片等,说明他内心紧张不安或对你的话不感兴趣。

⑦顾客突然将身体转向门口方向

表示他希望早点结束会谈。

2. 观察客户的表情

①顾客瞳孔放大时,表示他被你的话所打动,已经在接受或考虑你的建议了。

②顾客回答你的提问时,眼睛不敢正视你,甚至故意躲避你的目光,那表示他的回答是"言不由衷"或另有打算。

③顾客皱眉,表示不同意你的观点,或对你的观点持怀疑态度。

④顾客面无表情,目光冷淡,就是一种强有力的拒绝信号,表明你的说服没有奏效。

⑤顾客顿下颚,表示顺从,愿意接受你的意见或建议。

⑥顾客紧闭双目，低头不语，并用手触摸鼻子，表示他对你的问题正处于犹豫不决的状态。

销售过程中，客户会以各种各样的理由为借口对销售员加以拒绝时，这是因为客户不想把自己真实的想法告诉销售员。在这种情况下，销售员需要察言观色，推测顾客的内心活动，捕捉顾客的购买信息，认真分析客户拒绝的理由，找到根本原因，想出应对之策，从而扭转客户的态度。

表示对客户理解，接受拒绝才能改变拒绝

销售过程中，被客户拒绝是销售员最不愿看到却又不得不面对的事。许多销售员在遭受客户的拒绝之后，往往就会心灰意冷，转向其他的客户。也有销售员，为了挽回客户，极力反驳客户，试图改变客户的想法。而实际上，你会发现，这两种方法都是错误的，要想挽留住客户，不管客户以什么理由拒绝，销售员都要对客户表示理解，只有先接受客户的拒绝，才有机会去改变拒绝。

销售情景：

乔治是一名优秀的汽车销售员，他曾有过这样一次推销经历：

有一天下午，一位客户西装革履、神采飞扬地走进店里，乔治凭借自己的经验判断，这位客人一定会买下车。于是乔治热情地推荐了一种最好的车型给他。那人对车很满意，但一问价钱，就打消了购买的念头，"太贵了……"变卦而去。

乔治为此事懊恼了一下午，百思不得其解。到了晚上11点他忍不住打电话给那人："您好！我是乔治，今天下午我曾经向您介绍一款新车，眼看您就要买下，却突然走了，这是为什么呢？"

"你真的想知道吗?""是的!""实话实说吧,小伙子,你的车很不错,可是我觉得你的车太贵了,我反复跟你说今年女儿考上商学院,需要大笔的学费,我说了无数遍的女儿、女儿、女儿,可你却一直在说车子、车子、车子。实际上,我可以分期付款买车,可是为什么,你就不能理解一下我的心情呢?"

分析:

这就是乔治失败的原因:客户称产品"太贵了",并告诉乔治自己的女儿需要大笔的学费,可是乔治并没有对客户的心情表示理解,而是在不断重复说自己的车子,更没有分析对方的想法,后果自然是"到嘴的鸭子飞跑了"。

销售过程中,客户总是有很多原因来拒绝销售员。在遭受拒绝的时候,销售员一定要想方设法寻找客户拒绝的真相,才能对症下药,改变客户的想法。当然这并不是一件轻而易举的事情,但无论采取什么方法,销售员首先都要先认同客户,要想改变拒绝,就要先接受拒绝,以下是一些销售经验:

1. 承认对方的拒绝理由

有时候,我们发现,客户拒绝销售员的理由的确是实情,根本"无懈可击"。这时最好的方法就是销售员点头承认。不要浪费时间去说服对方,实际上,无论客户的理由是什么,销售员都不能立即反驳。

比如,当客户说"现在我们公司自己的产品还没销路呢,所以不打算进货。"而你也知道那是事实,那就不要为此争论。你可以说,"这的确是每年这个时间段的市场行情。我能理解您的想法,同时我有一个新产品,相信你会喜欢,到目前为止,还没有人经销,相信销路会非常好。"

2. 引导客户,自己讲出拒绝的理由

销售员与其自己猜测客户拒绝的真实原因,还不如让客户自己讲出来。因为这能有效避免信息的错误。也许客户反对的原因恰是希望有人听听他们的看法。所以,可以用提问的方式引导他们谈话,一旦他们说出了自己的反对意见,你也就知道了被拒绝的原因,也就有机会去说服客户不再拒绝。

比如，如果当客户以"我听说你们的产品质量不过关"为由拒绝购买时，你可以这样引导客户："先生，我对您的这个看法很感兴趣，可否请您进一步解释一下呢？"或是，你可以直截了当地问："为什么您这么认为呢？"

假如客户这里的"听说"是自己杜撰的，或者并没有很强有力的"论据"，这时，通常他们会坚持一阵子，然后就会承认这个问题并不是很重要。要让客户回答自己的反对理由，必须要有耐心，同时提一些引导性的问题，就会有非常好的效果。

3. 提供适当资料以解答客户拒绝的理由

很多时候，客户拒绝是因为他们对产品存在质疑，此时，在了解客户拒绝的真实原因后，我们就要拿出全面确凿的证据，以打消客户的顾虑，如老客户的感谢函、专家评断、客户使用满意的照片等，也可以向客户展示一些实例，越是生活化的实例越具有说服力。最后，在回答客户问题的时候，尽量的简洁，不要花费太多的时间，如果你总是喋喋不休地讲述一个问题，客户会认为他提出的问题切中要害，而你又很难给予良好的解决，从而降低客户对你的信心。

面对拒绝，用"转移话题"来破解

在销售过程中，每个销售员都希望遇到善解人意的客户，最好是能够在最短的时间内作出购买决定，又不会用诸多问题来为难自己的客户。无疑生活中的确会有一些这样的人，然而每次销售都让你碰到的几率却非常低，对产品肯定有加，对销售员宽容理解，遇到这种客户的概率就如同发现一件十全十美的一件产品一样小。事实上，销售员往往遇到的是处处和自己做对的客户：对自己拒之门外、抱怨有加，显得烦躁等等。而客户的拒绝，也无疑让销售员陷入两难的境地,如果放弃推销,就失去一桩生意,已经做出的努力将付诸东流;而如果再继续劝服客户购买,很容易引起客户的反感。此时,不妨先避开焦点问题,巧妙转移客户的关注点,等客户消除疑虑后再巧妙过渡。这样,不仅能打破尴尬,还能打开销售的新局面。

销售情景:

小王是一名数控机床销售员,这天,他等了三个小时,终于等到了准客户。

小王:"很抱歉,打扰您了,听说贵公司准备购买一批新的数控机床,不知道您是否愿意了解一下我们公司最新研发的产品?"

客户:"你是哪家公司的?"

小王:"我是××机床制造有限公司的销售人员,我们公司最近研发的这种机床性能非常先进,特别适合贵公司对产品高精确度、高复杂性的要求。"

客户:"我最不喜欢××公司的机床!"

……

小王被客户拒绝后,很懊恼地回到公司,把情况向销售部张经理陈述了一遍。第二天,张经理亲自去拜访客户。

张经理:"您正在忙什么呢?"

客户:"没什么正经事,瞎忙。"

张经理:"听说贵公司打算新购一批性能要求更高的数控机床?具体进展如何?"

客户:"才有这个方面的意向,具体如何采购我不能向你透露太多信息。"

张经理:"这个我知道,我这里倒有一些产品特点的信息可以和您共享……您觉得如何?"

客户:"我没有时间一一评价这些东西。"

张经理："那就挑您最感兴趣地说一说吧。"

……

聊到最后，客户对张经理表示，一些事情可以随后再具体详谈。

分析：

在上面的例子中可以看到，不管是小王还是张经理，他们遇到的都是毫不犹豫地拒绝推销的客户，面对这样的客户，他们采取了不同的沟通方式，所产生的销售结果也不同。面对客户一副拒人于千里之外的架势，小王显得束手无策。而张经理在了解了小王的遭遇后，他采取了完全不同的应对策略。他先向客户提问，得知客户有这方面的购买意向后，再询问客户的意见，并让客户从自己感兴趣的事说起，自然消除了客户的逆反心理。而只有消除客户的负面情绪，才能让沟通得以延续。

客户对销售员总是存在戒备心理的。因此，一般情况下，如果不能消除客户的这种戒备心，客户都会以各种借口拒绝购买。当面临这种尴尬局面时，我们只有立即转移话题，让客户自己来表达自己的意见，帮助客户平静情绪，避免正面交锋，才能化险为夷，改变被动的局面。

那么，具体来说，该如何利用转移话题法化解客户的拒绝呢？

1. 转换角度，让客户认识到产品的其他优越性

有时候，客户关注的只是产品的某个利益诉求点，并以这一点达不到自己的要求而拒绝购买。此时，如果我们纠缠在客户所不满的问题上，就等于反驳客户，自然会加重客户的负面情绪。而如果我们能及时变通，待客户认识到产品其他的优越性，那么，就可以顺利淡化客户原本的顾虑。例如：

客户：这部车的价格不贵，但最快只能跑 160 公里，达不到我的理想车速！

销售员：是的，160 公里的时速确实不算高，但这种车设计时更多的是考虑其经济性，非常省油，我想您在生活中应该极少有需要车速超过每小时

160 公里的时候,而且车速太快会很不安全,这款车其实是非常适合您的。

2. 幽默法缓解气氛

客户拒绝购买,通常是带着某些负面情绪的,此时,如果能够学会用幽默的方式来处理问题,可以起到许多意想不到的效果。

汤姆是一个外卖的销售员。在一次给客户送餐后,客户正要用餐时却喊:"汤姆,请过来一下,看看这是怎么回事!这份午餐我不要了,快赔钱!"

汤姆马上赶过去:"先生,您怎么了?"

"你看看,小飞虫都跑到碗里了!这是它的游泳池吗?"客户很愤怒地说。

这时汤姆说:"噢!它可真聪明,知道什么是最好吃的东西!"

那位客户被汤姆的幽默逗笑了,回答说:"既然这么好吃,那我下次还要这道菜吧!记住,不要再有小飞虫了。"

3. 转换的话题不可脱轨太远

当客户提出反驳时,立刻转换话题,然后设法再继续转回到商谈的主题上。话题转换的目的是调整情绪,使商谈气氛趋于友好。但不可脱轨太远,一有机会就应立即回到原来的主题上。例如可以这些说:

"你说得太对了!……另外还有一点……"

"此事不假,但还有一事——"

"我同意你的看法,而且我确信你也同意……"

4. 尽量让客户的拒绝原因具体化

在销售员转换话题并成功过渡到原来问题后,销售员要做的就是尽最大努力使客户的意见具体化,即客户反对的细节是什么?是哪些因素导致了客户的反对?使客户意见具体化有助于找出导致客户拒绝的真正原因。

实际上,客户很多的反对意见并不是他们真实的想法,所以,销售人员在听到客户拒绝后,不要急于对客户异议的本身做出解释,而是要先转换话题,让客户的情绪冷却下来后,再尽量探寻客户真正的、具体的反对意见。

让客户先免费体验，再挽救拒绝购买的局面

销售过程中，销售员经常会遇到一些客户，无论销售员怎样苦口婆心地劝说，客户的态度总是"不买!"，客户的态度着实让销售员束手无策。但这并不意味着没有转机，既然客户不愿意听销售员说，为什么不尝试一下让客户先试用产品呢？当客户亲身感受到产品带来的好处后，拒绝的态度也就没那么强烈了。实际上，通过体验产品激发顾客的购买欲望，比销售员介绍产品卖点的方法更有效。

销售情景：

香港有一家专营"强力万能胶水"胶粘剂的商店。刚开始，店内的生意很冷清，可谓无人问津。眼看商店就要关门了。此时，店主想出了一个妙招：

店主用胶水把一枚面额千元的金币粘在墙壁上，并宣称："谁能把金币掰下来，金币就归谁所有。"一时，该店门庭若市，登场一试者不乏其人。然而，许多人费了九牛二虎之力，仍然取不下粘在墙上的金币。有一位自诩"力拔千钧"的气功师专程赶来，结果也空手而归。于是，"强力万能胶水"的良好性能声名远播。

当然，这家粘胶剂商店终于如愿以偿了。

分析：

人们在对产品的性能、优点等各个方面没有直观的印象前，是不会相信

销售员所陈述的内容的。所以，一般情况下，他们都会选择拒绝。而此时，若销售员能充分调动客户的积极性，让其体验产品，那么，他们对产品的印象就会更深，理解也更透彻，原本拒绝的态度也就会有所改变。

然而，一些顾客却不愿体验产品，销售员若遇到不愿体验产品的顾客，该怎么办？

1. 以富有想像力的语言调动客户的积极性

在销售的过程中，出示产品，再说一些能够调动客户想像力的语言，就能够令客户在事实的基础上，产生亲身感受产品的欲望。比如我们可以这样说：

"周末的早晨，您带着孩子们，穿着我们公司的户外运动鞋，来到郊外，舒展已经劳累了一周的身体。郊外有座山，那天，有很多人一起爬山，当爬到半山腰的时候，有些人的运动鞋居然出现了问题，这些人面临的将是难以继续前进……而您，却带着您的孩子继续挑战山顶的高度！"这是一段具有强烈对比性的想像。想像之所以为想像，毕竟不是真实的，但客户听到这段话后，是不会产生异议的。

2. 推荐顾客试用产品要告诉他买不买没关系

客户的戒备心理可能是客户拒绝购买和体验的主要原因，他们认为销售员会为了推销而推荐产品。对此，不妨主动打消客户在体验产品前的顾虑和戒心，让客户毫无防备地试用产品。销售员要告诉顾客，买不买并没关系，看看效果而已。比如，我们可以这样说：

"先生，一样的衣服穿在不同的人身上，效果是不一样。我说得再好，如果您不穿在身上是看不出效果的。先生，以您的气质和身材，穿这件中号、藏青色的，效果一定不错。嗯，光说不行的，一定要穿在身上才能看出效果，其实买不买真的没关系，要不您过去试试？"

3. 引导客户参与到体验产品的互动中

通常情况下，单纯地劝说客户体验产品，远比不上引导的效果好。而同时，销售员一定要在这种引导的过程中，采取一些互动措施。因为客户是不会主动说出自己对产品存在哪些不满的，我们要引导客户说出来。如果没有互动这个环节，那么客户会把这些疑问搁置，最终结果只会是客户对产品丧失兴趣。因此，销售员只有不断和客户互动，及时发问，才会了解客户的想法并很好地引导客户的思维。发问会让客户参与其中，对产品的感受更加深刻。

总之，顾客拒绝我们，一定有其内在原因。也许是顾客没有尝试过这样的产品，也许是担心试用对自己造成影响，也许真的不适合，但如果我们能劝客户试用、体验产品，就能对客户的真实想法做进一步的了解，从而能对症下药，打消客户的疑虑，从而放心购买！

利用其他客户或身边人，巧妙扭转顾客的拒绝

在销售的过程中，销售员碰到客户拒绝的可能性远远大于销售成功的可能性，许多时候，在洽谈刚开始，销售员就遭受了一盆冷水。不可否认，客户拒绝是有很多原因的，并且大多数都不是销售员或者客户能够改变的。但许多时候，如果销售员能巧妙采取一些措施，客户的拒绝并不是不能挽回的。比如，客户很可能对销售员心存戒心，不愿意相信销售员，但如果有第三方出现，支持销售员，那么，销售员给客户的信任度也就大大提高。所以，销售员不妨利用"第三方"的方法来扭转客户拒绝的局面。

销售情景：

20世纪90年代，日本要从中国引进一批生产设备。这期间，中日双方要进行谈判。在谈判开始之后，日本公司一再压价，可后来，日方突然表示

不购买了,称他们已经在中国寻找到更便宜的卖家。中方代表知道这只是个借口,因为那时候国内生产这种设备的厂家只有他们一家。为了占据主动地位,他们也开始与日本另一家公司频频接触,洽谈相同的项目,同时通过有关人员向该公司传递价格信息,该公司信以为真,不愿失去这笔交易,很快接受中方提出的卖价,这个价格比过去其他厂商引进的价格低26%。

分析:

实际上,从上面的亲例中我们发现,这场谈判的过程就是一场思维与心理的战争。客户提出拒绝,并没有打乱中方谈判代表的思路,他们很快判断出这只是借口,于是,他们效仿对手的做法并以假乱真,通过与另外一家日本卖家频繁接触,让对方信以为真,以为会失去这笔交易,于是,很快接受中方代表提出的卖价。从这则案例中,我们便可以发现巧借第三方出现在消除客户拒绝中的重要作用。

研究表明,客户虽然有千万个借口来对销售人员的推荐做出拒绝的反应,但往往归结为习惯性使然。就是说客户虽然可能对现状并不满意,大多是对新事物、新方法有某种自然的抵触情绪,是由于对新事物并不了解或者不能把握新事物所带来的积极变化,因此宁可采用已经非常熟悉的方式来维持现状。所以,客户拒绝,并非真的对产品不满意,而是没有激发出购买产品的热情。此时,只要我们采取主动措施,利用第三方,让客户产生一种对购买产品的急切欲望,就能改变客户的态度。

具体说来,我们可以这样做:

1. 利用客户的从众心理,列出购买实例

比如,如果你在向客户推销自己的产品时,客户对你的产品有些顾虑,虽然想进货,但是总是找这样那样的理由拒绝和你签合同。这时候,你就可以拿出产品的销售业绩表,对客户说:"这是我们上个月的销售一览表,我们的产品效果是获得很多客户认可的。"

同时，我们也可以举出有影响力的实例："我们的产品你大可放心地去使用，公司一向对产品质量的要求非常严格，我们公司就是他们的供货商。公司是经过很长一段时间的考察，最终选择了与我们公司进行合作。现在，我们已经与这家公司合作了整整 5 年了，从来没有出现过任何的差错。虽然今天是第一次与贵公司合作，不过我相信我们一定能保持长期的合作关系。"

2. 让其他客户帮我们说话

在销售的过程中，被客户拒绝后，我们可以临场发挥，让销售现场的客户帮我们说话。比如，你可以这样询问其他客户："请问您对我们的产品还满意吗？"当然，在选择寻找其他客户的时候，要尽量选择那些已经购买并对产品满意的客户。这样，他们才会给我们想要的答案。而如果我们选择的是那些对产品有抱怨的客户，那么，对我们当前的销售只会有害无益。

3. 不要试图让其他人影响那些有个性的客户

现在的人，往往都比较喜欢张扬自己的个性。在客户中，也有很多人对销售员所举的例子不屑一顾，即使再大的客户，再有影响力，再权威，他都不会效仿。因此，销售员如果发现客户是个追求时尚个性的人，那么就不要轻易使用这个方法，因为这样很容易引起顾客的叛逆心理，从而使本就能够达成的交易泡汤了。

当然，"第三方干预法"在解决客户的拒绝方面的确能起到一定的作用，但是也要注意职业道德，不能靠拉帮结伙欺骗客户，那样就会适得其反。

第 ⑩ 章

拨云见日,迅速化解客户心中疑云

人们在购买的过程中,似乎总是对销售员存在一定的偏见和误解,他们认为销售员是为了推销而推销,是从利益出发的。因此,在购买产品的时候,无论销售员说什么,他们都抱着怀疑的态度,迟迟不肯购买,除非他们担心或疑虑的问题得到了解决否则他们也不会轻易做出成交的决定。销售员能否消除客户心中的疑虑,也决定了交易能否最终达成。为此,销售员要学会把握客户的心理,客户担心什么,就为其解决什么,不断拨云见日,拨开客户心中的疑云,促进交易的一步步实现。

将全面的保障展示出来,消除客户的后顾之忧

在生活中,客户经常会遇到这样在销售前后明显不同的服务:销售员在客户购买产品之前,对客户万分的殷勤,但在大功告成后就非常冷淡,对客户的承诺和服务也拖拖拉拉,敷衍塞责。因此,常有客户在购买的时候就产生了疑虑:"你们能做到售后服务上的保证吗?"面对这种情况,如果销售员不积极主动地向客户保证,让客户消除购买的后顾之忧,那么就会前功尽弃。要知道,客户得不到绝对的安全感,是不会购买的。

销售情景:

小丁应聘到某电器销售公司,在商场的电器专柜做促销。

五一到了,商场的生意很红火,其他销售员们都忙得不可开交,可是小丁的生意似乎很冷清,因为似乎不论她怎么说,客户总是保持沉默,或者是问几个简单的问题,就走开了。直到下午,小丁都没推销出去一台电器,非常着急。那天,刚好公司销售主管来商场专柜指导销售工作,小丁的销售经过他也都看在了眼里:

客户:"你们店的电器一直以来名声都不是很好,售后服务很差,我可不敢买。"

"不是,您误会了……"

"误会?那你拿出证据给我看……"

"这,这……"小丁一时半会不知道怎么办了。面对一问三不知的小丁,客户明显的很不高兴,转身要走,销售主管走过来解围说:"不好意思,她刚来,我来回答你的问题吧。"

销售主管针对客户担心的售后问题做了相应的承诺,并拿出了客户意见反馈表,证明客户的担心是多余的。最终,他当着顾客的面填写了保修单,顾客打消了心中的顾虑,购买了商品,高高兴兴地回去了。

分析:

实际销售过程中,我们发现,很多客户都存在和案例中的客户一样的顾虑,那就是担心产品的售后问题,甚至有些客户把售后问题是否完善当成决定他们是否购买的决定性因素。因此,如果我们不能给足客户绝对的售后保障,客户是不会购买的。而相反,如果我们能在与客户的沟通中,让顾客消费得放心,消费得舒心,也就满足了客户的心理安全的需要,那么客户没有理由不和你合作。

那么,作为一个销售员,当客户担心售后问题时,我们该怎样向客户展示全面的保障呢?具体从一下几个方面着手。

1. 以专业素质说服客户

一般来说,客户如果对产品本身比较满意,只是担心售后问题,就会从专业的角度询问销售员。因为对产品的售后保障问题是否熟知,是销售员专业知识中的一部分。如果销售员不专业,回答让客户不满意,客户自然就会心存戒备。所以,如果销售员想要从心理上赢得客户,就要加强专业知识的学习,在客户面前要显得更加专业。除此之外,销售员要注重个人形象的打扮,树立良好的外在形象,让客户从里到外都感觉你是专业的销售服务人员。客户对销售员认可基本上就是对产品的认可,自然也会相信你关于产品售后问题的回答。

2. 告诉客户产品的正确用法

有时候,客户在使用产品的过程中出现问题,原因并不在于产品本身,而是使用不当,造成客户对产品的误会。如果在客户购买产品前,我们就能告诉客户产品正确的使用方法并提醒他们注意事项。那么,客户就会觉得你是个负责任的销售员,能感受到你在真心实意地关心着他的安全,那么客户就会对你的善意给予回报,合作也就是水到渠成的事情。

3. 给足客户关于产品售后方面的承诺

这里包括以下几个方面的承诺:

①质量保修承诺

比如,我们可以告诉客户:"我公司对电热膜产品存在的质量问题十年内实行免费维修、更换。""十年后对电热膜系统实行有偿维修、更换,价格按当时市场价格。对人工费实行优惠减免。""我公司对温控器产品存在的问题,两年内实行免费维修、更换(人为原因除外)。"

②服务承诺

比如,我们可以告诉客户:"我公司拥有一批专业的地暖高级技术人员和完善的电热膜供暖系统检测设备。设有专门的技术部门指导电热膜供暖系统的安装,拥有一支经过严格训练的安装队伍,为用户提供一流的安装服务并实行售后跟踪服务。"

一般来说,我们可以从这几个方面保证产品的售后服务:

定期回访:由专门的售后服务工程师根据公司制定的售后服务计划,定期回访客户。

定期维护:售后服务工程师将按根据公司制定的售后服务计划,定期对产品进行维护。

及时回复:接到用户的报修通知后,我公司的售后服务工程师将在最短的时间内到达现场,并保证在最短的时间内使用户恢复使用。

心理学家认为,安全感是保障人类自身安全的需要,也是除了生理需要外的第二需要。所以,对于客户来说,产品是否有全面的售后保障也是这种安全感的体现之一。所以,作为销售员,让客户买得放心、给足客户售后保障是赢得客户的信任、完成销售的前提和必要。

展示现有客户的使用情况，令客户转忧为喜

我们会发现，在实际销售中，客户对销售员的话总是抱着怀疑的态度，而客户与客户之间却能巧妙地达成一致。如果有其他客户告诉他："产品不错。"那么，该客户一定会打消顾虑，选择购买。也就是说，作为销售员，向客户推销的时候，不妨向客户展示该产品的现有客户的使用情况，给客户一种心理安全感，那么，客户势必会转忧为喜，选择购买。

销售情景：

小齐是一家日化公司的推销员，最近，他和同事们接到任务，要推销一批沐浴露。这批沐浴露是新研发的产品，还未投放市场，推销起来自然是有难度的。果然，那天，刚好赶到超市门口的小齐就看见客户毫不留情地把他的同事们轰了出来。小齐和销售员都有一些气馁。

但小齐是个聪明的小伙子，他想出了一个办法：他把这些销售员分成两组，其中一部分打扮成来超市购物的消费者，而另一部分则是穿戴整齐的销售员。他让那部分扮成消费者的同事接二连三地购买他们需要销售的沐浴露，而且指名就要"××"牌的，这样给店主和超市老板造成一种假象——"××"牌的沐浴露非常畅销，客户需求旺盛。然后衣着整齐的销售员再登门造访。因为有了利润的驱使，店主便和他们沟通了起来，而且聊得非常愉快。后来，经过销售人员的介绍和推荐，店主高兴地定了货。

就这样，小齐和同事们成功地将这种新型的沐浴露推销给了市区的好几家超市和商店，他们的销售额也远远地超过了原来计划量，得到了公司的嘉奖。

分析：

这则销售案例中，那些店主和超市老板刚开始之所以会把这些推销沐浴露新品的销售员轰出来，是因为这些沐浴露还是新品，没有得到市场认可，进货后无法保证顺利进行销售。而后来，在销售员小齐实施了他的计划后，让这些店主觉得产品很走俏，消费者都认可，产品有市场，他们有利可图，自然会愿意进货。

这则销售案例启示现实中的销售员：当客户对我们的产品存在质疑、不愿购买时，我们与其苦口婆心地劝说，还不如让事实说话，向客户展示现有客户的使用情况，一旦客户发现他所质疑的产品实际上已经得到了很多客户的认可时，他自然会转忧为喜，更相信产品。

那么，具体来说，我们该如何使用这一消除客户疑虑的方法呢？

1. 出示产品的销售情况和客户意见反馈情况的证据

空口无凭，给客户再多的保证，都没有一张表格或者一组数据来得更有效。如果我们能出示关于产品销售情况的证据，比如，产品销售业绩表或者客户反馈意见表，那么，一定能给客户最有力的保证。

客户：说实话，我觉得你们的产品不错，价格也是同行中较为合理的。只是这质量方面，我还是有点担心。

销售员：这个您完全可以放心，国家质检部门已经做过多次检验了，它的合格率达到了95%。

客户：是吗？

销售员：是的，您看，这是产品相关的质量合格证、质检部门的检测报告……

客户：是这样啊。

销售员：目前我们公司的空调在20多个城市销售了100多万台，重要的是直到现在我们仍然没有接到任何关于这款空调的退货要求。所以，您大可放心。

客户：那好，我就买下来了。

这则案例中，这位销售员之所以能顺利说服客户购买，就是因为他先出示了产品的相关质量证明，并告诉客户产品当下的销售情况，消除了客户对产品的一些疑虑。

2.用典型的事例表明现有客户对产品的满意度

这是一种很有说服力的论据。比起抽象的产品质量报告，具体真实的事例显得更加形象生动。

如果销售员告诉客户："某某500强企业一直在用我们的产品，到现在为止，已经和我们公司建立了5年零8个月的良好合作关系。"在说明的同时，用一些图片或是资料进行辅助，能发挥出更好的效果。

3.适当"煽风点火"

客户都明白，产品之所以会畅销，是因为产品质量过硬，得到消费者的认可。而此时，如果他自己不购买的话，就有一种失去的痛苦。对此，销售员还需要来点把"火"，不妨再从客户不购买与购买的两个方面进行诠释，让客户感受一把失去的心痛，那么合作是水到渠成的事情。

在销售中，销售员要想打消客户的顾虑，促成客户购买商品，就不妨向客户显示现有客户的使用情况，让其转忧为喜，这是一种不错的选择。

认真对待客户的问题，善于将问题缩小化解

对于销售员，人们普遍抱有戒备的心理。他们始终认为，销售员与自己在利益上是对立的，他们的目的不过是从自己的口袋中拿钱而已。所以，他们总是对销售员保持警惕，即使销售员磨破了嘴皮，他们仍旧对产品表示怀

疑。但作为销售员,无论客户怎样拒绝,都要端正态度,耐心地为客户解除疑问,而不应该轻易放弃,更不应该埋怨客户。只有认真对待客户的问题,才能让客户感受到我们的诚意和专业才会愿意相信我们,问题才能大事化小,小事化了。

销售情景:

机械销售员小刘在得到预约的情况下,来拜访某公司总经理。

客户:"我对你们的设备进行过了解,好像不错。不过,你能不能就你们的售后维修状况进行一番阐述呢?"

小刘:"关于这个方面,我来之前,对你们公司进行过了解,发现你们自己维修设备,比雇用我们维修要花费的多得多,是这样吗?"

客户:"是的,有这样的情况,这的确是我们公司存在的问题。你们有这样维修服务,实在不错,可是你们的技术怎么样……"

小刘:"不好意思,请允许我插一句,有一点我想说明一下。其实,任何人都不是天才,而维修机器设备有时需要特殊的设备和材料……"

客户:"这个我知道,但你好像误会了我的意思,我是说……"

小刘:"其实我明白您的意思。但就算你们公司的员工绝顶聪明,也不能在没有专业设备的条件下,迅速修整好设备的。"

客户:"我觉得你还没有搞明白我的意思,现在我们专门负责维修机器设备的员工是……"

小刘:"是这样的,稍等一下,我再说一句话,如果您认为……"

客户:"对不起,我有些重要的事情要去做,今天就谈到这里吧。"

分析:

这则案例中,很明显,销售员的做法是错误的,客户对产品的某些方面存在质疑,是理所当然的。此时,销售员的工作重心就是解除客户的疑问,而小刘在一再强调自己的观点,根本不给客户说话的机会,甚至打断客户的话,这是销售沟通中的一大禁忌,他最终被客户拒绝,也是情理之中的事。

销售中,决定是否成交的主动权始终掌握在客户手中,忽视客户的意见和问题,成交就根本没有希望。让客户多说,自己多听,才是解决客户问题的王道。

那么,具体来说,销售员该如何对待客户的问题呢?

1. 让客户诉说出自己心中的疑问,不轻易打断客户谈话

案例中的销售员犯的就是这样一个错误,客户是不希望自己的观点被否定的。的确,客户可能对我们的工作和产品存在一些偏见,但我们也不要轻易打断客户谈话,更不能加入话题或纠正他。让客户把心中的疑问说完,不仅能让客户感到受尊重,还能帮助我们找到客户的问题所在。

2. 肯定客户的疑问,消除客户的戒心

我们不能打断客户谈话,但并不代表一言不发。这种表现,会让客户觉得自己的谈话毫无意义。如能得到回应,表明他的谈话正受到关注,从而有兴趣与你继续沟通和交流,销售员就可以获得更多的客户需求信息。另外,最重要的是,当客户诉说完之后,我们一定不能立即否定客户的问题,而应该肯定客户的疑问,告诉他:"有这种顾虑是理所当然的",这样,有助于消除客户对我们的戒心。

3. 消除对产品的误解

客户有时对产品存在误解,原因可能有很多,有的是由于曾经使用过劣质的同类产品,有的是对产品具体特征的了解不够充分,有时推销员介绍产品的方式不恰当也可能引起客户对产品的疑虑。

客户对产品存在误解,这是一个很难解决的问题。有时候,越解释,越会引起客户的怀疑。所以,我们不妨保持耐心,尽量从其他方面入手,比如,向客户出示一些关于产品质量和售后等方面的证据,向客户展示产品的口

碑等方法。

总之,如果我们能以积极的心态看待客户的疑虑,循序渐进,逐步让客户对产品有一个积极的认识,那么,一定会消除客户的疑虑!

面对问题多的客户,利用巧言幽默令其宽慰

销售中,我们都明白,要说服客户购买,需要消除客户关于产品的疑虑,这个过程不可避免。很多销售员也都能成功解答客户的问题。但如若遇到那些问题多的客户,我们的工作难度就无形中加大。而且,这些客户的问题总是层出不穷。面对这类客户,很多销售员会觉得束手无策,但如果我们能来点幽默,那么,客户在会心一笑的同时,问题也就随之解决了。

销售情景:

刘军是一家销售公司的业务主管。最近,很多销售员向他反映:有个很难搞定的客户,无论是谁去推销,他总是有问不完的问题,这些销售员实在无计可施了。刘军听后,决定亲自去拜访。

见了对方之后,刘军表现出了良好的修养:他一边做着自我介绍,一边恭恭敬敬地将自己的名片递到了对方的面前。对方接过刘军的名片,不屑地瞥了一眼,没搭理刘军。

过了几分钟,对方才慢条斯理地说:"你们公司的销售员已经来了好多次了,我直接就给打发走。你们的产品实在不怎么样,我不感兴趣,也不想浪费你的时间。同时我也没那个工夫搭理你,你还是赶紧走吧。"

刘军说:"您能为我着想,让我很感动,您也不用担心会浪费我的时间,我只有 5 分钟的时间,也请您给我 5 分钟时间,如果在 5 分钟之后,您对我们

的产品感兴趣，我们就合作。要是5分钟之后，您不满意，我当场在地上给你打个滚，或者翻个筋斗云也行，算我对你的补偿吧。"

"你真的要在地上打个滚啊?"客户笑着说。

"没错，就这么爬下去，这么地翻过来。"刘军一边比划着，一边笑着对客户说。

"行啊，为了看你这个表演，我也得给你5分钟啊。"客户哈哈大笑着说。

"得，看来我今还真得给你用心不可，否则真的要当众出丑了。"刘军坏笑着说。

最终，这位客户购买了刘军的产品。他手下的销售员笑着说："老将出马，果然非同凡响啊。"

分析：

案例中，业务主管之所以获得与销售员不同的销售结果，让这位问题多、难搞定的客户最终购买，是因为他在开场后使用幽默的技巧缓和与客户之间因为不熟悉而造成的紧张气氛，消除了对方的芥蒂心。有时候，客户总是问题多多，并不是对产品真的不满意，而是因为他们不相信销售员。所以，此时，我们要想方设法利用幽默细胞将对方逗笑，如果对方一笑，那么心理防线就会放松，就能成功地俘获客户的心。

然而，幽默并不是每个人与生俱来的能力，需要销售员后天获得：

1. 多学习文化知识，丰富自己的头脑

一般来说，幽默的人，都是能充分运用各种文化知识的人。也就是说，他们的知识都非常丰富。只有当我们的知识储备充分的情况下，才能找到各个知识点间的联系，刺激别人的大脑，产生幽默的效果。

所以，作为销售员，要想让自己变得幽默，在学习销售专业知识的同时，还要注意积累其他方面的知识。试想一个满脑子空空的人怎么会有幽默感呢？当然，销售工作繁忙，需要我们多抽时间学习。只有拥有广博的知识，才能做到谈资丰富,妙言成趣,才能从平淡的生活中发现乐趣。

2. 在生活中多注意观察,积累幽默素材

一个人是否具有幽默的能力,是与其观察力有一定的关系的。一个愚钝、呆笨的人是很少能制造出幽默的。因为,幽默是需要素材的,这就需要我们多注意观察,提高自己的洞察力。只有善于发现和捕捉到生活中的细节,然后加以联想和夸张,才能带来幽默的效果,给人们以轻松的感觉。

生活不是缺少幽默,而是缺少发现。所以,销售员要多注意观察生活中和工作中的人和事。多去发现生活,认真面对生活。你会发现你越来越幽默了,你的客户也越来越喜欢你了,当然你的业绩会越来越高了。

3. 陶冶情操、提高修养

我们发现,那些善于制造幽默的销售员,无论客户怎么难为他,他还是能自信,并保持幽默。而这种修养,是需要我们在生活中不断体验而获得的。所以,销售员要想让自己变得幽默,就要积极一点、大度一点,无论销售工作遇到怎样的挫折和打击,不妨当作一种享受。当你微笑着继续前进的时候,你才能品尝到那份快乐。当你变得乐观、豁达、自信的时候,你就会慢慢地发现,其实你也有很多的幽默细胞。

总之,每个人都喜欢轻松快乐的相处。对于销售员来说,面对那些问题多多的客户,能否让客户在短时间内让客户感觉到从你身上散发出来的快乐,直接关系着最终的签单是否成功。

替顾客说出他的疑虑,反让客户变得更放心

在销售中,销售员经常会遇到这样的情况,尽管销售员已经做了很多的工作,也已经了解到客户对自己的产品或服务有一定的需求,甚至这种需求

还比较强烈，但是出于种种顾虑，客户就是不愿意购买。有时候，销售员能了解到客户存在哪些疑虑，那么，既然如此，为什么不主动说出客户的疑虑，让客户变得安心呢？要知道，这个时候，如果我们与客户进行争论或争辩，给客户施加压力让其道出自己的疑虑，结果往往只会让客户拒绝沟通和交流。哪怕客户在一再的追问下道明了自己的疑虑，他们也不会愿意继续和一个总是带给自己压力的销售员打交道。

销售情景：

客户："这种衣柜的外形设计很独特，颜色搭配也非常好，令人耳目一新。可惜……"

销售员："您是要说制作衣柜的木料质量不太好，对吧？"

客户："是啊，看来你蛮诚实的。"客户紧绷的脸色缓和了很多。

销售员："您真是好眼力，一般人是很难看出这一点的。制作这个衣柜的木料确实不是最好的，如果选用最好的木料加工的话，成本就要提高，售价可能就是现价的两倍以上，您说是吧？"

客户："嗯，说得也有道理。"

销售员："现在物品更新换代太快了，不是吗？这种设计风格十分流畅，在这个价位上，这种衣柜已经是相当不错了。"

客户："这倒也是，不过我还是希望买价格质量好点的，价格无所谓。"

销售员："看得出来，您很注重产品的质量和品位，那种价格贵点的，档次上也感觉不一样。"

客户："是啊，你再为我找找其他款吧……"

销售员："好的……"

最终，这位客户购买了价格高出原来那款衣柜两倍价钱的另外一款衣柜。

分析：

案例中,这位销售员的做法是明智的。在客户提出对产品的疑虑前,他主动道出了产品的不足,进而取得了客户的信任。然后针对这一疑虑,他并没有反驳,而是支持。在支持之后,他又给出了合理的解释,赢得了客户的认同。此时的客户已经对销售员完全卸除了警惕心。于是,客户自己要求销售员再为其介绍新的产品,并最终完成购买。可以说,这场交易之所以会达成,是因为这位销售员在刚开始时主动承认产品的不足,让客户觉得他很真诚,从而赢得了一个好的开头。

现实销售中,客户因为无法相信销售员,总是对销售员猜来猜去,即使对产品很满意,也不愿购买。更值得注意的是,有时候,客户虽然并没有把一些反对意见提出来,并不表明客户不在乎这个问题。实际上,摆在销售员面前和客户之间的成交阻力不但没有减少,反而是大大增加了。因为客户提出反对意见,实际上是给你提供了一个消除反对意见的机会。如果销售员不知道客户为何拒绝购买,那就无法突破成交前的障碍。

如果我们能主动替客户说出他的疑虑,这样便有助于拉近客户与销售员心理距离,让他更容易接受你的劝说,从而获得销售上的成功。

那么,具体来说,我们该怎么做呢？

1. 充分准备,预测出客户的疑虑

销售之前的准备和你成交的概率成正比。所以,在产品展示之前,你要能够预测并胸有成竹地回答客户的疑虑,这会让你看起来是位真正的专家。而且,在与客户沟通时,客户也会对你已经预测出的疑虑进行提问。此时,只有对客户的问题对答如流,才会赢得客户信任。而你的迟疑和不确定则会让客户感到失望,并对你的产品产生怀疑。

2. 先发制人,以防为主

解决客户抗拒最好的办法就是在客户没有提出异议之前,你就主动提出来并把它解决掉,让客户不受干扰地专心听你的解说。

举例来说，你的产品比竞争者的昂贵，并且知道价格问题会成为客户拒绝的主要理由，你就应该在销售对话一开始时就这样说："王先生，在我开始介绍之前，我想告诉你，我们的产品是市面上最昂贵的。然而，即使是这样的价位，每年都有很多人购买这项产品，你想知道为什么吗?"

用这种先发制人的战术，准客户就没有办法再说"你的价格比别人的贵"，因为你已经告诉他了。不管客户主要的抗拒意见是什么，你都要进行充分准备，不要让它成为一个抗拒点。

因此，在销售过程中，如果销售员可以找到合适的机会主动说出客户比较疑虑的问题，然后耐心回答直到客户满意，就会增加客户对销售员的信任和好感，同时增强他们对产品的兴趣和信赖。

第 **11** 章

讲价有方,不让价格成为销售的障碍

销售员的工作,说到底,就是围绕着"产品"和"价格"在转。价格问题,也永远是销售过程中最难解决的问题之一。销售中,不管销售员报出的价格是多少,即使价格已经很合理了,客户还是会有"太贵了"、"不合算"、"别人比你卖得便宜"等想法。所以,如何报价、让谁报价、怎样说服客户接受现有价格等,就成了销售员最头疼的问题。如果降价有方,那么,交易的达成率将大大增强;反之,生意失败率也将非常高。所以,销售员只有消除价格障碍,才能赢来交易的成功!

一旦顾客询问价格，就要将"单"拿下

"物美价廉"是客户对商品最理想的比喻。所以，一般在销售员还未向其介绍产品的功能和特点时，他们就会主动询问价格，而一旦价格超出他们的预算或者他们认为产品价值与价格不等同，他们会毫不犹豫地对销售员说："太贵了"，并拒绝购买。对此，不少销售员都会感到懊恼。其实，聪明的销售员不妨抓住客户主动询问价格的机会，主动说明产品"贵"的原因，让客户明白"一分价钱一分货"的道理，从而起到先发制人的效果，顺利将"单"拿下。

销售情景：

一天，某手机大卖场来了一位年轻时尚的小姐。在卖场转悠了半天的她终于停在了一款新型时尚的手机旁，并比对着其他几款手机看了起来。这时候，销售员迎了上去。

销售员："小姐您好，您的眼光真好，我们这里的手机都是国内知名的品牌，这几款都是今年的新款，都是针对您这样靓丽时尚的女性设计的。依我看，这款玫红色的手机就很适合您。"

客户："是不错，我感觉挺好的，可是这价格有折扣吗？"

销售员："这款手机的确挺适合您这样时尚大方的女孩子。不过我们这些手机都是新款，是不打折的。如果是我，也会觉得有点贵，毕竟现在的手机也都越来越便宜。不过一分价钱一分货，这款手机之所以价格相对较高，不仅因为它有非常多样的功能，而且颜色鲜艳，时尚，款式设计新颖，不俗套，看起来高贵、典雅，是一种品位和个性的表现。如果相对于这些来说，这个价格绝对是划算的。"

客户："可是我还是觉得贵，要比普通的手机贵一千块呢。"

销售员："您说得没错，一般的手机真的便宜很多。但可能是我还没有解释清楚，这款手机不仅外观吸引人，而且在功能方面也是相当强大的。您看一下手机功能介绍，无论是日常功能还是娱乐功能，都非常好。而且，这是一款新上市的手机，相对一般的新品来说，价格并不算高。最重要的是，我真的觉得这款手机很适合小姐您，可以说与您的大方气质相得益彰。您用再合适不过了。"

客户："我是挺喜欢的，可是真的不打折吗？"

销售员："是的，小姐。如果您真的喜欢，就拿上吧。这种概念型的手机都是限量版的呢，如果您以后想买的时候很可能厂家就不生产了呢。那样的话您一定会觉得遗憾。"

客户："是吗？那我就买这款了。"

分析：

案例中，这位销售员是精明的，当他发现客户看上了专柜中的这款手机后，立刻迎上去并承认客户的眼光，并向客户介绍了产品的大概特点。随后，当客户觉得产品贵并问及产品是否打折时，他并没有否定客户的想法，而是告诉客户产品贵的理由。而且，在整个销售过程中，他都尽量将客户的关注点引导到手机的价值上，这样，客户虽然觉得产品贵，但最终还是决定购买。也就是说，这位销售员能将客户觉得贵的产品推销出去，主要是因为他抓住了说服客户的机会，让客户认可了产品的价值，从而弱化并消除了客户在产品价格上的异议。

其实，客户问及价格，就说明他对产品已经产生兴趣，这就是我们说服的机会。俗话说得好，"嫌贵才是购买人"，因此，当客户向我们询问价格时，我们要尽量从价值上说服客户，让客户认可产品。这样，即使产品贵，客户也会觉得物有所值。

那么,具体来说,我们该如何在客户询问价格时,就达成交易呢?

1. 为客户分析产品的性价比

现代社会,人们购买产品,产品的性价比已经成为决定人们是否购买的最重要因素。无论商品价格高低,人们都希望通过衡量商品的质量、价格、功能等来考虑商品的性价比。所以,不论产品价格高低,销售员都要尽量准确及时地传达给客户与商品相关的信息,尽量让客户全面地了解商品质量,并以此为客户计算出性价比,让客户一目了然地看到商品的质量与价钱之间的内在关系,消除其有关价格的质疑。

2. 用事实证明产品的价值

一般来说,销售员要想说服客户认可产品价值,空口无凭,必须要亮出一些事实和证据,否则只会让客户觉得你是在"王婆卖瓜,自卖自夸"。的确,俗话说:事实胜于雄辩。再好的解说也比不上事实的力量,只要销售员用事实说话,就不愁卖不出好产品。

3. 尽量劝说客户体验产品

让客户体验产品,感受产品带来的益处,就能消除其嫌贵的心理了。当然,让客户体验产品,也并非易事,因为客户总是会对销售员存在戒备心理的。为此,我们需要告诉客户,买不买没关系,只是让其体验一下产品而已,客户毫无防备地体验产品,才能对产品有客观公正的认识。

在客户询问价格时就拿下客户,并不意味着我们可以因为急于成交而降低价格或者放弃客户,而是要拿出足够的耐心,向客户讲明价格与质量的关系。只要销售员拥有足够的耐心,并辅以正确的沟通方法,那么就能让客户明白"一分价钱一分货"的道理。

为了更有胜算，巧言让客户先开口出价

价格问题，永远是销售过程中最难解决的问题之一。而究竟谁先报价，是销售员还是客户？这个问题在销售实践中一直存在争议。

实际上，在销售中，谁先报价，谁就容易丧失控制价格的主动权。一般来说，销售与购买都遵循这样一个流程：客户对产品有兴趣、客户问及产品价格、销售员为客户解决价格异议。但我们发现，这一过程中，销售员先报出了价，在接下来的谈判和交涉过程中，价格也只能在这个限定的范围内波动，客户不可能超出这一范围买下产品。可见，先报价是存在某些弊端的，而且，假如客户对该行业很熟悉，对产品更是了如指掌，销售员先报价，很可能引起客户的不满，这就更容易将谈判陷入僵局，交易就可能泡汤。

所以，销售员不妨把报价的权利交给客户，让客户掌握主动权，客户感觉受到了尊重，自然会有个轻松的购买心理。毕竟在销售过程中，很多时候商品的价钱都是在买卖双方的探讨中定夺下来的。只有买卖双方在平等互利的情况下探讨价格，销售工作才能更为顺利地进展。因此，在进行销售工作时，销售员一定要给客户一定的空间，在适当的时候让客户出价。

销售情景：

某外贸时装店内来了一位美丽的小姐。还没进门，这位小姐的眼光就一直停留在了一件裙子上，这时销售员小红迎了上来：

销售员："你好，小姐，您的眼光真好，这是我们店今年的主打产品，刚进货不久，无论是面料还是颜色，都是最流行的。"

客户："这是丝质的吗？"

销售员："对,这是丝质的,穿起来会非常舒适。如果您喜欢可以试穿一下。"

客户："可是我怎么看也不像丝质的啊。色泽感觉不是很光亮啊。"

销售员："这件裙子是丝质的,可能您觉得它的颜色会比较素雅一点。这是因为,今年这种丝质的裙子走的都是复古路线,而且,这样的款式如果颜色太艳的话,就失去了它的那种典雅。"

客户："哦,是吗?那我先试试吧?"

客户试过商品之后。

销售员："看,您本来就很苗条,穿上这件裙子看起来就更显身材了,走在街上回头率一定很高。"

客户："多少钱?"

销售员："499 元。"

客户："那么贵!我有点接受不了。"

销售员："其实对于这样丝质的裙子,这个价钱还是比较划算的。我看您挺喜欢的,而且应该很适合您。如果您穿出去,绝对会有很多女孩羡慕。我想您这么时尚的女孩一定知道我们的货都是出口国外的,质量绝对有保障……"

客户："但是我还是觉得有点贵……"

销售员："其实这件裙子特别受欢迎,但是因为数量有限,所以我只是推荐给那些穿起来好看的女孩。前不久一个女孩想要 400 元买下,和我谈了很长时间,我也没卖。那您给出个价,看看您想多少钱买。"

客户："400 元也不卖?"

销售员："对,这个是最低价了。"

客户："那 450 元吧,我也不和你讨价还价了。"

销售员："好吧。我帮你装起来……"

分析：

情景中的销售员之所以能将产品卖出去，是因为她适时的让客户出价，让客户获得一定的决策权，获得了一定的心理优势，销售工作也就顺理成章地成功了。

然而在实际销售中，有些销售员为了能赚取最大利润，却总是抱着商品价格主动权不放，不做出一点让步，不给客户一丝一毫的决定余地，使客户时刻处于被动，因此，常会造成客户流失的情况。如果销售员不给客户任何决定价格的机会，客户的购买心理会在一定程度上受到限制，很可能会因此而转身离开，给销售工作带来一定的局限性。因此，在进行销售工作时，销售员一定要给客户一定的空间，在适当的时候让客户出价。

那么销售员在销售时如果让客户出价，都需要注意哪些问题呢？

1. 了解客户各方面的购买信息

客户的购买情况是指客户的身份、购买能力以及购买意向等。可能有些销售员会产生这样疑问：客户的购买信息该如何了解呢？的确，对于那些初次接触的客户，要深入了解确实有难度，但一个人的知识水平和购买能力等情况，一般是可以是通过一些外在的因素体现出来的，比如一个人的外表、言语、表情、动作、眼神等，这些都能或多或少地表达着其内在的购买动向。

而这些，就要求销售员善于观察客户的一举一动，从中获悉客户的身份、水平和购买商品的意向。通过对客户的身份、动作等分析，销售员可以据此决定让客户出价的时机和方式。

2. 给客户一个价格区间

在销售时，有些销售员在使用让客户出价的方法时过于轻率而导致交易不成功。因为在购买商品时，每一个客户都希望商品物美价廉。所以在没有让客户认识到商品的价格范围和质量时就让客户出价，往往容易导致客户出价过低，销售不成功也就在所难免了。

无论客户是专业人士还是业外人士,作为销售员都要在销售过程中给客户一个大致的价格范围。这个价格范围并不是一些简单的数字范围,而是需要销售员通过向客户介绍商品以及相关领域的情况后,将商品划定入一个相对稳定的价格圈,并使这种价格圈成为客户衡量商品价格的参考。当客户对商品价格的衡量受到这种价格圈的影响时,大多会给出一个相对合理的价格。

但销售员要注意,如果推销对象是老客户,彼此已有长时间的业务往来,双方的合作关系较好,互相了解,关系融洽。在这种情况下,谁先报价对双方来说都是可行的。而且,在洽谈各项合同条款时,也不必逐项议定。因为,以往的、通行的做法得到了双方的确认,需要洽谈的只是少数几个交易条件。由于双方彼此之间比较信任,合作气氛浓厚,报价和议价阶段也就不再是一个棘手的、需要反复较量的过程了,双方都不会在枝节问题上过多地纠缠,因而整个谈判进程就可大大加快,在较短的时间内就能顺利地完成交易。

细分价格,让客户觉得更划算

客户购买产品,价格问题始终是他们最关心的问题。大多数时候,对于销售员的报价,客户总是会觉得高。我们知道这只不过是客户要求降价的借口,而有时候,深知产品价值的我们也明白,对于有些高价值的产品,它们的价格实在令一般的客户难以接受。而此时,难道我们要放弃销售?当然不是,即使这些价格高的产品,还是有很多销售员能成功说服客户,让其消除异议,选择购买。而他们常用的方法之一就是将产品的价格细分,这样客户就会感觉产品划算。

销售情景：

一位化妆品推销员在一个小区内推销公司的化妆品，很多爱美的女士驻足询问。

客户：你们公司的眼霜卖多少钱？

推销员：480 元

客户：也太贵了吧！

推销员：听起来是有点贵，不过我们的产品是高浓缩型，一次只需要两滴就足够了，这么一瓶可以使用 1 年，每天只需要 1.3 元就可以享受高品质的眼部护理，况且我们公司的产品在商场里面都是按照商品标价 680 元卖的，现在几乎是打了 7 折，这样的机会可是不多的，这样您还觉得我们的产品贵吗？当然如果您还是觉得这款产品的价格不能接受，我们公司还有两款百元左右的平价眼霜，您也可以看一看。

客户：你说得对啊，这样来说确实不算贵。

分析：

案例中，当销售员报价后，这些住户第一反应就是太贵了吧。但我们发现，这位销售员的推销技巧是高明的，他利用价格分解法顺利解决了住户们的价格异议：他不仅将昂贵的产品卖价拆分成小单位，消除客户对高价的排斥感，而且还适时地提出了另外两种价格便宜的产品。客户只要稍稍计算，就知道哪一种更便宜，这样就能顺利完成交易。

那么，什么是分解价格法呢？

这种方法是按产品使用时间的长短和计量单位的不同来报价，把庞大的价格化整为零，隐藏价格昂贵的威慑力。这种方法使价格分散成较小的价位，实际上并没有改变客户的实际总支出，但却比总报价更加容易被人接受。

具体来说,价格分解法可以分为:

1. 对客户投入进行时间分解

当客户觉得产品贵时,销售员可以采取这种方法,将产品的价格也就是客户的投入进行时间分析。这样,客户就会明显觉得自己的投入不多,也可以接受,当然,这是人心里的感觉,实际上,客户的投入并没有因此而变少。

例如,某品牌保湿霜180元一瓶,可以使用一年,如此算起来,每月只需支付15元,每天只需花费几毛钱,还抵不上一杯咖啡的价钱。这么算来太合算了。

再比如,"这双皮鞋300元,但你至少可以穿5年,每年才花60元,每个月才花5元,您还觉得贵吗?""听你这么一说,一点也不贵。"

2. 对客户投入进行单位分解

这种方法和上面的方法类似,也就是把大的某种商品,分解成小单位,这样,使价格听起来相对较低。如每箱多少钱分解成每盒多少钱;每包多少钱改成每支多少钱;等。这样就使商品价格听起来不那么高,客户就比较容易接受了,从而减少价格异议。

总之,销售员在推销不同的产品时需要用不同的方法,在推销价格较高的产品时,可采用价格分解法,就是将产品的价格按使用时间或者按照产品单位进行分解,这样就可以使客户在心中感觉所花的钱显得少了。

世界潜能大师安东尼·罗宾以前在吉姆·罗恩公司上班时,他推销公司的一种产品,不断地向顾客解释产品,当顾客决定不买时,他会说:"××先生,您不买我产品的原因肯定是我的解释还不够清楚,我再解释一次。"顾客还是不要时,他就继续解释,直到顾客购买为止。总之,推销这类价格昂贵的产品,客户觉得产品价格高,我们也不要轻易放弃。只要找到正确的推销方法,就能帮助我们消除客户的价格异议。

还价来来回回，火候未到不要轻易说定价格

作为销售员，我们都知道，我们的利润来自于产品成本和销售价格之间的差价，在成本不变的情况下，售价越高，利润也就越高。每一个销售员都希望自己的产品销路好，受到客户的欢迎，同时也希望产品能够卖个好价格，多获得一点利润。

所以，有一些销售员，会用较低的报价来吸引客户的目光，认为这样可以缩短销售时间，也更容易促成交易，然而结果往往是不尽如人意，不是丢了客户，就是丢了利润。也有一些销售员，利用较高的报价来为自己争取利润，但这并不意味着报价越高，产品价格就卖得越高。实际上，在具体销售过程中，总是会涉及到砍价的问题，价格的决定权也并不在我们手里。所以，在火候未到的时候，我们不要轻易说定价格，多给自己留余地，才能有还价的空间。

销售情景：

乐乐高中毕业后就自己开了一家服装店，因为眼光独特，所进衣服都款式新颖，尤其受年轻女孩们的欢迎。这天，一个女孩来买衣服，在经过一番挑选之后，女孩把目光锁定在一件款式时尚的长款外套上。

销售员："这件衣服是前几天刚到的货，不论是花色还是款式，都是非常时尚的。如果您喜欢可以试一下。"

客户试过衣服之后。

销售员："这件衣服非常能衬托您的气质，特别是您今天正好穿了一条白色的裤子，看，搭配起来多漂亮。而且现在就能穿。"

客户："恩,是不错。不知道价格怎么样。"

销售员："这件衣服是新款上市,299 元。"

客户："那么贵,只不过是一件外套嘛,不能便宜了吗?"

销售员："这件衣服属于春秋装,现在是春天,到了秋天同样可以拿出来穿,而且绝对不会落伍。其实一般我们都是很少打折的。难得您这么喜欢这件衣服,穿起来又这么漂亮,那给您打个 9 折吧。"

客户："好吧,那就拿这件吧。"

分析:

案例中,销售员之所以会成功卖出产品,是因为她在销售中活用了价格:报价的时候稍微高出卖价,然后再打折让客户感觉获得了利益,这样商品不仅能够以较合理的价格成交,也不会造成客户的反感,相反还会让客户满意而归。

因此,销售员在与客户谈论价格的时候,一定不要把价格说死,要有一定的降价空间。因为在谈论中,无论销售员的第一次报价多么吸引人,客户都希望获得更低的价格,一旦销售员的第一次报价过低,销售员就容易限于被动,要么客户转身离开,要么商品被低价售出。

那么,具体来说,销售员在与客户谈论价格的过程中,该如何把握价格的波动问题呢?

1. 要有两手准备,不要自断后路

作为销售员,除非你的产品是零售或固定价格,否则都不要把价格说死。当客户对你的产品感兴趣了,直接询问产品价格时,你通常要准备两套策略。一个是可以有比较优势的范围价格;还有一个就是正式的报价,一般要比公司规定的统一报价要低,比公司规定的底限要高。如果你知道竞争对手的价格,那最好与其相当,这样客户觉得你们企业对其有诚意。当然价格也要合理,适当的利润才是保证优质服务的前提,切不可盲目给低价。

2. 不要给客户过多的想象空间

首先，给客户降价，次数不可过多

通常来说，降价次数不要超过 2 次，而且在销售开始前最好就要把可能客户出现的价格异议设计好。另外，不妨告诉客户："我们是直接和厂家订购，省去了广告费、进场费用。所以给您的价格也是接近于最低价了。"把这个道理告诉客户，让客户断掉继续和你讨价还价的幻想。

其次，善用后台

比如你的主管或老板都是你可以借用的"黑脸"——不退让的后台，即使你是可以做主让步的，你都要设计一个虚拟的后台，来帮助你扮演黑脸的角色。

最后，要善于利用资源营造为客户着想的感觉

比如虽然价格是固定的，销售员可以做主赠送一些服务或礼品，让客户觉得你也是左右为难，已经尽力在帮他获取最大的权益，相信客户也是能够体谅。

因此，在销售过程中，销售员在刚开始一定不要把价格定得太死，不管怎么样都要给接下来的讨价还价留下余地，否则销售工作就很难正常展开，更不要提有什么销售成果了。

巧报价，客户才会更易接受

销售员的工作，说到底，就是围绕着"产品"和"价格"在转。而如何报价对于每个销售员来说，都是很重要的一环。如果报价满足客户需求，符合市场行情，那么，交易的达成率将大大增加；反之，失败率也将非常高。可以说，报价在一定意义上决定了销售工作的成败。

销售情景：

某公司老总要为员工们更换一批新电脑，于是，他来到电脑城，走近一家店内。他看了几款电脑后，开始询问起电脑的价格来。接待他的是一位诚实、厚道的销售员，公司的底价是每台电脑3200元。

客户："你这款电脑怎么卖？"

销售员："您如果要，我给您便宜点，每套就3300元。"

客户："台式电脑还这么贵？3000元行吗？"

销售员："不行，我看您好像是要买好几十台，已经是以最低价给您了。"

客户："是啊，我一下子就要20台，你再给便宜点。"

销售员："您要的再多也是这个价，真的不能再少了。"

客户："也不让点价，你们要不要做生意啊？"

销售员："那就给你3200元。"

客户："就3000元。"

……

分析：

这桩生意的结果可想而知。因为这位销售员刚开始报价就不合理，一开始便将价格报得太低，那么，价格谈判的主动权就被客户占据了，销售是很难成功的。如果他把价格定在3500元或是3800元，那么，他就会有讨价还价的余地。也许这名销售员只是想以较低的价格快速交易，但却适得其反。

作为销售员，我们的立场是以理想的价格成交。然而，没有不讨价还价的客户，所以我们要有技巧地报价，那么在这个过程中应该如何做？又该注意什么呢？

1. 报价原则

报价时，我们必须有底线，切不可随心所欲，一般来讲，报价的原则主要有以下两种：

①报价不能太低

案例中的电脑销售员就犯了一个报价过低的错误，可能他的本意是以合适的价格迅速成交，但在客户看来，却以为还有降价的空间。另外，如果报价过低，也会让客户对产品产生误解，认为产品质量不过关而放弃购买。

所以，销售员第一次报价的多少，直接影响着客户对产品的价格衡量。即便是想"薄利多销"，也要留下一定的价格空间，最好可以在低价和理想价格之间找到一个中间价，将报价定在这个中间价之上一些。这样不仅能扩大谈判空间，还能获得更多的利润，从而保证销售工作能顺利进行。

②报价要在合理范围内，不可太高

虽然做生意要尽可能地报高价，但是如果价格不切实际，也会引起客户的反感，甚至给客户留下漫天要价的不好印象。所以，报价要维持在一个合理的范围之内。除非有充分的理由来证明价格的合理，比如强调附加值，让客户感觉到确物有所值。

③选择合适的报价时机

在谈判中，报价时机成熟意味着交易已经成功了一半，关键在于如何能找到这个恰当的时机。大量的经验表明，最佳的报价时机必须具备下列两个条件：

首先，客户对产品有充分的了解

其实每个客户都会对产品价格产生异议，这也是人们购买产品时普遍存在的心理。只有在客户了解产品的具体情况后，能够理性地看待产品价格了，这时候再报价效果会更好。

其次，客户对产品有强烈的购买热情

如果客户的购买热情并不强烈，除非是价格很有吸引力，否则，即使销售员主动报价,客户也会不为所动。倘若价位对客户来说比较高,那么,这个客户肯定会流失。

2. 掌握一些成功报价的技巧

作为销售员,必须掌握一些报价的基础技巧,主要体现在以下几个方面:

① 格分解法报价

这种方法是将整个产品的价格以小单位来报价。打个很简单的比方,如果你销售一台 5000 元的电脑,你可以这样告诉客户:这台电脑的使用年限是十年,也就是一年才 500 元,一天才不到两元钱,非常划算;如果是销售一瓶 30 毫升,价值 210 元的香水,你可以做拆分计算,告诉客户:只要喷上一毫升,仅仅需要 7 元钱,就能拥有持续一整天的香芬。

②突出产品价值法报价

这种方式往往是在商谈产品品质和服务的时候使用。随着销售员对产品价值的一次次强化,客户感觉物有所值,报价也就不再是问题了。

③模糊报价法

模糊报价有时候是出于商业机密的需要,有时候却也是一种有效的报价技巧。模糊性报价一般以整数的形式出现,它通常会比实际价格要低一些,主要是为了吸引客户的注意力,争取机会,顺利进入谈判阶段。在谈判中随着产品价值等因素的一次次强化,客户也就非常容易接受实际价格。

④引导法报价

这种方法是利用一些先入为主的语言,迎合客户力求低价的心理,引导顾客接受你的报价。如:仍是老价钱……价钱不贵……最近比较便宜……等。此外,在报价时,声音要响亮、清晰,态度要坚决、干脆,让对方感觉这就是最低价。

利用这些技巧,销售工作一定能顺利的开展。要注意的是,无论生意是小是大,我们都要做长线生意,不能乱开价,也不能咬死不让,这样才能把产品卖出满意的价格,同时与客户保持良好的关系。

让客户理解价格，使其觉得物有所值

销售中，我们发现，即使报价已经很合理了，客户还是会有"太贵了"、"不合算"、"别人比你卖得便宜"等想法，如何才能让客户觉得产品的价格划算？这是困扰不少销售员的问题。作为销售员，我们切不可回击客户："你不识货"或"买不起算了"等之类的话。因为这种话就像一把利剑，很容易伤害客户的自尊心，甚至激怒客户，引起矛盾，从而对销售造成不利影响。而如果我们能积极面对，用耐心帮助客户正确理解产品的价格，那么，就能让客户觉得买得值，并实现成交。

销售情景：

一超市负责采购的营业员来到某牛奶厂，与销售员商议牛奶的价格。

客户："我就不明白了，为什么你们卖的牛奶就是比其他厂的牛奶贵五毛钱呢？这一两包看不出差距，但是我这一次购买几十箱，你们就赚大了。你今天必须给我便宜点。"

销售人员："在这件事情上，我看您真是误会了。我承认，我们的牛奶比其他厂家稍微贵一点，可是不知道您注意到没有，我们采用的保鲜技术以及口感方面，在业内做得算是最好的，我们坚持用质量和品质来赢得客户，您觉得是这五毛钱重要还是牛奶的营养价值重要呢？"

分析：

毋庸置疑，客户关心价格，但客户也关心产品质量，有质量问题的产品即使价格再便宜,客户也不会购买。所以,范例中的销售员在遇到客户嫌价格高时,并没有否认客户的观点,而是先肯定客户,然后再从产品质量上论述,让客户认识到"牛奶的营养价值更重要",从而最终改变顾客的观点。

那么,销售员该怎样帮助客户理解价格,让客户觉得买得值呢?

1. 比较法

一般来说,客户觉得价格高,是在进行了"价比三家"后才提出的。此时,如果告知客户:"我们的产品就是这样,你哪儿便宜哪儿买去吧。"或者说:"我们的产品是最好的,自然贵,别人家的质量差,才便宜。"这都犯了销售中沟通的大忌。而假如我们能巧妙地将自己的产品和竞争对手的产品进行一些良性的比较,突出自己产品在品质、性能、声誉、设计、服务等方面的优势,从而让客户知道"贵有贵的理由"。如果销售的产品是同行业中品质最好的,那么你完全可以和对方说:"是的,我们的价格是比较高,奔驰不可能卖桑塔纳的价,您说是吗?"

对于那些购买后存在附加成本的产品,也可以通过分析产品附加价值的优势,让客户接受较高的报价。比如在汽车行业,就可以在维修、售后服务以及是否省油等方面入手,让客户看到产品的长远价值,接受高价。

要注意的是,在比较的时候千万不能贬低竞争对手,小肚鸡肠的销售方式会给客户留下不好印象。

2. 分解价格法

这种方法是按产品使用时间的长短和计量单位的不同来报价,把价格化整为零,隐藏价格昂贵的威慑力。这种方法使价格分散成较小的价位,实际上并没有改变客户的实际总支出,但却比总报价更加容易被人接受。

3. 先说价值,后谈价格

先说价值,后谈价格,这是处理价格问题的一个基本原则。先谈产品的价值,让客户对产品的价值有了充分的认识之后,再谈其价格。这样在一定程度上把握主动权,使客户的思想行动受到销售员的引导和影响。

4. 多谈价值，少谈价格

从推销学的角度看，同样价格的产品，对于不同的客户可能产生不同的反应，也就是说，价格是否高是有相对性的。比如，客户对某种产品的需求越是强烈，他对该产品的价格就越不重视，即便价格较高，他也会"咬咬牙"最终购买；客户认识到产品能给其带来的利益越多，他对价格问题的考虑也就越少。所以，在沟通中，销售员应多强调产品能给客户带来多少利益，能解决哪些问题，满足什么需要，也就是多谈价值，以此淡化他们的价格意识。比如，我们可以这样对客户说："小姐的身材本身就很好，穿上这黑色的裙子，更显高贵大方，您这样的时尚一族，这价钱应该不算高吧？"

总之，要想让客户觉得买得划算，就要帮助客户理解价格：价值要加起来说，价格要分开来说。这样才能消除客户对高价的排斥感。同时在与客户沟通时，一定要胸有成竹，只有销售员自身对产品充满自信，客户才可能对你的产品放心。

第 12 章

电话传音，不见面销售工作也能顺利开展

　　现代社会，随着通讯技术的发展，电话为我们的销售工作带来了便捷。但同时，我们也产生了苦恼，当我们通过电话与客户进行联系的时候，往往还没等我们完全亮明身份，客户就会毫不客气地表示拒绝，甚至干脆挂断电话不再给我们以任何推销的机会。其实，成功地打给客户电话需要掌握一定技巧。同一个公司的电话销售，不同的销售人员可能就会有截然不同的效果。你被客户拒绝，只是因为你没有选对说话的方式。只要你多花一点心思，再多用一点沟通技巧，就有可能电话销售成功。

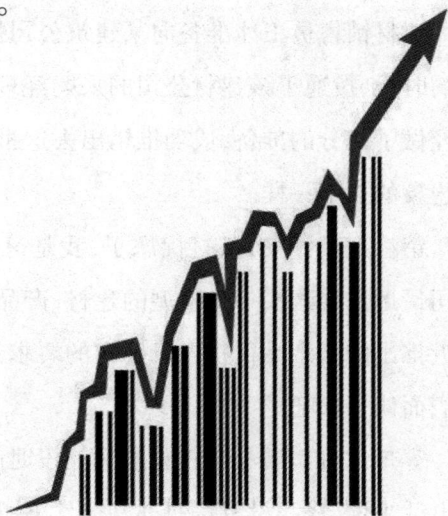

时机选得巧妙,客户乐于接你的电话

在电话营销的过程中,很多销售人员会发出这样的疑问:为什么我还没与客户正式沟通,客户就不耐烦地挂断了电话? 难道是我的沟通技巧不过关? 难道是我的语言没有热情? 实际上,原因并不在此,真正的原因是因为我们的销售员没有选对与客户沟通的时机。因为通常情况下,没有人希望在自己格外繁忙或者情绪不佳时接到别人的电话。在不适当的时机给客户打电话,就会让客户觉得自己受到了打扰,我们自然会被客户拒之门外。

所以说,选择一个合适的时机展开沟通,其成功的可能性要远远大于不适宜的沟通时间。

销售情景:

建材销售员王冰准备向某建筑公司推销一批建材,于是,他在上午十点钟的时候,拨通了该建材公司的采购经理办公室的电话。他原本以为,自己已经做了充分的准备,成功推销出去这批建材应该不是问题,但似乎情况和他想象的并不一样。

销售人员:"您好,打扰您了,我是××建材公司的销售代表,我听说贵公司最近需要购买一批新型的建材,产品的要求我看过了,我觉得我们公司最近推出的新产品很符合贵公司的要求。所以,您看最近什么时候有时间,我们面谈一次吧?"

客户:"你没看见我正忙着吗? 没时间和你谈这事,真是的,刚才经理还打电话来催,怪我没有尽快办好这件事,我没有时间!"

销售人员:"那么,请问您什么时候有时间? 到时候我再打电话过来?"

客户："不知道！不知道！手上的事还伤脑筋呢！我的工作很忙，任何时候都没有时间，你以后再也不要来电话打扰我了，好吗？"

这时，王冰虽然知道客户在拒绝的时候说了句"好吗"，但客户的语气却是很强硬的，因为电话那头已经传来了"啪"的一声——客户挂断电话的声音。在回来的路上，王冰一直在想："我说错什么了吗？好像没有吧……"

分析：

可能很多销售员在进行电话推销的时候也都遇到过案例中的这种情况，也会产生和王冰一样的疑问，为什么客户态度如此强硬地拒绝了我？案例中，我们可以发现，王冰之所以遭到了客户毫不客气的拒绝，很大程度上就是因为他所选择的时机不对——当时正是客户工作最为繁忙的时候。在这种情形下打电话给客户，无疑会引起客户的不满和不快。如果他事先知道客户的具体时间安排，并了解到十一点是客户比较繁忙的时间，找准合适的时间选择沟通，估计也不会遭到客户的拒绝。

那么，我们谈如何选择打电话的时机呢？

1. 提前了解客户的时间安排

每个人的生活、工作和作息时间的安排是不同的，销售人员不要奢望自己在任何时间打电话或者登门拜访客户都有时间、并且愿意接待。如果不提前了解客户的时间安排，那么很容易导致自己的时间和精力大量浪费，可是却得不到客户青睐的结局。事先对客户大致的时间安排进行充分了解，可以有效避免这种情况的发生。

2. 选择合适的沟通时间

当销售人员对客户的时间安排有了一定了解之后，就可以根据这些信息选择一个合适的电话沟通的时间了。具体地说，在选择电话沟通的时间时，销售人员需要结合客户的需求特点和情绪加以实施。对此，销售人员需要注意：

1.选择客户情绪好的时间段

人是一种情绪化的动物,人们的行为很多时候会受到情绪的控制,客户也是如此。因此,我们要尽量选择客户情绪好的时间段进行沟通。比如,一些比较愉快或者对客户来说具有非同寻常意义的时间,很可能是最有利于展开互动沟通的时间,比如:客户刚刚领到工资的时候,结婚纪念日、节假日或者厂庆、大楼奠基等有意义的日子,客户刚刚开业或住上新房需要大批采买商品的时候,客户获奖或得到晋升的时候,等等。

2.选择一个最有利的沟通时间段

利用非高峰时间打电话,往往会取得意想不到的效果。比如,一般来说,很多经理会去开周会,安排一周工作情况,所以空闲时间不多,特别是上午;而周五下午,因为是周末,经理一般都可能归心似箭,回家的心情比较迫切,所以沟通时间也不宜过久。其余的时间来说,分为11:00~12:00,这段时间是快要午餐和午休时间,16:00~17:00,这段时间是快下班时间,经理的工作安排都不会很紧凑,他们有时间和你沟通本职工作之外的事情。

总之,对客户的具体时间安排了解得越清楚,销售人员就越容易寻找合适的时机与客户展开沟通,从而尽可能地避免无功而返或引起客户厌烦。

巧妙问话,了解客户的闲暇时间

作为销售员,我们都知道,打电话时,要以客户的时间安排为转移。当客户比较忙碌,如春节前后的购物旺季,超市老板忙得不可开交;午餐、晚餐时间,餐饮业经营者会忙不过来……此时,打销售电话无疑是不适宜的。所以,聪明的销售员一般会选择客户比较闲暇的时间打电话,但什么时候才是客户的闲暇时间呢?我们又该如何知道呢?这些问题又难倒了很多销售员,要知道,不同职业、不同年龄、不同生活习惯的客户的闲暇时间也是不同的。但精明的销售高手们始终能找到解决这些问题的突破口,那就是通过巧妙地问话,让客户自己说出自己的空闲时间,从而为电话推销提供下一步契机。

销售情景:

办公用品推销员黄某已经是第三次给他的客户打电话了,可是,每次客户都是以同样一个理由:"我没时间!"匆匆地挂断了电话。但经过了很长一段时间的"钻研",黄某已经掌握了一套可以巧妙问出客户什么时候时间空闲的策略。所以,这次,他很有信心能为自己赢取一个机会……

和以往不一样,黄某是这样开头的:"您最近都在忙什么呢?"

"也没忙什么,从周一到周五还是很以前一样,每天忙那些琐事,但最近周末我会带着儿子去游乐场玩玩。因为我的妻子提醒了我,我陪儿子的时间太少了。以前觉得去游乐场是小孩子的玩意,现在看着那些可爱的孩子,我也觉得好像回到了童年。"客户说这些话时虽然尽量保持语调的平静,不过黄某凭借多年的经验已经从客户的话语中听出了些许的兴奋与开心。黄某心想:"从这里,我可以继续探寻客户最近什么时候有时间了。"于是,他继续引导客户:"您可真是一位有情趣的好父亲,您是陪儿子一起玩还是就在一旁看着呢?"

"我哪儿还有那体力,他自己玩,我就看着而已。不过我觉得最近一段时间我都特别有活力,就好像自己又年轻了几十岁似的……"客户已经开始笑着回答了。

"我看这样可不行,家长和孩子之间沟通感情的最好的方法就是陪他一同感受那种玩与学习上的快乐,您说是吗?"

"是啊,你说得对,可是我平时太忙了,也没时间教他。到周末了,我才能闲下来,好好休息一下。"

"那明天您不准备好好辅导他的功课吗?"

"你倒提醒了我,一般来说,他的功课都是他妈妈辅导的,这周我来辅导吧,我总该偶尔充当一下父亲的角色吧。"

"您可真是个好父亲,孩子在这样的家庭里长大才会更幸福……"

最后,在双方一阵又一阵的大笑声当中,客户诚恳地说道:"很感谢今天你能花这么多时间听我说这些。"听到客户这样说,黄某忙说:"不,听您说这些,我自己也感觉特别开心,您也为我以后怎么教育孩子上了一课呢!"接着客户又笑着说:"谢谢你能这么说",然后又听到客户话锋一转说:"对了,你先把你们公司的产品资料传真过来一份吧,最近找个时间我们面谈一下合作的事情……"

听到客户这么说,黄某立即说:"要不,您看这样行不,您看是周六还是周末晚上吧,我也想见见您那可爱的儿子,平时可能会打扰他的学习和休息……"

"好的,到时候一定欢迎您!"

分析:

从这一案例中,我们可以发现,销售员黄某很善于巧妙询问客户。他在经过两次失败的电话访问之后,开始一改访问方式。在电话拨通之后,他并没有从产品开始入手,而是以很平常的语气询问客户最近的状况,以问话的方式开头,就给了客户说下去的欲望。然后,聪明的黄某在得知客户很疼爱自己的儿子之后,就从家庭教育这方面入手,继续询问客户,巧妙地问出了客户周末的时间安排情况。在全面打消了客户的戒备并得到了客户主动提出约见之后,他为了防止客户变卦,利用了选择式问话的方式,将约见时间最终敲定。

可见,成功的营销过程应该是销售人员与客户彼此互动、相互交流的过程,仅仅凭借自己没完没了的说是不够的,还需要掌握这门提问的艺术。那么,作为销售员,如何通过询问才能得知客户的闲暇时间呢?

1. 给予二选一的问题及机会

二选一方式能够帮助对方做选择，同时也加快对方与销售人员见面的速度，比如"早上或下午拜访"、"星期三或星期四见面"等问句，都是二选一的方式。

2. 试探式提问，准确核实

首先，这要求销售员在与客户打电话沟通之前，要事先了解客户的大致时间安排，比如，按照不同的工作性质划分，不同的客户的时间安排是不同的，大致可分为：

教师：周末、寒暑假或者每天下午放学以后，他们比较轻松。

餐饮业人员：用餐前后的时间是他们最忙碌的时间，最好在上午十点左右，或者下午三、四点之间与他们联系。

财务工作人员：月初和月尾都非常忙碌，最好是月中与之联系。

公务员：可以选择上下午的上班时间与他们沟通，不过最好不要错过午饭或者下班以前的有利时机。

银行工作人员：周末、节假日、月初、月尾及大多数企业的工资发放时间都比较忙，通常，上午十点前或下午四点后相对轻松。

……

当然，这些也只是对不同职业的客户的时间安排的一些大致概括。我们还应该在与客户交流之前再进行一番仔细调查，比如了解客户最近是否有外出计划、是否生病、是否有其他活动安排等。

在了解这些之后，我们不妨这样提问客户："听说您最近很忙，要出国考察两个星期，没时间接受任何访问，是吗？"一般来说，这类问话客户都是会主动回答的。因为这类提问是从反面试探的，并不会引起客户的负面情绪，而我们得到的信息是：这两个星期过后，客户就应该结束考察，可以访问了。

当然，对客户进行询问，从而得知客户的闲暇时间，还有很多方法，需要我们在具体的电话沟通中进行巧妙运用，灵活处理！

听出你的微笑，消除客户的抵触情绪

现代社会，人们购买产品，越来越看重销售人员的服务态度。良好的服务与微笑是分不开的，如果你真诚地对客户微笑，你就可能感染他，使他调整态度，或者使他感到愉悦。可能有些销售员会问：电话中是否微笑客户又不知道！的确，电话沟通中，销售人员的微笑表情虽然不能被电话线另一端的对方所直接看到，可是通过微笑传达出来的热情、积极与真诚却完全可以通过电波得以有效的传递。因为当你微笑着的时候，你就处于一种轻松愉悦的状态，声音也是欢快的；而相反，如果你的神经紧紧绷着，只会越来越紧张，就会让客户对你表示怀疑。另外，从销售人员自身来说，面对枯燥无味的电话销售，微笑可以激发你的服务热情，使你为客户提供周到的服务，微笑可以增加创造力。所以，电话销售中，销售人员若能让客户听出你的微笑，那么，就有利于消除客户的抵触情绪。

销售情景：

推销员杨英和往常一样，在给准客户打电话前，先对着镜子整理了一下衣服，然后深吸了一口气，露出一个非常热情的微笑。她告诉自己：这可能又是一个非常难说服的客户，但无论怎样，都要热情地微笑。准备就绪后，她拿起了电话。

"喂！你好，是××公司吗？我想找一下××经理。"杨英面对微笑地询问。

"请问您是哪里？找我们经理有什么事？"很明显，接电话的不是经理秘书就是助理。

"我是××公司的杨英，昨天我给你们公司发了一封快件……"还没等杨英说完，对方打断道："又是想搞推销的吧？对不起，××经理出差去了，不知道什么时候回来，而且即使他在，我也不会给你转过去的，至于手机号码你更是不要想了，因为我们公司不接受一切电话推销业务！"

这一切都在杨英的意料之中，所以，她也有应对措施。她的脸上依然洋溢着她的招牌式笑容，接着，她又说道："您先别挂电话，我知道您每天很忙，而且每天也会接到几十个类似的推销电话，您已经接得很烦了。不过，请您相信，我并不想浪费您的时间，而且我的时间同样十分宝贵，而我只是想和×××经理谈一下，因为我知道贵公司正在扩大生产规模，而我们公司生产的设备是目前国内生产效率最高，性价比最高的。另外，最近，我们公司正在进行回馈客户的活动。所以，请您帮忙转一下×××经理，非常感谢您的帮忙！"

听到杨英这样说，对方也不好再生硬地拒绝她了，而且她也不想让一家很可能十分优秀的原材料供应商与公司失之交臂，于是她告诉了杨英那位经理的分机号码。由此，杨英也成功地跨出了此次电话销售的第一步。

分析：

案例中，销售员杨英之所以转变接线人员对自己的态度，由刚开始的极力拒绝到后来的接受，是因为她从拿起电话之初就始终保持热情的态度，并且一直都努力保持着亲切的微笑，从而打动了对方。可见，一个热情的微笑往往比十句冷漠的开场白更能引起客户的认同，而且微笑还能使你在话筒中的声音更具积极的感染力。

所以，作为销售员，无论在生活或是工作中遇到什么难以解决的问题或者烦恼，都不要把情绪带到电话营销的工作中。当你情绪不佳时，不妨和案例中的销售员杨英一样，先对着镜子调整一下自己的情绪，在脸上绽放一个热情的微笑，这个微笑既是给客户的也是给自己的。这样，在拨通电话后，你的微笑就会感染电话那头的客户，而这必将会增加你与客户相互了解的机会,增加彼此之间进一步交流的机会。当你用热情而亲切的微笑去与客户进行沟通的时候,那些没有意向的客户都会很有礼貌地拒绝你,而有意向的客户都能直接的告诉你想知道的东西。可是,如果你是一副冷冰冰的面孔去和客户进行沟通,那么客户必定也会冷冰冰地拒绝了,即使那些对你的产品或服务有需要的客户也不会考虑与你合作。

那么,在通过电话与客户进行沟通与联系的过程当中,销售人员应当如何通过电波来向客户传递自己热情而真诚的微笑呢?在此,我们提醒销售人员在进行电话营销的过程当中需注意以下几点:

1. 用微笑面对对方的冷淡

一般来说,人们在接到陌生电话,尤其是推销电话时,态度都是冷淡甚至是反感的,对此,我们不要受客户这种负面情绪的影响,反而更应该以积极的态度去面对,甚至要尽可能地通过自己充满真诚微笑的话语使对方受到积极的感染。无论对方的态度多么不好,你都要相信,电话另一端的人都可以感受到你的微笑,因此千万不要吝惜自己的微笑。

2. 真心微笑,提升声音的感染力

发自内心的微笑,使微笑者的声音听起来更加自然、轻快和悦耳。相反,若打电话时阴沉着脸、一副不情愿的样子,那么声音就会显得沉闷凝重。因此,销售人员在进行电话营销的过程当中一定要学会用微笑来提升自己声音的感染力,使对方在愿意聆听自己说话的前提下与自己展开进一步的交流。

3. 让微笑鼓舞自己

有时候,我们发现,在电话中与客户沟通了很久,可是依旧没有取得希望的结果。此时,我们也不要气馁,要打起精神、鼓起勇气,同时以热情的微笑去进行。因为你的微笑不仅可以给客户以积极的感染力,同时还能给自己以巨大的鼓舞,一个坚定而热情的微笑能够帮你消除心中胆怯和疑虑,也能使你更加轻松地面对接下来的工作。

所以,在打电话之前,我们都要告诉自己:我微笑了吗?电话营销,你今天微笑了吗?拿起电话之前,问问自己是否微笑了。

话不在多,凝练专业抓牢客户的心

作为销售员,我们都知道,电话营销与一般形式上的销售方式有所不同。与客户进行电话沟通,如果语言过于冗杂,势必会让客户没有耐心进行信息的筛选。而且,每一个电话都是需要花费一定成本的。这里的成本,指的不仅仅是拨打每个电话所需要的电话费,还包括你花在每一个电话当中的准备时间、精力与激情等等。因此,销售人员一定要紧紧抓住拨打电话的每一个有利时机,以最专业、精炼的话,使自己的电话营销活动尽可能高质量、高效率地展开。

销售情景:

某投资公司销售员小张已经进公司三个月了,可是他还是和销售新手一样,在拨打电话的时候毫无章法:"陈先生吗?你好!您现在有时间吗?很不好意思打扰你。我姓张,是××投资公司的业务代表,我想向你介绍……"

电话那头的陈先生直率地说:"对不起,张先生。我正忙,对此不感兴趣。"说着就挂断了电话。

小张放下电话,硬着头皮又打了半个小时,每次刚和客户讲上三两句,客户就挂断了电话。

小张打电话的经过都被上司蔡经理听到了,蔡经理问他:"小张,你知道客人为什么挂你的电话、拒绝你吗?"

小张想，约见客人难，大家都知道，我约不到，有什么出奇。

蔡经理见他不吱声，便解释起来。

"首先，你应该说明来意，是为会面而打电话的，而不是直接问对方有没有时间。而且，你要明确一点，那就是我们打电话是为了约见客户，见面才是目的。隔着'电线'，有些事是说不透的。就算客人想买，难道能电话传支票给你吗？所以，总结起来，你在和客户打电话的时候，虽然话说得很多，但没切中要害，显得毫无章法。"

分析：

案例中，小张的上司蔡经理的话是有道理的，与客户电话沟通，约见才是最终目的。过多冗杂的语言会让客户理不清头绪，所以，他们一般都会回绝。可见，成功地打给客户电话需要掌握一定技巧。很多人对电话销售反感，不是对模式本身的反感，而是对拨打电话的人的反感。同一个公司的电话销售，不同的销售员拨出可能有截然不同的效果，销售人员的能力起着举足轻重的作用。电话销售人员要掌握娴熟的沟通技巧，才能让客户接受。所以，对于电话销售人员来说，要想成功地通过电话约见客户，进而达成交易，需要掌握娴熟、专业、精炼的表达及技巧，具体来说，销售员需要做到：

1. 事先做好专业知识与销售技巧方面的充分准备

在进行电话营销之前做好相应的计划和准备，这有利于销售人员在拨打电话给客户的时候更加清晰地抓住要点，从而使得电话沟通的时间得到有效利用。而且这样做，还可以使客户的时间得到有效的节约，从而不会引起客户的反感。

另外，对于那些疑心很重的客户，销售员在专业知识方面的准备尤为重要。因为丰富的专业知识可以帮助你在面对客户提出的各种问题时为客户提供满意答案，而良好的销售技巧则有助于你在销售过程中能够更加适时适度地说服客户。比如，销售人员可以在产品的技术标准、使用原材料、性能特点方面做好充分准备，还需要在把握客户心理、培养销售技能等方面做好相应的准备。

2. 与销售目标无关的话尽量少说

销售人员在开展电话营销的过程当中，一定要紧紧围绕自己的销售目标与客户进行沟通，这样可以使你的电话营销更加高效。如果销售人员在电话当中经常啰啰嗦嗦地说一些应酬性、调侃性等与自己的销售目标无关的话，那么这不仅仅会使你的时间白白浪费，而且还会令客户感到厌烦——客户的时间也是相当宝贵的，如果你在电话中说一些无聊的话浪费客户的时间，客户下一次只要一看是你的电话可能连接都不会再接了。

3. 修饰自己的专业语言

对此，销售员需要做到：

①使用标准的专业文明用语。例如："您好！我是北京瑞凯的小张，有一个非常好的资讯要传递给您，现在与您通话方便吗？谢谢您能接听我的电话……"等等。

②面带微笑及训练有素的语音、语速和语调。这是通话过程中传达给客户的第一感觉——信任感。增加客户在电话交流时的愉悦感，乐意与你沟通下去。

③所打的每通电话的对象，应是通过市场细分的目标客户群体（行业、领域），并准确无误地将资讯传达给客户。

④产品介绍环节关键是要介绍产品能给消费者带来的利益。

另外，在介绍产品时要注意，如果对方对产品不是非常熟悉的时候一定要尽量使用通俗的语言来讲，不要用太多的专业术语，这样会使双方沟通造成障碍。如果对方对产品比较熟悉的话，我们应该适当地运用一些专业术语，以显示专业的水准。

电话接起挂下间捕获客户的"芳心"

作为一名电话营销人员,无论在任何时候都要讲究必要的礼仪。这是因为,你的专业能力和素质乃至产品给客户的印象如何,都是通过电话传达的,你在电话中的声音、措辞等不仅仅代表的是你自己的形象和身份,而且还代表了整个公司的形象。如果你不够礼貌,不够专业,那么,无论是公司还是销售员自己,在客户心中的印象都会大打折扣;相反,如果在客户打电话给销售人员的时候,当销售人员能够礼貌、专业地为客户解答疑难问题,并主动热情而适度合理地与客户建立友好的合作关系时,客户定然会对你及你的公司产生良好印象,并愿意继续与你展开进一步的沟通。

通常来说,与客户电话沟通中,通常我们给客户的印象如何,取决于电话接通的那一刻和挂电话的瞬间,因此,我们尤其要注意电话接起挂断间的礼仪。

销售情景:

销售员小丁和很多上班族一样,每天得挤公交,挤地铁。今天早上,他起床晚了,因此,他急赶慢赶上了公车。之后,好不容易下了公交,还没站稳,他口袋里的手机就响了,一脸不高兴的小丁过了好长一段时间才接电话,他听到电话那头传来:"您好,请问是××公司的丁××吗?我是××的经理××,是这样的,上次在展销会上你给我留了一份资料和你的名片,最近我需要购进一批新的生产设备,我今天打电话的目的就是想问问你们公司都有哪些机型?另外,我还想顺便问一下……"

听到是客户的电话,小丁赶紧说:"哦,是这样的啊,真对不起,现在不方便和您商量这事,我还没到公司,公司还有领导们等着开会,要么等下午有时间的时候我再给您打回去,怎么样?"

虽然小丁已经表明自己正在忙碌,但客户还是觉得自己作为买方,销售员怎么会这样的应付。客户因此而感到十分生气,于是他也立刻回答道:"既然你这么忙,那就算了,我再找其他厂家联系吧!"

好不容易忙完了手头上的事情,已经是下午了,这时,小丁才想起早上给自己打电话的客户。"这可是一个大客户啊!",小丁心想着,于是急忙翻出客户的电话打了过去:"喂,您好! 我是××公司的丁××,上午您给我打过电话,当时我正赶着上班,实在是不好意思,请问您找我有什么事呀?"

在听到小丁这样说以后,客户冷冷地回答说:"哦,我上午想问你的事已经有另外一个厂家的销售人员帮我解释清楚了,我已经打算从他们那里购买设备了,我现在也很忙,再见!"紧接着,小丁就听到了对方挂机的声音。

……

分析:

我们发现,案例中,其实,刚开始,这位客户是对小丁的产品有很大的需求的,从客户主动打电话问询就知道,但小丁却自己亲手断送了这笔生意。首先,他接电话的速度就过慢,让客户觉得自己受了怠慢;然后,他还告诉客户自己没有时间。要知道,对于销售人员来说,任何事情都没有与客户进行交易更重要,而这位客户的来电显然是一次非常重要的交易机会。

当然,销售员除了接听电话时要注意礼仪,挂电话时更要引起销售人员的重视。针对这两点,我们可以做出以下概括:

1.接电话时要注意

①接电话要及时

一般情况下,当电话响铃三次以后,我们再拿起话筒接听是最好的。因为,让客户等待时间过长,会让对方觉得自己受到怠慢;接听速度过快,也会给拨打电话的人以措手不及的感觉,这样接听电话的销售人员可能会留给拨打电话者以不够沉稳、过于急躁的印象。

拿起电话后,应该立即向对方问好,有时还需要销售员自报家门:"你好,这里是 A 公司的销售部门。"接手机的时候也可以不必自报家门。如果在响铃三次之后才接起电话,销售员要主动致歉:"对不起,让您久等了。我是王林,请问你有什么事吗?""喂,您好! 我是×××,实在不好意思,刚才我到经理办公室了,听到电话响才急忙赶回来……"

②接电话时的动作

接电话的时候,销售员切忌气喘吁吁、慌慌张张地接电话,也不要漫不经心、拖拖拉拉地接电话;

销售员应该随手拿着一支笔,顺手将重要的事情或是电话号码记下来。

③中断谈话时要加以说明

如果销售员因为某些重要的事,不能继续接电话了,最好同客户再约时间进行通话。如果客户打电话过来,刚好你有一个重要的会议要参加,可以这样说:"对不起,李先生,我马上有一个重要的会议要参加,我稍后再同您联系。"

2.结束电话时的注意事项

①多用感谢与赞美的语言

这样,客户会感到非常开心,愿意与您继续展开进一步的交流。比如,销售人员可以在结束电话时这样说:"和您交谈我感觉非常有趣,您真是一位幽默开朗的人,希望您每天都能保持好心情!"

②轻放电话

交谈完毕以后,你在电话没挂断前最好不要随意同旁边的人谈话。要轻轻地放下电话后,再另行谈论其他的事情。这是礼节,也是对客户起码的尊重。

另外,在结束电话的时候,销售人员还要特别注意一点,那就是,一定要询问客户是否还有其他问题,或者主动询问客户还有哪些需要与要求等等,比如:"很高兴咱们今天能聊这么多,不知道还有哪些事情我可以帮得上忙?"、"我刚才说的不知道清不清楚,您看还有什么问题需要问的吗?"

还有一点是一定要等客户挂断电话后销售人员才能挂电话。

如果销售员在接挂电话间能注意以上几点,就一定能展示出自己的专业风范,并获得客户的认可!

几句实话表露真诚,打消客户的戒备心

在电话营销中,销售员总是会有这样的抱怨:"客户似乎总是对我们保持警惕,即使我们磨破了嘴皮,他们仍旧对我们的产品表示怀疑……",其实如果我们能以客户的立场思考问题,就不难得出结论了。因为客户对于这样进行电话推销的陌生销售员不信任,他们的警惕心、对产品和服务等的顾虑和担心都出自一种十分正常的自我保护与防卫心理,因为他们曾经被某些销售员的花言巧语所欺骗,再次购买时,他们都要对这些销售人员的说法经过求证、确认属实之后才有可能放心地与这些销售人员展开进一步的交流。因此,我们不妨说几句让客户认可的实话,以显露出我们的真诚,打消客户的戒备心之后,我们与客户的谈话才有进展。

销售情景:

销售员张小姐与一位要批量购买产品的客户已经进行过多次电话沟通了,对方也派过技术人员来验过货,可就是迟迟不愿成交,张小姐心想:如果再不主动出击,时间消耗的越久,客户购买的可能性越小。于是,张小姐决定主动打消客户的顾虑,这天,张小姐又拨通了对方负责人的电话。

她在电话接通的那一刻马上热情地说:"郑经理,关于设备购买的事情,您考虑得怎么样了?"

"我暂时还没打算购买……不好意思。"对方冷冷地说道。

"我能理解您的想法,虽然我向您保证我们公司的产品性能属于业界一流,估计您也向同行打听过。不过在您没有亲眼见到我们公司的规模和生产状况前,存在这种担心和顾虑是人之常情,为公司采购需要认真、负责,不能出半点纰漏。不然会影响到公司的运营等。"张小姐语重心长地说。

"是啊,真难得你能理解我的想法……"

"对于我们公司的设备,您大可以放心。您也派技术人员来试用过,我想知道您还担心哪些方面的问题呢?"

客户说道:"其实我们急需一批这样的产品,对于你们公司本身的生产能力及产品质量我已经没有什么可顾虑的了,不过我担心的是你们能否在合同签订的15天之内就将产品全部发到指定地点。"

听到客户这样说,张小姐马上说:"原来您担心的是这个啊,您稍等,我马上为您传真一份资料。"

一分钟后,张小姐对客户说:"我给你传真的是我们公司专门针对紧急要货的客户制订的'快速订货通道'。通过'快速订货通道',我们公司可以按照您的要求送货到指定地点,只要您能按照要求及时支付货款,到时候就可以凭单取货了……"

听到张小姐这样说,电话那头的客户松了一口气,认真思考了一会儿之后,他对张小姐说:"明天我会到贵公司签合同。"

分析:

案例中,张小姐深知客户是因为有戒心,对产品存在某方面的顾虑,才迟迟不肯成交。于是，首先她站在客户的角度，以几句真诚的话表达了对客户心情的理解，迅速拉近了与客户的心理距离，得到客户的信任之后，她再询问客户顾虑的原因就容易得多。面对真诚的销售员，这位客户也没有拐弯抹角，而是直接道出了自己所担心的问题。此时，精明的张小姐拿出了最有力的保证，从而彻底打消了客户的戒心，让其决定购买。

客户在购买我们的产品之前心怀种种顾虑是十分正常的，对此销售人员一定要有正确理解，同时销售人员还要通过自己的真诚与努力去有效地消除客户心中的所有顾虑。只有客户内心的顾虑得到了有效的消除，销售人员才可能劝服客户做出成交决定。

具体来说，销售员需要这样在电话中向客户表达真诚：

1. 理解客户，从客户的角度考虑问题

表达自己对客户的理解就是要站在客户的立场，从客户的角度出发来考虑问题。这种表达是非常重要的，它能让客户意识到你跟他是始终站在一起的，无形之中就有效地拉近了双方的距离。表达对客户的理解的方法有以下几种：

同意客户的需求是正确的；

陈述该需求对其他人一样重要；

表明该需求未能满足所带来的后果；

表明你能体会到客户目前的感受。

在上面的案例当中，张小姐就是站在客户的立场说话，对客户的顾虑表示理解，进而消除客户内心顾虑的，这一点，值得所有销售人员学习。但在表达理解之心时，销售员要注意：不要太急于表达，更重要的是一定要站在客户的立场上去表达，以免让对方以为你是在故意讨好他。

2. 主动向客户提供自己的、积极正面的信息

销售人员要想在电话中迅速消除客户的戒备心，最有效的方法是说一些关于产品的"实话"，但我们一定要用恰当的方式、把有利于自己的信息传

递给客户,让客户感到购买你的产品是一个正确的决定,提高客户的满意度。这样,可谓一举两得。

另外,电话沟通中,当客户存有戒备心时,销售人员一定要有耐心,切勿对客户的疑虑不闻不问,更不能顾左右而言他,因为这样只能让客户增加疑虑、最终决定放弃与你的合作。

第 ⑬ 章

坚持不懈，从容"跟单"令客户不损失

作为销售员，我们都知道，生意往往不是一次就能谈成的，需要反复多次的商讨和沟通才能够达到双方都比较满意的效果，而最终签单！据调查，能在第一次拜访中就能做成生意的比例只占5%。也就是说跟进成了销售中最主要的工作。当然，永远和你不做生意的潜在客户也只占5%，这就需要一个优秀的销售人员，在日常的工作中，不断地掌握跟进方法和技巧，不断累积潜在的客户资源，达到销售越做越大的结果，达到我们预期的目的。

保持经常联系,让没有成交的客户能主动上门

作为销售员,成交量关系着我们的业绩,也是我们最关心的问题。因此,在销售行业,我们经常会看到这样一些销售员,在客户购买产品之前,对客户万分的殷勤,但知晓客户最终放弃购买后就非常冷淡、甚至与客户断绝联系,这种态度是不可取的。如果不积极主动地与客户保持良好的关系,那么你前期所努力建立起来的双方关系将慢慢消失,你想再次同客户合作是很难的,这样无异于将客户拱手让给竞争对手。

所以对销售员来说,仅仅在成交之前同客户保持良好的关系是不够的,对于那些没有成交的客户,我们也要积极主动地与之联系,才能建立忠实的客户群。

销售情景:

经济大萧条时期,在美国有一家工厂,由于产品滞销,濒临倒闭。为了挽救这种局面,这家工厂的老板想到一个很奇妙的办法。他让伙计到种植园买了一批尚未成熟的苹果,他们就自己制作一些小标签贴在苹果上面。当这些苹果成熟之前,他们才揭下那些标签,这个时候,原来苹果上贴过标签的部分就会变成一片空白。

接下来,他找出那些已经退单的客户,在标签上写上那些客户的名字和温馨的话语,然后逐一把这些写有名字的苹果送给那些客户。当这些客户收到写上自己名字和温馨话语的苹果之后,都会很惊讶而且感动。因为他们感受到这位工厂老板都在用心跟自己做生意,又有什么理由拒绝呢?所以,这些客户在收到苹果后,都接二连三地给这位工厂老板打电话,主动提

出订货。

在这一段持续了好多年的经济萧条时期,许多的工厂都因为没有强大的经济实力而倒闭,但这一家工厂不仅没有倒闭,反而生意越来越好。

分析:

这则销售故事中,工厂老板之所以能改变现状,把滞销的产品推销给那些已经退单的客户,主要原因是因为他为这些客户送上了自己亲手制作的苹果,让客户感受到了他的真心和诚意。

的确,我们在推销的过程中,遇到客户的拒绝是很正常的情况。遇到并未与我们成交的客户,我们也不能放弃销售,而应该放长线钓大鱼,与其保持经常的联系。比如,我们就可以和案例中的这位工厂老板一样,可以给那些客户邮寄一些我们所推销的产品的宣传册、礼品等,通过多次的"信号轰炸",他们也会记住我们所推销的产品的名字,在以后的日子里,这些拒绝我们产品的客户就很可能成为我们的忠实客户。

那么,我们该如何和这些客户保持长期经常的联系呢?

1. 礼貌对待没有成交的客户

对待那些无论是因为价格原因、款式问题还是其他原因没有成交的潜在顾客,我们都不该冷落,而应该表示歉意,"抱歉,这里没有您合适的,您再到别处看看,希望您能找到满意的产品,我也会为您留意的,如果找到,我通知您"。"对不起,我的报价没让您满意,但我确实不能再让了,买卖不成仁义在吧,愿意交您这个朋友,随时欢迎您的再次光临。"保持一颗平常心,一种平和的态度,即使没有把产品推销出去,也要让客户认可你的服务和专业素质,这样才能长久的有续经营。

2. 跟踪服务

销售员的跟踪服务是增进彼此感情的最好方法。对于那些未购买我们产品的客户,我们要经常与客户联系,对客户的需求进行了解。这样,不仅能让客户对我们的跟踪服务感到满意、加深了双方的感情,还能为下次成交做好准备工作。

3. 用礼物表达作为桥梁

俗话说:"先做朋友后做生意",对于那些并未与我们成交的客户,如果我们能与之交朋友,那么,客户在下次购买产品前,一定会想到你。而适时地给客户送些小礼物,则是沟通感情和维系关系的纽带。如在客户生日的那天,送上祝福,通过赠送一些小礼物来表达我们真诚的谢意和良好的祝愿,就能进一步增进与客户间的感情,建立更加亲密的关系。

4. 帮客户一些小忙

有的时候客户也会遇到一些产品以外的小问题,如果销售员在场就要力所能及地帮助客户,提供一些交易以外的帮忙常常会让客户感动。一般来说,这类客户都会成为我们的忠实客户。比如客户需要一个当地的导游,那么销售员可以主动充当,也可以帮忙寻找一位导游。

可见,对于那些未成交的客户,我们也不能放弃推销,而应该与之保持经常联系,发自内心地关心,这样才能真正惠及自己!

了解客户的最新需要,警惕其他商家的竞争

作为销售员都知道一个道理,客户是衣食父母,是业绩的来源。在我们的客户群体中,老客户的作用更是不言而喻的,他们不仅为我们提供源源不断的新客源,还是我们产品的忠实支持者,是长期的财富来源。但事实上,销售行业竞争的日益激烈,如果我们不能随时保持与客户的联系,了解客户的最新需要,我们的老客户就很有可能叛离到竞争对手的"旗下",因此,我们一定要把防止老客户的流失作为销售工作与自身发展的头等大事。

销售情景：

小宁是一家原料公司的销售员，其客户主要是当地的一些工厂，他很善于和这些工厂的负责人搞好关系，生意往来也一直维持了好几年。但有一次，要不是小宁发现得及时，他就差点失去一个老客户了。

有个厂家原本位于市区，但因为工厂污染的关系，必须要搬到市郊。当时，小宁的竞争对手知道这件事之后，就直接找到工厂的经理，表明如果购买产品，可以不加运输费。原料供应的运输问题一直是这位经理的担心所在，听到这位销售员这么说当然很高兴，并表明愿意和他谈谈。

这天中午，小宁和一位朋友吃饭，这位朋友无意中提到："××工厂要搬到远郊去，你应该知道吧，他们厂子可是你的老客户……"小宁一听，不觉说出："坏了，肯定有一些竞争对手会从运输费用上打主意，我得尽快和王经理谈谈。"

当小宁赶到该工厂的时候，工厂的工人已经在开始搬运机器了。这时，小宁灵机一动，主动走过去，帮助工人搬起了东西，当东西全部搬到运输车上的时候，他也和这些工人一起，去了新厂子。而这些，都被王经理看在眼里。随后，王经理就给上午与自己见面的销售员打电话："幸好我没和你签合同，不然我就对不起我那老朋友了。"

最终，小宁保住了自己的生意，他向王经理承诺：运输费用不加一分钱，

分析：

案例中的销售员小宁因为事先没有对客户的最新情况进行了解而让竞争对手钻了空子，但可喜的是，他能及时采取措施，在客户搬离的当天，以一个老朋友的身份出现，帮助客户搬运设备，从而让客户回心转意，挽回了与客户的生意。

所以,作为一名销售员,一定时刻都不要忘记你的客户,也不要让顾客忘记你。一次交易的完成不代表销售的结束,而是下一次交易的开始,用心去经营客户,时刻关注客户的最新需求,你才能永续经营,否则就会让这些老客户叛离到竞争对手那里。

那么,要想防止老客户叛离,我们该如何做呢?

1. 定期回访老客户,了解其产品使用状况和最新需求

很多销售员认为,与客户签单付款,关系就两清了。其实不然,客户购买我们的产品,就证明他对产品是认可的,如果我们能维护好客户的关系。那么,下一次的推销就容易得多。维护和客户的关系,最基本的方法就是经常回访客户。销售员通过电话、上门等方式回访,更会提高其满意度和信任度。这样,信任产生后,当其他销售员再向其推销产品时,他们就有"免疫力"了。在回访老客户时,销售员应该注意以下三点:

了解老客户使用产品的情况;

了解老客户近期是否有新的需求,从沟通中寻找新的销售机会;

向老客户宣传、推介新产品。

2. 建立一套完整的客户管理体系

我们发现,那些销售高手们都有一套自己的客户管理体系,他们除了对准客户及时备案外,还会经常对老客户的新信息进行补充。这样,就不会疏漏掉任何一个老客户。此外,建立完整客户管理体系的作用还有:

随时查询客户与公司之间的业务往来;

积累信息反馈;

使客户管理更加轻松。

可以规定向老客户投入精力的比重,以便对所有客户的投入力度有个划分,还可以对老客户的一些数据进行汇总、分析,提供真实的依据。

3. 为老客户提供最优质的服务

对老客户来说,最吸引他的可能并不是产品,而是你提供的服务,你提

供的服务越贴心、越优质、越具个性化，老客户对你的忠诚度才会越高，发自于内心地对他们提供周到完善的个性化服务，就更能打动他们。比如，我们可以从以下几个方面为老客户提供服务：

①对产品进行定期检查维修；

②在节假日送去问候：无论是什么节日，只要是喜庆值得庆祝的日子，就给客户发去祝福，让客户知道你一直都在想着他；

③赠送内刊：我们可以把印有老客户的优秀事迹刊登在本公司的内刊上，寄给他们，不仅能提高客户的忠诚度，同时也宣传了企业文化和公司品牌。

总之，老客户虽然与你生意交往甚密，但这只能说明你们之间的合作关系很好。然而要想和客户建立更加紧密的合作关系，让他对你更忠诚，那么就要投入自己最大的热情，常与老客户之间保持紧密的联系，进而了解老客户的最新需求。

定期举行活动，邀约客户前来进行最新体验

我们都知道这样一个道理：当咖啡被当成"货物"贩卖时，一磅可卖三百元；当咖啡被包装为"商品"时，一杯就可以卖一、二十块钱；当其加入了"服务"，在咖啡店中出售，一杯最少要几十块至一百块；所以，在体验式营销日益盛行的今天，作为产品的销售员，假如我们能让客户"体验"产品，让客户感受到产品的"美好"，那么，不仅可以为自己、也可以为企业带来可观的经济效益。

在老客户的维护上，我们也可以使用这一方法，定期举行活动，将未正式投入使用的新产品拿给老客户试用并及时反馈信息，不仅可以体现其价

值,为企业树立口碑,而且也能增进与老客户之间的感情。

销售情景:

陈先生早上刚到公司,就听到秘书对他说:"陈总,有您的邀请函。"陈先生打开一看,原来是在××公司的推销员张智寄来的关于新产品发布会的嘉宾邀请函。

这不,陈先生还没看完,电话就响了:"陈先生,我是小张,相信您已经收到邀请函了,真不好意思,又让您百忙之中抽时间参加我们新产品的发布会。对了,新产品我已经派人寄到您家里了。"原本陈先生想拒绝,可是一听这小张这么有诚意,就没拒绝,只是应了声:"哦。"

小张接着对陈先生说:"陈先生,邀请函内附有一本我们新产品的宣传册,希望您多为我们提建议。"

顺着小张的话,陈先生翻起了这本宣传册,他看到宣传册里有自己的介绍:××公司董事长……这段附有照片的介绍贴切、真实,顿时让陈先生感到,小张这个人真细心,这明明也是在为我们公司做宣传嘛,真难为他了。陈先生想到这里,当即对小张说:"小张,你放心,到时候我一定参加,我还会拉几个老朋友一起参加,为你的产品捧场。"

"是吗?谢谢陈先生,那您早上肯定还有很多事情要处理,我先不打扰您了,发布会那天公司会派专车来接您,最后,真的很感谢您,再见!"

"好的。"

分析:

案例中,我们发现,销售员张智在邀请客户参加公司组织的新产品发布会时有一套自己的方法:他把新产品直接寄到客户的家里,把邀请函寄到客户公司,然后再追加电话。期间,他考虑到客户可能会拒绝,于是,他把印有客户和客户公司介绍的宣传册附在邀请函中，这样，客户在大受感动之后，就没有再拒绝的理由了。

的确，从事销售，就要有所付出，定期举行活动，让老客户进行最新体验，不仅会发掘客户内心的渴望，站在顾客体验的角度，去审视自己的产品和服务，还能让对方觉得自己受到了重视，从而继续支持你的产品，购买并宣传你的产品。

那么，作为销售员，我们该如何让客户进行关于产品的最新体验呢？

1. 建立好客户成交档案，方便联系客户

我们每天都在接触不同的顾客，难免会忘掉一些顾客，也可能会丢失一些客户的资料，只有做好了档案，才能在关键时刻有案可寻，才不会失去很多机会。这里，成交档案的内容包括：顾客的姓名、性别、爱好、性格、年龄、生日、家庭情况、职业、收入情况、联系电话。把这些资料建立好后，定期跟踪，一定很好用，而且一定非常有效。

2. 推陈出新，让客户感受最新体验

让客户体验产品的方式当然是五花八门的，但我们一定要注意翻新，否则也失去了让客户进行最新体验的价值和意义。比如，新产品开发出来后，你可以让客户出席产品发布会。但第二次，你如果以同样的方式邀请客户，那么，客户只会觉得乏味，此时，如果你将新产品制作成一份礼物送给客户，他一定会有不一样的感受。

3. 对老客户的参与要经常表示感谢

人们常说："珍惜才会拥有，感恩才能长久！"的确如此，客户百忙之中抽出时间参与活动，我们必当要加以感谢，这样，他们才会乐意持续地支持我们的工作需哦。对此，有几点我们还是要注意一下：

①要不断地提醒他当初的购买决定是正确的

我们要利用每一次的机会提醒顾客，当初他所做的决定是非常正确，非常英明的。这样可以让顾客永远记住你，并会主动的帮助你，甚至成为你的产品宣传者。

②对于老客户的参与一定要及时表示感谢,这样对于老客户的维系很关键,增加了老客户的信心,也让客户助人为乐的天性得到满足! 这样老客户才会继续支持我们!

利用便捷的电话或网络,随时跟进客户购买动向

我们都知道任何事情都不能一蹴而就,生意往往也是如此,很多时候不可能一次谈成,这中间需要合作对方反复商讨和沟通,取得彼此都满意的结果,才能最终签订合同。据调查,能在第一次拜访中就做成生意的比例只占总数的5%,也就是说大多数销售的成功都是依靠后续的跟进工作,所以,就需要一个优秀的销售人员,不断地跟进,使得谈判不断地深入,从而达到我们预计的目的。

但是,跟进是需要技巧的,是需要掌握一些尺度的,搞不好就会半途而废。很多销售员只是在机械、重复地做事情,不断拜访客户,不断遭到拒绝,毫无进展。其实,现代社会,人们的信息渠道已经不仅限于拜访这一方法,我们更应该利用网络和电话这两种便捷的信息方式,随时跟进客户的购买动向,这样,会节省不少人力物力。

销售情景:

陈立民是个很努力的销售员,但他的业绩似乎并不是很好。经常,当其他销售员已经休息时,他还在家整理客户的资料,研究客户的购买信息等。这不,下班回家,吃过饭,他又拿起那些资料研究了起来。深夜了,妻子对他说:"立民,你为什么总是研究这些呢?"

"因为我要跟进这些客户啊？不研究资料怎么行呢？"

"这倒是，但你为什么非得一个字一个字地看这些纸质资料呢？家里不是有电脑吗？"

"是啊，我怎么没想到，你继续说下去。"陈立民这才意识到妻子的话很有道理，

"你的这些客户都是企业界有名的人士，他们的一举一动，他们公司的企业网站上肯定也有。而且，他们自己也都有个人博客，所以，如果你能每天回来关注一下这些网页，不是比研究这些死的资料更有用吗？"

听到妻子这么一说，陈立民如梦初醒。第二天，他就通过一些朋友和手头资料，重新对那些老客户进行资料整理。从此，他的行囊不再是那些文件和资料，而是一台笔记本电脑。而事实证明，他的改变是明智的，他总是能通过网络了解到客户最新的购买动向，以方便自己及时采取措施。后来，他的业绩也上升了不少。

分析：

案例中，销售员陈立民刚开始跟进客户的方法是原始的，也是效率低的，在经过妻子"点拨后"，他才得知自己的方法已经落后了，不过，幸好他能即使更正、改进，改用网络关注客户的购买动向，很明显，这种方法便捷得多。

在跟进客户的过程中，的确有很多销售员和案例中的陈立民一样很勤奋，天天的拜访客户，天天研究客户的资料，却总是得不到准确的客户信息和情况，结果造成没有准确的判断。其实，他们忽略了现代通讯和信息技术的作用。利用便捷的电话和网络，我们的跟进工作将会轻松、有效得多。

那么，具体来说，我们该怎么做呢？

1. 经常电话联络客户，让他记住你

无论是客户还是销售人员，都有忙碌的工作和生活，所以，电话就成了

联系销售人员与客户关系的纽带。我们可以在节假日、客户的生日、客户家人生日、客户公司活动等特殊的日子,给客户打个或恭喜或安慰的电话。有时候,我们一句安慰的话就能让客户感动。要跟紧客户但是不要让客户感到烦。电话关心客户,一个星期打 2 次电话,混个耳熟。我们关心客户的只有一个目的:让客户永远记住我们,在他们需要产品方面的帮助时,第一个想到的就是我们!

2. 关注客户的网络动态,预知客户的购买境况

现代社会,人们一般都有自己的个人网站或关注的网站等,比如博客。网络已经是信息流通的最迅速的方式,销售人员可以通过了解客户的网络动态,进而了解到客户的购买境况,当然,对于那些需要保密的购买行动,一般,我们也是不易得到信息的。

当然,除了网络和电话,销售员依然可以通过其他更有效的途径获知客户的购买动向,进而把握时机,推销出去自己的产品。

在自然的寒暄中跟单,不要让顾客感到你在为销售而跟单

作为销售员,我们免不了要进行一项工作——跟单,跟单的目的是要促成交易或者是联系老客户继续保持合作关系。因此,它对销售员的综合素质要求很高。但现实的销售工作中,我们发现,对于跟单,并没有引起销售人员的重视,有些销售员害怕跟单,有些对跟单太随意,有的甚至把跟单演变成了对客户的骚扰,这些做法不仅给自己的销售工作带来了很大的困难,而且也影响公司的声誉,严重的会丢掉客户和已经谈妥的订单,结果是天天跟单,天天没有结果。实际上,正确的跟单方式是在自然地寒暄中跟单。这

样,客户才不会质疑我们的跟单目的,销售工作的成功也尽在情理之中。

销售情景:

最近一段时间,阳光培训公司的臧经理总是接到同一个推销员的电话。事实上,在刚开始这位推销员进行推销的时候,臧经理就已经拒绝了,这位推销员每次打电话都是问是否想在某网站的搜索引擎上做宣传。

"您好,臧经理,我是某某公司的业务员小张,您还记得我吗? 前两天曾经给您打过电话,就是关于上我们搜索引擎的事情,您考虑得怎么样了?"这位推销员说话,语调不是很自信,语速很快,臧经理心想,想他也是没有任何的心理准备,不知道今天会是个什么样的结果,只是想碰碰运气。冲着这一点,他已经对这位推销员产生了一种厌恶感。

"我们商量了一下,觉得暂时还不需要。"其实连一秒钟都没有考虑过,臧经理这么说,是为了给对方留点儿面子。

"为什么呢? 多合算呀! 现在好多的公司都在我们这里做呢! 其实像您这样做培训的也应该做宣传呀!"

"我们有其他的途径做宣传,现在不想在您那里做! 以后再说吧!"说这话的时候,臧经理想,是时候让他死心了,这已经是他第三次打电话过来了。

其实,关于在搜索引擎上宣传这件事,臧经理也考虑过,只是他还想看看哪家的服务能令他更满意。不到十分钟后,他接到了第二个推销员的电话。

"您好,臧经理,我是某某公司的业务员小李,您现在忙吗?"

"真不好意思,我马上有个会议。"

"那请问您什么时候有时间呢?"

"半个小时以后吧。"

"那好吧,我半个小时以后联系您。再见!"这位销售员很干脆地挂断了电话,这让臧经理很诧异,这为销售员为什么不缠着我问一些关于他们的网络服务的问题呢？

半个小时以后，这位销售员再次打来电话。

"臧经理，您好，你最近在忙什么呢？"

"瞎忙，也主要是公司的琐事，也忙不出什么名堂。"

"是啊，有时候我也觉得自己忙，但就是没什么头绪。这不，最近，我们公司要我们推广公司的新的搜索引擎，您说，现在那些大公司都有自己的宣传模式，这种没有实体的产品，谁会购买？"

"那也不一定啊，要知道，你们这种宣传方式会在经济投入上小得多，会有很多客户的……"臧经理顺着这一思路，阐述了很多这种隐形产品的众多好处，说到最后，他自己都觉得应该购买。

后来，小李和臧经理聊得很投机，臧经理最后对小李说："你明天把这种搜索引擎的有关方面的资料带过来，我们详谈吧。"

分析：

这则案例中，对于同一个客户，小张和小李采取的是不同的跟单方式，也出现了完全不同的跟单结果。在小张与臧经理的通话中，我们会发觉小张在刚开始就是以推销切入，并总是围绕推销，最终他被臧经理彻底拒绝。而小李则不同，他先询问臧经理是否有时间，在得知臧经理需要开会后，他当即挂断电话，并没有纠缠客户，这给臧经理留下了一个好印象。半小时后，他也并没有开门见山问及推销的事，而是采用聊天的方式，然后以很巧妙、自然地转入了销售话题，并把聊天的主动权交给了臧经理。最终，一切水到渠成，客户决定把机会留给小李。

关于跟单，有专家统计，成交一个老客户的难度是新客户的1/7，这是一个可怕的数字，的确，老顾客可以减少获取信赖的时间。但为什么还是有那么多销售员流失掉那些已经对产品进行过了解的老客户呢？原因很简单，他们忽视了在跟单中最重要的问题——跟单要自然，不能让客户觉得你是在为跟单而跟单。当客户认为你是在刻意地跟单的时候，他们对你的信任也将顷刻间化为乌有。

那么，作为销售人员，我们该如何自然、巧妙的跟单呢？

1.把握好跟单时间，不可急功近利

有的客户不直接拒绝，也不下决定，这类客户很可能是资金问题或者是还在和同类产品进行比较，这类客户需要是短期争取的客户，但对于这种客户不要跟得太紧，一周一个电话比较合适；

有一种客户，就是言语上已经谈妥，却迟迟没有签合同，这类客户能及时拜访一定要面谈为好。不能面谈的，一定要通过电话问清楚客户还存在什么困难，及时帮客户解决；

还有些客户不购买产品，可能只是问问价钱，或者并不是真的需要产品，对于这样的客户，我们完全可以把他们列入需要长期争取的客户。因此，对于这类客户，我们更不可能急功近利，因为一旦让客户感受到我们给予的压力，他们甚至会断绝与我们的往来。这种客户的跟单周期可以长一些，一个月一次为好。

2.跟单的心态要平和

一些销售员不是从客户的利益出发，不关心客户的问题，一味地要求客户同意签单。跟单久了，客户却还是拒绝时，就恶语伤人、胡搅蛮缠，最终只能让客户讨厌，让客户感到不是在谈业务而是一种骚扰。所以，跟单一定要从长远出发，以交朋友的心态反而更容易成功拿到订单。

3.做好跟单登记工作

最好写清楚日期和简单的情况，做好跟单登记是避免把跟单变成骚扰的最好方式。因为有了登记，也就把你的跟单变得有计划和有目标。

另外，还要注意的是，一个公司不能有几个销售员同时跟一个客户，这样不但达不到跟单的目的，还会引起客户的反感。

找到适宜理由,顺利地对客户进行上门拜访

在营销方法逐渐被人们重视并逐渐花样化的今天,陌生性拜访无论对于销售还是跟单都可以说是一种比较原始的销售方法,但却也是一种最实用最简单最能取得销售成绩的销售方法。尤其是在跟进客户的过程中,无论你采取什么方式,你最终都要对客户进行上门拜访,才能让客户对你所销售的产品有个更为客观、全面的认识,也就是说,拜访是跟进客户并要取得销售成功的具有突破性进展的一步。但是,对客户进行上门拜访是需要技巧的,是需要销售员找出一个合适的理由的,这样才不会显得突兀。

销售情景:

一位年轻的保险推销员小李想约访一位小有名气的成功人士赵女士,赵女士工作繁忙,经常去外地出差,然而年轻的小李还是打出了约访她的电话:

小李:喂! 请问赵女士在吗?

赵女士:我就是,你是哪位?

小李:你好,我姓李,我是××保险公司的。是这样的,我是你的好朋友林爽介绍来的。

赵女士:哦! 有什么事吗?

小李:是这样的,我知道您很忙,但是林爽建议我结识您,她说您是一个非常值得信任而且非常热心的女士,您能在这一星期的某天抽出 10 分钟的时间,咱们面谈一下吗? 10 分钟就够了,亲爱的女士。

赵女士:哦! 你想向我推销保险吗? 已经有很多人找过我了,我不需

要,而且我实在很忙呀!

小李:哦! 我知道您工作忙碌,分秒必争,而且我保证不会向您销售什么,我只是有几个问题想向您请教一下,明天上午 10 点,您能给我几分钟时间吗?

赵女士:哦,既然这样那你明天上午 10 点半过来吧。

小李:谢谢,我会准时到的。

分析:

小李访客户的方法是值得我们学习的,他正是掌握了客户对保险推销员有很强的抵触心理。于是,他的理由就是:"我保证不是要向您销售什么。"正是这一理由,让客户阿雷给了他一个约见的机会。可见,有时候,上门拜访客户,以"我不会向你推销为由"就是最好的理由,一般客户都不会拒绝。

当然,除了以"不推销"为由向客户约访外,我们还可以找到很多适宜的理由,有以下几种:

1. 借助现有产品的售后服务拜访

在售后过程中客户会遇到各种问题,我们要很主动地帮助顾客,而不是选择逃避;有一些销售员一接到客户的电话就怕,或者有的干脆不接。这种做法无异于把老客户推给竞争对手。而实际上,我们完全可以利用为客户解决问题的机会对客户进行上门拜访,从而获知其新的购买需求。比如,我们可以这样打电话约访客户:"张太太,您的油烟机已经购买一段时间了,您这周末在家吗? 我想过去看一下您油烟机的使用状况,顺便帮您进行一些维护,您看怎么样?"对于这类来帮助自己的销售员,谁又会拒绝呢?

2. 以为客户提供行业信息的理由拜访

我们还可以通过向客户通报业内的信息来拉拢感情:"赵先生,我在网络宣传方面还是比较内行的,我专门搜集了一些对您有用的信息,您先看看,不管咱们生意能否做得成,肯定对您有帮助。您看这样好吗? 这周五下午我去您公司一趟,我们一起探讨一下这个问题……"这样,既可以增加信任,又可以使得客户对你公司产品的兴趣逐渐加深,何乐而不为呢?

3. 谨记一些拜访客户的注意事项:

①不要占用客户太多时间

无论你在拜访客户时,客户是否比较清闲,你都不要喋喋不休,尽量以事先约定的时间为准,否则客户不但认为你不守信用,那么下次你再想约见他恐怕就很难了。当然,如果客户自己愿意延长时间与你交谈那就另当别论了。

②说话速度不宜太快

语速太快不利于对方倾听和理解,同时也不利于谈话的进行,因为语速太快会给对方一种压力感,似乎在强迫对方听你讲话。

③鼓励客户多说话,多了解有用的信息

销售员在拜访客户的时候尽量多问问题,多听客户说话,这样做的目的一来是为了让销售员多了解客户的信息;二来是为了变单向的沟通为双向沟通,让客户由被动接受变为积极参与。

总之,销售员只要积极动脑,就能寻找到对客户进行上门拜访的理由。有时候,即使是自己找到的一些有关产品的保养知识、搭配技巧等等,都是约见的理由。当客户把你当成朋友时,这笔生意不是牢牢地攥在你的手里了吗? 一旦客户想购买,又舍你其谁呢? 总之,不管你说什么,都比"你现在考虑得怎么样了呢?"这一句话强得多,因为客户考虑好了之后会主动提出要求的,你也可以通过观察客户的一些表现来判断出客户是否已经有了购买的需求!

第 ⑭ 章

体贴入微,细致的售后工作为销售打开另一扇门

通常情况下,在销售工作中,常会出现客户的抱怨售后服务的情况,这说明售后服务在销售中是十分重要的,它代表着销售的精神、文化、现象。在市场竞争日益激烈的今天,企业和销售员自身也越来越注重用一流的售后服务来维系和稳定客户。售后服务不仅维系过去的"老关系户",而且对新客户也是极具诱惑力的,一流的售后服务是关系到企业生存和发展的重要因素之一。因此,销售员必须向客户做好售后服务,维系以往的忠实客户,这不仅可以减少客户投诉,提高客户忠诚度,也是扩大销售的重要方面。

"殷勤迷魂"法，让客户深信你就在那里等待为其服务

作为销售员，我们都知道，让客户决定购买，与客户签售协议，是我们销售工作的最终目的，我们的业绩来源也来自于成交量的多少。因此，一些销售员认为，只要客户完成购买，就万事大吉，就意味着销售的结束，实际则不然。一次销售的结束，恰恰是另一次销售的开始。聪明的销售员即使在销售结束后，还不断殷勤地为客户服务。客户在使用产品的过程中，无论遇到什么问题，他总是能及时出现，帮助客户解决问题，当客户习惯于他的服务后，便产生一种依赖感：无论他需要购买产品还是售后服务，他总是会想到这位销售员。于是，这位客户便成为这位销售员的最忠实客户。

可见，销售员若想扩大自己的忠实客户群，就要不断利用售后的机会，即使售后已经不是你的工作，你也要注意与售后部门密切配合，为客户提供一流的售后服务工作。这不仅可以减少客户投诉，提高客户忠诚度，也是扩大销售的重要方面。

销售情景：

杨楠在从事推销工作之前，曾是个技术员，对于一些大型设备和仪器的故障问题，他总是能轻易地排除。而这，也是他能成功成为现在这家设备销售公司的金牌推销员的主要原因，他的设备主要是提供给省内的一些大型生产类企业。

一次，杨楠和往常一样，成功与一家大型企业签约，对方购买了几十套生产设备。可是，这是一套最先进的设备，对方工厂还没有技术人员会安

装，没有等到对方经理提出安装问题杨楠就主动开口，主动为其安装、调试，这让客户经理非常地满意。

但是过了不到两个星期，杨楠就接到了客户经理的电话，不是设备出了问题，而是客户经理对产品说明书上的很多问题很陌生，甚至有一些功能还不会操作。需要杨楠手把手地教才会。于是杨楠不辞辛劳，赶去为客户操作。

又过了一个月，杨楠又接到了客户的电话，是因为对方购买了设备之后，有一些简单的故障，对方不会排除，于是杨楠再一次地前往为客户排忧解难。

由于对方对这类设备的采购和安装、调试一窍不通，在合作中，杨楠总是提供一条龙服务，这样一来，那家购买这类设备的公司对杨楠产生了深深的依赖。每次订货都要找杨楠合作。因此成为杨楠最忠实的客户。

分析：

从上面的案例中，我们可以看出，销售员杨楠之所以能让客户对自己产生深深的依赖，每次订货都找杨楠，成为杨楠的最忠实客户，得益于杨楠最体贴周到的售后服务。通常来说，每个销售公司，不同的人有不同的工作，售后服务属于售后部门的工作。因为，有些销售员很害怕接到已经够买过产品的客户的电话，甚至这样回答客户："你还是给我们售后部门打电话吧，为你维修产品不是我的工作。"销售员这样的态度是不可取的，这不仅会让客户对销售员自身，乃至对公司都会产生消极影响，一旦失去这种信任，他们是不会再向你购买产品的。

销售员要想拥有客户，那么就得成为客户依赖的人。当客户想要购买你所销售的产品的时候，第一时间想到你的时候，基本上客户已经离不开你，已经深深的依赖你了。那么，具体来说，销售员在售后中应该如何服务客户呢？

1.经常回访客户，让客户看到你的责任心

和售前相反，在售后服务中，销售员拜访客户越是殷勤，客户对你的产

品越是信任,越是相信你的工作能力和责任心。在售后服务中,你的工作是否做得到位直接影响到客户对你和你的产品的忠诚度,

所以,销售工作中,销售员一定要工作努力一点,拜访客户勤快一点。这样,客户的担心就少一点,对你的信任就更多一点。即使产品出现一些意外情况,你能第一时间出现,客户也不会怪罪于你,反而感激你的负责。这样一来,客户没有理由不和你合作,没有理由不依赖你,成为你最忠实的客户。所以,销售员在跟单的时候一定要认真和勤奋,因为这样能获得客户的依赖。

2.经常问候你的客户,让客户随时都感觉到你的存在

有时候,销售员凭借自己的口才说服客户购买,但如果不经常和客户联系。那么,客户很可能很快忘记和你合作过。产品不存在什么售后问题,大家就相安无事;但如果产品出现问题,那么,客户就会更加质疑你的公司和产品,更不可能说给你介绍新客户。而相反,如果你经常与客户联系,在重大特殊的日子里,给客户送上最温馨的祝福,即使你和客户是新交,那么,也能混个耳熟,当你和你的公司已经存在客户的意识里的时候,客户在下一次购买或者有新需求的时候,一定第一个想到你。

3.随时让客户了解到你和你的公司的最新发展状况

销售员自身的发展也是依靠公司的,你的客户如果知道你的公司正在发展壮大,也一定会对你多一份信任。所以,销售员对公司新产品的宣传一定要到位,让客户觉得你所在的企业是不断发展壮大的。如果销售员将这方面的工作做到位,无疑是解决了客户的后顾之忧。客户对合作没有顾虑,实际上就是对销售员的依赖和信任。

总之,销售员要想让对方成为销售员最忠实的客户,那么一定要让对方对销售员产生深深的依赖。只要客户离不开销售员,那么自然就成为销售员最忠实的客户。所以,销售员要让客户在购买产品的时候第一时间想到你,离不开你,让客户依赖你。只有这样,销售员才能算真正地将客户征服。

建立客户的完全档案资料,表现你对客户的关注度

现代社会,信息瞬息万变,谁拥有客户资料越多越全,就越容易通过技术分析,结合市场、竞争对手分析和自身的定位分析、营销分析,适时设计出概念产品并将其成功营销,从而在竞争中立于不败之地。而客户档案是记录客户资料的重要载体,是我们有效了解客户、分析客户、掌握客户的渠道之一。在跟进老客户这一方面,建立完全的客户档案资料,还能起到重视客户的作用。

销售情景:

陈辉在大学所学的专业是市场营销专业,毕业后来到一家销售中央空调的公司工作。刚开始很长一段时间,公司领导除了让他跟在销售前辈们后面学习经验外,并没有让他参加销售工作,这让陈辉很不理解,不参加市场销售,哪来的销售业绩呢? 而后来,陈辉终于明白,其实,做销售,更多的是售前的准备工作和售后的工作。

一次,他和老王一起去拜访一位曾买过空调的老干部。陈辉问老王:"我觉得这次拜访是徒劳的,人家总不会在一年内第二次向我们买空调吧?"

"但你忘了,他是个老干部,有子女,有朋友等,难道他们也不需要吗?"听到老王这么一点拨,陈辉茅塞顿开。

来到老干部家,老王并没有问老干部关于推销的事情。而是问对方,现在空调用得怎么样:"您老觉得我们的产品还有哪方面的不足吗? 我们一定改进……"

"空调用得倒是不错,不过有点耗电啊,我们老两口现在是靠退休金过

日子呢,每个月的电费都一大笔……"

"好的,我一定记下这个问题,真感谢您对我们工作的支持。对了,今天来,我还有一个目的,我想了解更多关于产品和您个人的产品使用情况,将您的资料入库,这样的话,以后,万一空调使用出现什么情况,我们也好及时来为您服务,您只要拨打一个电话,我们就会第一时间赶过来,您看怎么样?"

"你们的售后真的不错,那好吧,不过以后真的是要麻烦你了……"老王拿出纸笔,将老干部说的一些话记下来。

回到公司以后,老王对陈辉说:"这份客户资料你帮我整理一下,然后帮我归档……"陈辉明白老王的用意,很干脆地说:"好嘞。"

后来,这位老干部一直是老王和陈辉跟进的。果然,不出老王所料,老干部周围的亲戚、儿女、朋友家需要空调的,都第一个找到老王。

分析:

这则销售案例中,我们发现,老王是个精明的销售员,在客户购买过产品后,他借助回访客户的机会,对客户进行了一些信息的了解,并为客户建立了完全的档案资料,表现出对客户的关注度,从而让客户发出这样的感慨:"你们的售后真的不错。"

客户档案,顾名思义就是有关客户情况的档案资料,是反映客户本身及与客户关系有关的商业流程的所有信息的总和。包括客户的基本情况、市场潜力、经营发展方向、财务信用能力、产品竞争力等有关客户的方方面面。

为此,可能有些销售员会发出疑问:如何建立客户档案资料呢?

我们可以从以下几个方面完成:

1. 首先收集客户档案资料

建立客户档案就要专门收集客户与公司联系的所有信息资料,以及客户本身的内外部环境信息资料。它主要有以下几个方面:

① 关客户最基本的原始资料,包括客户的名称、地址、电话及他们的个人性格、兴趣、爱好、家庭、学历、年龄、能力、经历背景等,这些资料是客户管理的起点和基础,需要通过销售人员对客户的访问来收集、整理归档形成的;

②关于客户特征方面的资料,主要包括所处地区的文化、习俗、发展潜力等。其中对外向型客户,还要特别关注和收集客户市场区域的政府政策动态及信息;

③与客户周边竞争对手的资料,如对其他竞争者的关注程度等。对竞争者的关系都要有各方面的比较;

④关于交易现状的资料,主要包括客户的销售活动现状、存在的问题、未来发展潜力、财务状况、信用状况等。

2. 整理、归档客户资料

这也是我们工作的内容之一,在收集完客户的资料后,不仅要妥善保存,还要进行整理、归档。为此,我们就要建立客户资料档案表,以备查询和资料的定位,客户档案每年分月管理、可给客户资料档案编号。

①编号/日期:前一天必须做的事情收集客户信息,合计出每天需要拜访的客户数量。方便你每天的工作时间安排;

②客户类别:比如普通、贵宾等等;

③单位名称、地址、联系人这是客户最基本的信息,所以这是必须要填写的。要详细、准确;

④电话:建议留两部电话。手机、座机各一个,避免客户更改电话号码,联络不到;

⑤金额:做到每天一小计,每月合计出总金额,方便与财务对账;

⑥服务年限:服务期限到期后可以直接找客户续签,这是无形之中的资源。

由此可见,客户档案是值得我们高度重视的,在日常的工作中,我们要注意做好客户档案的收集、建档、保存和管理,让客户档案为我们带来更大的效益。

做好定期的回访工作,令客户感到你的责任心

销售工作中,我们常常要进行一些售后工作,比如回访,回访是指公司客服部门相关负责人,向本公司的客户回访有关本公司的产品及服务的态度及一些问题,从而达到更好的服务,来提升公司的形象。所以,做好客户回访是提升客户满意度并为之带来新客户的重要方法。客户回访对于维护老客户来讲更重要。通过客户回访,可以令客户感受到你的责任心,还可以得到老客户的认同,创造客户价值。充分利用客户回访技巧来加强客户回访,会得到意想不到的效果。

销售情景:

老陈是某锅炉厂的销售员,任何一个接触过他的客户都赞叹他是个有责任心的人。

一次,他向某物业公司的张总推销出去一台中型锅炉。尽管合约中已经注明安装需要买方自己解决,张总也没有提出安装的要求,但老王还是带领公司的一些技术人员帮张总安装了锅炉。安装完毕后,一次点火成功。

三天后,老陈和一个技术人员又去检查,并询问使用工作是否满意。以后,每隔两个月,不仅公司派专员前往访问,老陈也不断和张总沟通。张总看到老陈对客户服务这么热诚,不招即来且服务周道,深受感动,主动要求和老陈交朋友,并且,他还极力动员他们的另外几家关系户也去找老陈买锅

炉。朋友的劝说比推销员更灵，于是老陈便又增加了两个主顾。

分析：

案例中的老陈之所以能和客户张总交成朋友，并在未开口的情况下，就得到客户的帮助，为其介绍新客户，主要来自于他经常对客户进行回访，让客户感受到他的责任心和良好的服务质量。可见，与客户成交之后，为客户提供一流的售后服务是非常重要的，它关系到公司和销售员在这个行业中的口碑。

的确，长期以来，销售行业存在这样的情况，一些销售员对新客户趋之若鹜、对老客户没有耐心的问题。其实老客户就像老朋友，维护好与老客户的关系，做好老客户的回访工作，既能为销售员赢得良好的信誉，又有可能促成老客户的二次购买行为，还有可能通过老客户的转介绍，开发出更多的新客户。

那么，关于对客户的回访工作，具体来说，我们该怎样做？又该注意哪些问题呢？

1. 回访的方式主要有

①定期做回访。这样可以让客户感觉到你的诚信与责任。定期回访的时间要有合理性。如以产品销售出一周、一个月、三个月、六个月……为时间段进行定期的电话回访。

②提供售后服务之后的回访，提醒客户应该注意的问题，这样可以让客户感觉你的专业化。特别是在回访时发现了问题，一定要及时给予解决方案。最好在当天或第二天到现场进行问题处理。

③节日回访。就是说在平时的一些节日回访客户，同时送上一些祝福的话语，以此加深与客户的联系。这样不仅可以起到亲近的作用，还可以让客户感觉到一些优越感，增加对你的依赖。

回访客户的方式多种多样，但从实际的操作效果看，电话回访结合当面回访是最有效的方式。

2. 掌握客户回访的步骤

在回访客户时，首先应该向老客户表示感谢；然后询问他们对已购产品的看法，以及现在没继续购买产品的原因；如在上次的交易中有不愉快的地方，销售员一定要道歉，并主动征求老客户的建议。

3. 回访中应注意的问题

就电话回访客户而言，避免客户在当天接到两次回访的电话，因为有的客户会产生反感，为了将售后服务做到更好，对此，销售员最好将本周的回访客户统一在周五或周六。以问候的形式进行回访。另外，通过回访，要从中发现问题。客户反映的问题当时能解决的就在当时解决，没有解决的在本周内解决。要从回访中提高客户对你的满意度。

从事销售的人都知道，开发一个新客户花的时间要比维护一个老客户的时间多3倍。权威调查机构调查的结果显示：正常情况下客户的流失率将会在30%左右。为了减少客户的流失率，推销员需要时常回访，以与客户建立起良好的关系，从而激起客户重复购买的欲望。

建立客户"发泄机制"，及时弥补客户的不满

作为销售员，我们都知道，即使做工再精细的产品，也会存在一些不足；抛弃这点，客户在使用产品的过程中，也可能因为使用不当，产生一些问题，这些问题都会让客户产生抱怨甚至投诉。对此，一些销售员觉得很难接受，认为客户太挑剔，是在故意找茬。在处理这些问题时要么以推脱的态度，把责任归结于售后部门；要么害怕客户的抱怨，一遇到抱怨的客户，就像泄了气的气球，只会打退堂鼓。其实这是十分不可取的。

被誉为"经营之神"的日本企业家松下幸之助曾说过："对待有抱怨的顾

客一定要以礼相待，耐心听取对方的意见，并尽量使他们满意而归。因为，他们将会为你的产品做免费的宣传员和推销员。"作为销售员，我们应该理解客户，并建立客户"发泄机制"，认真倾听对方的抱怨，而只有这样才能为客户提供优质的服务，同客户建立长久的合作关系。

销售情景：

海尔是一家服务至上的企业，他们针对客户服务制订了一个"星级服务标准"。其中有一条服务是无搬运服务。这项服务的意思是顾客购买家电后，经销商负责帮助客户送货、安装、调试等工作，让对方无需动手。这项规定的推出就是源于一位客户的抱怨。

一个青岛的老太太买了一套海尔公司的空调。那个时候海尔公司并不负责搬运，老太太只能请出租车司机帮忙拉回家。到达目的地时，出租车司机趁老太太不注意，将空调顺手牵羊拉走了。老太太非常生气，一怒之下，她跑到海尔公司讨说法。虽然按照规定，海尔公司不用负任何责任，但是老太太认为是海尔公司没有完善的服务，才导致自己平白无故遭受损失。

海尔公司认真听取了老太太的抱怨，并深刻分析了自己的服务体系，重新给老太太配了一台空调，并帮助老太太安全送回家。此后，海尔公司的"星级服务"体系便多出了一条无偿搬运服务的规定。

分析：

海尔公司的做法是正确的，值得任何销售企业和销售员学习。只有重视客户的抱怨，真诚地为客户解决问题，才能维持与客户的长期合作，也才能赢得良好的口碑，树立优质的品牌形象。所以，销售员在面对客户的抱怨时，要真诚地表示理解并负责地加以处理，不能有丝毫懈怠。

那么，作为销售员个人，该如何为客户建立"发泄机制"并弥补客户的不满呢?

　　具体来说,销售员在处理客户抱怨时应遵循下列步骤:

　　1. 以真诚的态度仔细倾听客户抱怨并及时反馈

　　为了顺利地解决客户的抱怨,重新赢得客户的信任和认可,销售员需要以真诚的服务态度打动客户的心。比如,我们应该用关怀的眼神看着客户,用真诚的态度对待客户,不但专心倾听,还要将对方的谈话进行整理和归纳,如:"您的意思是因为……而觉得很不满是吗?"、"总起来讲,主要有如下几点令您不满意……是吗?"而如果我们不能做到这点,在处理抱怨的时候心不在焉,敷衍塞责,那么只能火上浇油,不仅得不到客户的谅解,而且还会招致客户反感,甚至影响到客户对产品的认同。

　　2. 感谢客户提出的问题

　　客户抱怨时,我们不能加以反驳,反而应该先说声谢谢,因为客户愿意花时间和精力来抱怨,让自己有改进的机会,这当然应该感谢他们。如此做,可以缓和客户的情绪。

　　3. 对自己工作的疏忽表示真心诚意的道歉

　　一旦发现是自己造成的错误,要赶快为事情真诚致歉。即使错误与自己无关,也要对给客户增加的麻烦表示歉意,例如,"很抱歉让您这么不高兴……"

　　4. 承诺处理并立即为客户处理

　　道歉后,要积极表示处理事情诚意,如"我一定会尽快帮您处理这个状况……"。当然,这并不是一句空话,需要销售员及时为客户处理,能够马上解决就马上解决,不能当场解决的,把处理的意见、日期、办法明确告诉客户,清除疑虑或者误会。当然,在处理问题的时候,也不能忘记询问客户的意见:"您看这么办,行吗?"

　　5. 承担责任,并对客户进行一些适当的补偿

　　在解决客户抱怨的时候,永远也不要推卸责任,无论原因在哪一方,销

售员应始终以责任方的态度来解决问题，让客户心服口服。销售员应在能力范围内，可以对客户进行一些适当的补偿。这不仅能挽回这位客户，还能树立良好的口碑，吸引众多的新客户。其实，有抱怨的客户往往只希望能获得令人满意的问题解决方案，他们的要求并不多。如果给其一定的小恩小惠，可以帮助客户遗忘所出现的问题。

6. 表示一定防止类似问题的重复发生

这是"发泄机制"的最后一个步骤。解决了客户的抱怨后，你要向客户有保证，一定防止以后类似问题的重复发生，这可以进一步获得客户的好感。同时，你也确实需要搞明白抱怨到底是怎么产生的。一声抱怨往往暴露出你销售工作中的弱点，要以此为鉴，防止类似抱怨的出现。

在整个机制中，销售员都要注意自己的态度，要随时保持微笑。俗话说：伸手不打笑脸人。微笑是矛盾最好的缓和剂。即使客户的抱怨再怎样咄咄逼人、不堪入耳，销售员也要时刻保持微笑和心平气和的状态，以温和的态度逐渐熄灭客户心中的怒火，最终消除客户抱怨。

通过网络微博，让客户随时了解产品服务信息

据权威机构预测，2010 年底，中国互联网微博累计活跃注册账号数量将突破 6500 万个，2011 年中将突破 1 亿，2013 年国内微博市场将进入成熟期。无疑，微博会成为未来商战的又一重要战场。于是，一个新名词产生了——微博营销。微博营销是刚刚推出的一个网络营销方式，随着微博的火热，催生了有关的营销方式，就是微博营销。每一个人都可以在新浪、网易等等注册一个微博，然后利用更新自己的微型博客。每天的更新的内容就可以跟大家交流，或者有大家所感兴趣的话题，这样就可以达到营销的目的，这样

的方式就是新兴推出的微博营销。

在售后服务中,我们也能利用网络发挥宣传产品和服务方面的信息。这一方式,比传统售后服务来得更快捷、传播的范围更广。

销售情景:

小欧是一位很时尚的销售员,他的客户也是那些时尚男女。每天来他的公司购买时尚礼品的人很多,而找小欧买产品人更是络绎不绝。

为什么小欧的生意那么好?不仅能与客户交朋友,还能有良好的销售业绩?这让小欧的很多同事很是诧异。对此,小欧的回答是:"看来,你们真是 out 了!"听到这一回答,众同事更是不知所云,这时,小欧打开自己的笔记本,登陆自己的微博。

"哇,你有这么多的粉丝啊。"同事们看着 15699 这个数字,都惊呼起来。

"是啊,我每天都会及时更新我的微博,尤其是把公司最新产品和服务情况都分享给我的这些客户,那些第二天来公司购买新礼品的客户,基本上头一天都看过我的微博。通过微博与客户互通信息,既时尚有贴心,你们也可以试试看啊……"

"嗯,我也要向你学习啊,不然我们真的也落后了……"同事们都应承道。

分析:

案例中的礼品销售员小欧运用的就是网络营销的方法经营自己的生意的,并且经营得有声有色,那些老客户总是能从他的微博中了解到最新的产品状况和服务。

的确,微博相当于一个小小的自有媒体,销售员可以拥有自己的受众和话语权。有人对这种售后服务方式这样评论过:"粉丝超过 100,就好像是本内刊;超过10万,就是一份都市报;超过100万,就是一份全国性报纸;超过1000万,就是电视台,超过1亿就是CCTV!"这一评论贴切又诙谐地表述了微博的作用。

所以,微博成为很多销售员与客户分享产品心得的载体也就理所当然。如果销售员把微博看做是媒体,那销售员便具有了媒体所具有的辐射性和影响力,而且微博兼具更广泛和更迅速的传播可能性。另外,我们甚至可以发现,与一般的媒体而言,微博这一系统有智能结合内容特性,更有定向性,也更加精准:它可以以多种形式来表现和传播,文字、图片、音频、视频都可以是其表达形式;它可以为客户构建在线的互动沟通平台;可以营造一个沟通的环境,在这个环境里实现多对多沟通。

据一项调查报告表明:超过半数的微博或者微博每周至少有一次提到某特定企业、产品或他们的员工,但是大多数的微博很少接到他们所谈论的公司的反馈。博客从诞生的那一天起,就带着浓郁的私人化气息,真实而且畅所欲言。公众对经常发表的微博和博客们的信任度是对企业官方信息信任度的三倍。

那么,作为销售员,我们该如何通过网络微博,让客户随时了解到产品和服务信息呢?

这包括以下几个步骤:

1.账号认证

针对企业微博账号、企业领导、高管的账号、行业内有影响力人物的账号,要先获得网页认证;获得认证的好处是,形成较权威的良好形象,微博信息可被外部搜索引擎收录,更易于传播,不过也有一点不好的地方,就是信息的审核可能会更严格。

2.内容发布

微博的内容信息尽量多样化,最好每篇文字都带有图片、视频等多媒体信息,这样具有较好的浏览体验;微博内容尽量包含合适的话题或标签,以利于微博搜索。发布的内容要有价值,例如提供特价或打折信息、限时内的商品打折活动,可以带来不错的传播效果。

3. 内容更新

微博信息每日都要进行更新,有规律地进行更新,每天 5 至 10 条信息,一小时内不要连发几条信息,抓住高峰发帖时间更新信息。

4. 积极互动

多参与转发和评论,主动搜索行业相关话题,主动去与用户互动。定期举办有奖活动,提供免费奖品鼓励,能够带来快速的粉丝增长,并增加其忠诚度。

5. 标签设置

合理设置标签,有利于有共同兴趣的人搜索到你的信息或者你所发布的微博。

6. 获取高质量的粉丝

不在于你认识什么人,而在于什么人认识你;不在于什么人影响了你,而在于你影响了什么人。关注行业名人或知名机构;善用找朋友功能;提高粉丝的转发率和评论率。发布的内容主题要专一,内容要附带关键字,以利于高质量用户搜索到。

把握以上几个步骤,销售员一定可以与客户做好良好的沟通!

记录客户优良的感受,作为你的独特销售广告

在商界,有种营销方法叫口碑营销。指的是企业在调查市场需求的情况下,为消费者提供需要的产品和服务,同时制订一定的口碑推广计划,让消费者自动传播公司产品和服务的良好评价,从而让人们通过口碑了解产

品、树立品牌、加强市场认知度，最终达到企业销售产品和提供服务的目的。所以，我们发现，只有使顾客感到满意的企业才是不可战胜的。满意的顾客是最好的广告，满意的顾客是最好的推销员。顾客满意就是企业利润的最好指示器和增长点。因此，作为销售员，我们在售后服务中，可以不断记录客户对产品的良好感受，使其成为我们独特的销售广告。

销售情景：

在销售界，曾经有这样一个销售故事：

台湾有位博士，来到某品牌鞋店，准备买一双休闲皮鞋，不凑巧的是最合脚的鞋已卖完，不得已他选择了一双小一号的。这位博士还是试穿了一下，虽然有点紧，但考虑到新鞋子穿穿会松的，就掏钱要买。

但在这时，鞋店的销售员却走过来对他说："先生对不起，这双鞋我不能卖给你！"这位博士很生气，问为什么。

其实，理由很简单，这位导购员看到客户试穿的时候，脸上的表情很难受，于是，他说："我不能将顾客买了会后悔的鞋卖出去！"

这是一个很有"人情味"的销售员，既有察言观色之能，又有重义轻利的境界。这位博士很受感动，在这位销售员的员工卡签上了"最佳服务"几个大字。后来，这件事在整个台湾传播开来，很多人都来这家店买鞋。

分析：

这则案例中，我们发现，这位销售员是一位很富有市场战略眼光的销售人员，不因得利喜，不因失利悲。细品起来，这种"不卖"实际上正是为了更好、更长远地"卖"，是为了卖出知名度、信任度和满意度。很明显，他的做法也是正确的。在市场饱和、竞争激烈的今天，只有以诚待客，才能培养出顾客的"忠诚度"，才能有更多的"回头客"。

让客户的感受成为我们的广告,就是要想办法让客户为自己的产品说话,提高产品的知名度和信任度,没有哪一个广告或者推销员讲述产品的优点像一位朋友、熟人、老主顾或者专业专家那样具有说服力。假设你打算购买一台笔记本电脑,你已经看完有关 DELL、HP、华硕、IBM 的所有最新广告及其资料,你甚至到电脑市场检验过这些产品并且聆听了推销人员的意见,但是你很可能还是不能决定买哪个品牌的笔记本电脑。如果此时一位朋友告诉你他正用的 HP 笔记本电脑质量如何可靠、性能如何优越,或者你看到一位测试过所有相关产品的专家的文章,描述每一种产品并且推荐 HP,相信你很可能就会下定决心购买 HP。这就是口碑营销的魔力。

了解到客户的满意对我们的产品营销的重要性后,此时,我们该做的就是如何记录和传播客户的这种优良感受。对此,我们可以从以下几个方面着手:

1. 敢于请求客户帮自己填写购买记录

可能有些销售员会以为,老顾客就会很自觉,会很专业,会主动为我们填写关于产品购买的一些信息表格,其实不然!老顾客只是和我们有成交过的经验,但如果我们不主动要求客户填写的话,他们是不会意识到这一点的。因此,每次成交后,我们不妨主动请求客户:"我还麻烦您一件事情,行吗?你能否帮我填写一下产品购买的感受,这是我们销售员的工作之一,完成这一项内容,才算把产品卖出去了。"一般来说,客户应该不会拒绝如此诚恳的销售员。

2. 善于记录"专业人士"的感受

专业人士是某一方面的专家,他们热心主动、关注外部事物,对新事物接受能力较强,而且社交广泛。销售员只要根据产品所处品类市场的具体情况,对这一类顾客进行针对性营销,并能让他们对产品产生良好感受,然后记录在册,就可以利用他们的影响力劝服更多的人购买产品。

3.将客户的良好感受通过网络传播开来

客户的满意在 Google 公司的成长、成功过程中发挥了举足轻重的作用，确切地说，Google 是凭借市场口碑取胜的典型公司之一；"Google 的成功在于，它使人们不断地谈论它。"纽约品牌战略公司的阿兰·西格尔这样评价该公司。该公司市场部副总裁辛迪·麦卡菲也说："我们没有做过一次电视广告，没有贴过一张海报，没有做过任何网络广告链接。"虽然没有做广告，但是 Google 注重树立在网民中的良好口碑，并借此提升品牌的知名度和美誉度，这种品牌营销战略产生了极佳的效果，在线搜索领域市场份额的急速攀升就证明了这一点。

当然，要想让客户对我们的产品有良好的感受，是需要销售员自身和企业能够为客户提供优质的产品或服务，并且给消费者体验的机会。

第 ⑮ 章

催款有道，巧妙方法令钱款即刻入账

销售工作中，除了客户实行一次性付款的方式外，每位销售员都免不了要对已经成交的客户实行收款工作。回款是做业务的核心工作之一，也是企业生存、发展的要素之一，只有不断提高回款质量，不断提高业绩，企业才能健康发展，自己才能快速进步。但实际情况中，催款总是令很多销售员很苦恼，他们坦言：每个月给客户做了回款计划，就是不能实现；或者给了客户目标，但客户没有接受我们的计划，到了月底就打了折扣。其实，催款也是要讲究技巧的，总的原则是：多做准备工作，多部署、计划，多了解，并做到晓之以理，动之以情，这些都是重要方法。总之，销售员应将各种催款方法灵活地变换应用到实际过程中，才能起到良好的效果！

尽可能在成交前，就把回款的日期及限制规定好

作为销售员，我们都知道，在许多企业里采取了目标管理的思想和方法，年度有目标，每个月都制定滚动计划目标。所以，销售员都要定期地做一些销售计划，比如月销售计划、季销售计划，并报公司有关部门。可是，主管的部门领导总是百思不得其解，一个月或者一个月下来，为什么一线销售人员自己上报的任务都不能完成？其实，这中间很大一部分原因出现在了回款的问题上。很多时候，销售员在推销工作中，把主要精力都放在了如何推销产品上而忽视了一些细节问题，这中间就包括规定限制回款的日期。也就是说，客户没有做出回款承诺是销售员回款问题出现的主要原因之一。

销售情景：

在某汽车4s店，一对小情侣来看车，到最后，他们看上了一款价格相对便宜的代步车，销售员看他们好像很喜欢这部车，就走过来极力推荐。可是，这对情侣还是说："虽然这部车我们很喜欢，价格也是蛮合理，但我们还是没有办法负担每月的费用。"

推销人员看他们实在想购买，自己也想把这部车推销出去，就对他们说："假如我们能够把这笔钱分摊到更长的还款期限，让每月费用降低，那么你们会接受吗？"这对情侣很爽快地答应了，并付清了首付。但很快，问题出现了，后面一笔尾款，这对情侣始终没有来还，销售员不断打电话，对方也总是敷衍搪塞。为此，销售员很苦恼。

店里的销售经理对这名销售员说："这笔款子，你就慢慢催吧，不过以后一定要注意，关于回款的日期，一定要在成交前就规定好，并以文件的形式

签署。这样,才能避免这类问题的发生……"

分析:

案例中的销售员,之所以遇到回款中的麻烦,主要是因为他在成交前忽略了回款问题,没有和客户签署关于还款的日期规定。

谈到具体的付款方式,销售人员自然希望客户最好能够做到"货到付款",可是客户却通常更热衷于分期付款,尤其是对于那种大宗交易,他们即使有足额的资金,他们也总是试图争取较长的付款期限。甚至有些时候,一些客户还会故意拖欠货款——在合同规定的最后付款期限之内,客户没有及时结清货款。即使经过销售人员的几番催款,客户仍然不愿结清货款。客户始终不肯付清货款,是销售员最头疼的事情,因为这种事情会导致公司蒙受不必要的损失,有时候这种不必要的损失很可能会使公司的资金周转受到极为严重的影响。事实上,如果不能按期收回货款,不仅对于销售人员尤其对公司会产生不利影响。

实际上,客户拖欠回款,是因为没有对回款做出承诺。而这,更是因为销售方没有要求客户做出承诺,销售人员不够主动,没有这方面的意识。销售经验告诉我们:在人们的生活中,绝大多数人都会谨慎做出承诺,因为,兑现承诺对他们是一种心理负担和压力。可以确切地说,客户没有做出回款承诺,就意味着我们的回款计划是落空的,回款计划就变得毫无根据可言了。

那么,如何让客户在购买时就把还款的日期及限制规定好,是销售员应该下工夫的地方,具体来说,销售员需要做到:

1. 对于小额交易,销售人员必须要让客户确立"货到付款"的概念

对于那些小额的交易,销售员最好不要告诉客户可以分期付款;而如果客户问及此事,销售员也一定要引导客户确立货到付款的概念。比如,销售员可以这样说:"张小姐,真不好意思,我们这是小本生意。所以,公司每个月也都会清账,货物的发出与货款必须是一致的。"这样说,如果客户真心购

买产品,是不会过多考虑付款方式。

2. 在开展大额成交的过程中,在谈判中就要先规定好付款日期

如果销售人员与客户经过友好协商决定采用分期付款的方式,那么销售人员一定要在销售合同中与客户明确具体的供货和付款时间,这是对自己和客户的一种有效约束,可以帮助销售员争取在更短的时间内拿到货款。

可见,真正的销售并不只是说服客户购买产品或服务那么简单,在说服客户做出成交决定之后,销售人员还需要继续与客户进行有关付款期限等问题的商议。具体的付款方式以及相应的付款期限,销售员一定要在成交前就与客户达成协议,确保双方能够及时结清货款,这样既有利于保证双方利益的有效实现,又有助于双方长期友好合作关系的进一步加强和完善。

催款工作进行之前,要做好计划和部署

在销售工作中,产品销售不出去是销售员十分烦恼的问题,然而当产品销售出去之后,就万事大吉了吗? 显然不是的,客户的回款问题也总是让销售员头疼不已。很多时候,自己和客户约定了回款日期但是客户总会有种种原因进行拖延,那么到底该怎么办呢? 实际上,做任何事情都需要一定的计划部署,催款工作也是如此。我们知道,将自己口袋里的钱掏出来总是很难的! 要让别人掏出钱来,不做工作、不做计划能行吗? 只有做好各方面的准备工作,才能应对催款工作中出现的各种问题。

销售情景:

谭言是一名玩具制作公司的销售员,他的客户多半是那些玩具批发商。他是个精明的销售员,从他手上批发玩具的批发商,总是能在规定的期限内

还清所有货款。

有一次，他遇到一个才批发一万元玩具的客户，对方称自己的资金周转不是很灵便，希望要将这一万元分三次付清。谭言一看对方言辞诚恳的样子，也就答应了，首付五千元，剩下的五千元分两个月还清。

可是到第二个月月底的时候，却不见对方汇款过来，谭言催了几次，对方都称希望能再缓一个月，谭言也就答应了。但此时的谭言已经对那位客户有了警惕心，万一到下个月还是拖欠怎么办？于是，他针对各种可能出现的情况想出了具体对策，并列成一个表格。其中就有：如果对方下个月还款的时候，要求少还怎么办；如果他找借口继续延迟还款日期怎么办等。

很快，一个月又过去了。这次，谭言提前几天给那位客户打电话。

"是王老板吧，上个月您说，这个月会把剩下的五千元货款付清，我今天去您那里取货款吧。"

对方听到是谭言的电话，语气间透露着不高兴，不过还是客气地回答："是您啊，真不好意思啊，我也想这几天把剩下的货款给您打过去。可是，下面的零售商的钱也一直没收上来呢，我暂时手头也有点紧，要不，下个月吧？"

客户的这一回答早就被谭言预料到了。于是，谭言很轻松地回答道："是啊，现在批发行业就是这样，这些零售商的钱不好拿回来啊。您看，要不这样，最近我刚好有时间，我陪您一起去零售商那里催款吧？"

客户没想到谭言会使出这招，没办法，他只好说："那多不好意思啊，我看，我还是先从别人借五千块钱，给您还了吧，您的工作也挺忙的。"

分析：

案例中，销售员谭言之所以能要回那五千元货款，是因为他未雨绸缪，在催款前做足了准备，把可能会出现的情况都做了详细的分析，并找到应对的对策。当客户以零售商也没有还款导致资金不足不能及时还款时，他则提出陪同客户去催款。这样，无疑就等于打破了客户的借口，这种情况下，客户只好答应付清剩下的货款。

可见,作为销售员,在催款前,一定要对客户实施目标管理,做足有效计划,才能催款成功。对此,销售员需要这样做:

1. 做好资料进货及欠款记录

《收货确认书》或《欠款单》、《对账函》一定让对方经过授权的人员签字或加盖公司公章,以免日后有争议。明确在哪一天对方进了哪些品种,共计多少钱;每一笔款按约定何时回笼等。

2. 在收欠款的过程中还需归纳整理账目,做到胸有成竹

如果营销人员自己心目中对应收账款的明细也没有数的话,收款效果肯定不佳。自己心中有数后还得与经销户对清账,留下其签字依据,避免日后收欠款时存有争议。

3. 学会应对客户拖延付款的借口

在实际催收过程中客户的借口是多种多样的,但是销售员如果把这些理由集中在一起,就会发现理由其实都大同小异。另外,在具体的催款中,销售员要注意:

① 销售员要采取积极的态度去预测客户将会提出的理由,并及早做出应对方法;

②向客户表明自己坚定的态度,可以使客户无法说出更多的理由;

③向客户表明及时还款的好处及带给他的利益和信誉。

4. 催款计划要分轻重缓急

销售员要依据货款期限的长短、货款金额大小及类型、客户的信誉度、为人情况、资金实力、离公司的远近等因素,做出一个轻重缓急的货款回收计划,做好"武"收还是"文"收的准备。"武"收如拉货、打官司,或以他最恼火的方式去收。"文"收就是做工作,帮助他催收其他客户欠他的款,或给他搞促销。

确定是"武"收还是"文"收的标准主要看他是否与公司友好配合。对那些居心不良、成心赖账的客户只能是"武"收。但"武"收前要做好前期工作,如调

查对方是否有财产、银行账号、房产信息、对外欠他们的款项及数目、汽车等。

5. 对于可能出现的目标差距要有针对性措施

一定要明白，工作计划与措施是针对目标差距而来的，不是泛泛而谈的。比如说：A客户答应回款10万元，但是自己设定A客户的目标是20万元，这样一来，目标差距就有10万元。那么，我们该怎样为缩小10万元的差距制定可行性的计划与措施呢？这里有一些方法，销售员可以借鉴：跟客户做好回款潜力分析，坚定客户信心；针对客户进行激励，在基层搞促销宣传；为客户开发网点；为客户提供新的产品；给客户提供业务人员；给客户的业务人员搞培训等等。

按照采取的种种措施，预计每种措施运用后可能增加的回款，综合并累计这些措施可能增加的回款，消除了目标差距，任务就容易实现了。

总之，欠账还钱，天经地义。销售员一定要排除各种可能出现的意外情况，才能成功催款，只有这样，才能让客户养成定时、定量回款的习惯。

催款方式选择好，必要时多种并用

销售工作中，除了客户实行一次性付款的方式外，每位销售员都免不了要对已经成交的客户实行收款工作。关于还款，不同客户的还款态度与方式是不同的，有的客户还款积极性高，有的则不是；有的客户只需要打一个催款电话，而有的客户却一拖再拖。对于不同的客户，我们要选择不同的催款方式，必要时要多种并用。

销售情景：

一天，小方坐在办公室发呆，不约客户谈生意，也不整理材料，同事小沈走过来问："发什么愣呢？"这一问，吓了小方一跳。

"你吓死我了……哎，我最近正为一个客户还款的事犯愁呢，我催了好几次，他都说没钱，说缓缓，你说我怎么办？这笔款子公司要是问起来，知道我还没要回来，估计我饭碗不保啊。"

"哪个客户啊？"

"就是那个××公司啊，从我这里购买设备都已经半年了，还有一笔尾款总是不还清。"

"是他们公司啊，我知道，你放心吧，这事儿我帮你出主意，你可以这样……"神秘兮兮的小沈伏在小方耳旁，向他说着什么。

小沈是这样对小方说的："他们公司的会计小张是我最好的哥们儿，我给他打个电话，要是他们公司账上有新款子，叫他第一个告诉我，然后我们直接赶到他们公司，他们公司负责人自然就不会对你说没钱了。"

第四天，小方还是和往常一样硬着头皮给那家公司的负责人刘总打电话。对方的回答依然是："小方啊，真是不好意思，公司最近的款子都投资出去了，手头上……"打电话的时候，小方已经站在公司门口了。

小方继续说："刘总，我刚好路过贵公司门口，刚看见你们公司的员工正在向一辆卡车上搬运货物，搬完之后，有个主管还拿到了一张类似于银行支票类的单子……"

"是吗？这事儿我还真不知道。那估计我们公司账上是有钱了，你等会儿来我办公室吧……"刘总很不情愿地说。

最终，小方顺利地拿到了那笔尾款。

分析：

谁都不愿从自己的腰包掏钱给别人，案例中的刘总就是这样的客户。于是，他总是以没钱为借口来拒还尾款。但销售员小方在同事小沈的点拨下，主动采取了一点措施，在对方有资金进账的情况下，逮个正着，令对方无话可说，"乖乖就范"。

对于这种还款积极性很差甚至不愿还款的客户，销售员一定要积极主动，不要听信客户的各种借口，并针对不同的欠款情况，选择好催款方式，将对方一举拿下。具体来说，销售员需要做到：

1. 找到真相，不要听信客户的各种借口

如：管钱的不在、账上无钱、未到付款时间、产品没有销售完或销路不好等等。这就要求我们的销售员把工作做到客户的下游客户那里去，留心他的各个下游客户还款的时间，及时地掌握与其结款相关的一切信息。只有这样，才能辨明客户各种"借口"的真相，并采取有效的针对措施。如果产品销量确实欠佳，则应立即出台助销政策，并对客户的销售工作做出指导，或将其产品转移到其他合作情况较好的客户那里去销售或干脆收回公司。因为产品的实际销量才是结款时最有说服力的依据。

2. 对于有承诺与没有承诺的客户要区别对待

在催款管理中，重点是管理好有承诺的客户，这是回款任务实现的主要来源和保证。未做承诺的客户只能是补充。做出承诺的客户和没有承诺的客户不加区别地对待，显然不是好的管理办法。客户的承诺是要跟踪的，跟踪的松紧要掌握尺度，信誉好的客户松一点，信誉差的客户就要紧一点。这样一来，回款目标实现的可能性就大大地提高了。不过要注意，有的客户采取部分兑现承诺的方法对待，这还是跟进不利造成的。因为，客户的回款可以分时段进行，不要指望一次到位。有一个时段的计划不到位就要加紧督促了。

3. 根据欠款客户还款积极性的高低，在时间上需很好地把握

对于还欠款干脆的客户，在约定的时间必须前去，并尽量将上门的时间提早，否则客户有时会说："我等了你好久，你没来，我要去做其他更要紧的事。"你就无话可说。对于还欠款不干脆的客户，必须在事前就去等候，或先打电话去让他准备，催他落实。这样做，一定比收欠款日当天去催讨要有效得多。如果对方老说没钱，你就要想法安插内线，在探知对方手头有现金

时,或对方账户上刚好进一笔款项时,就即刻赶去,不给客户找借口。

4.对不同客户用不同技巧

这里所谓的不同客户是指应付款项的拖延时间,分为低龄、中龄、高龄、账龄过长、无力偿还这几种客户。所谓工欲善其事,必先利其器。针对不同的账龄客户要采取不同的应对方式:

① 面对低龄客户应该采取在维护良好关系的前提下给予适当的警示的追账策略;

②应对中龄客户采取主动出击、多种方法结合的收账策略;

③面对高龄客户,采取绝不姑息、加大攻势的策略;

④面对账龄过长的客户,可以通过适当的法律途径,但切记诉讼时效;

⑤面对无力偿还的客户,那么最好的方法就是暂时放手。因为即使追讨下去我们的成本代价也是一种浪费;

⑥在面对客户时切记不可让对方养成不良的欠款习惯,更不让他们欠款风险逐级上升。

抓住客户的心理弱点,令其自动交款

市场经济社会,人人自危,人人都有程度不同的压力感。客户出于自身利益的关系,也总会以各种理由拖欠货款,这给我们的销售工作带来很大的困扰。实际上,作为销售员,如果能抓住客户的心理弱点,要么给客户施加点压力,要么以情动人。那么,令客户自动交款,也并不是不可能。

销售情景:

李林在某市担任某种独特的原料销售员。他的货很畅销,因为在该市乃至该省,他们是唯一的这种原料供应商。如果客户选择其他公司的产品,则要花费很大的人力物力去相隔甚远的邻省购买。尽管公司拥有这种优势,但李林还是以良好的态度从事这种原料的销售。因此,长时间,他和他的那些客户关系甚好。但有一次,李林却在催款的问题上遇到了一些障碍。

客户是该市的一个有影响力的公司。双方已经签约很长一段时间了,客户的第二笔货款始终不肯还。为此,公司派李林前去催款。

见到对方公司的经理后,见对方丝毫没有要还款的意向。李林说了这么一段话:"王总,您看,我们合作已经有四五年了,一直很愉快。我们公司是贵公司唯一的原料供应商,贵公司的产品之所以能得到市场的认可,可能也和我们公司的信誉有很大的关系,因为我们的原料一直是得到业界认可的。但如果您长期这么拖欠尾款、不按合同办事的话,这事一旦传到消费者耳朵里,恐怕不好听。另外,如果您拒绝和我们合作,那么,如何进到价格最合理、质量又有保障的原料,恐怕是贵公司最大的问题。到邻省去购买,光运费,可能比现在的这笔尾款还要多很多吧……"

这一番话,令客户经理很诧异,但句句在理,他只好点头答应,将剩下的一笔尾款准时还上。

分析:

案例中,面对拖欠货款的客户,销售员李林这一番话可以说是正中客户的要害,因为和尾款相比,客户更关心自己的信誉,关心自己在消费中心目中的形象与口碑,关心自己原料供应的成本等,权衡之下,客户自然会做出明智的决定。

可见,从客户的心理角度分析问题,抓住客户的心理弱点,我们的催款工作将会轻松得多。那么,在催款工作中,该怎么做呢?

1. 主动催款,以"货"牵制客户

这里的"主动"要从两方面讲。一方面销售员要摒弃欠款客户应该追着

我们跑才对的思路。在市场里,一味等着客户主动来还款几乎是不可能的,销售员积极主动的追收才能保证公司的利益。另一方面,既要与客户保持合作关系,又要控制应收账款风险,可以采取"多批少量"地向客户供货,"小额多次"地向客户收回款。

①销售员首先要改变心态,积极主动的收取款项;

② 要知道客户欠款越久,那么回收的可能性就越小;

③销售员要积极密切地与公司发货人员紧密配合,严把发货关,从一开始掌握主动。

2. 掌握催款时机

比如,给客户打催款电话,要在欠债人情绪最佳的时间打电话,这时他们更容易合作。例如下午3:30时打电话最好,因为他们上午一般忙着做生意,下午是他们点钞票的时候,一般心情都较好,此时催收容易被接受;要尽量避免在进餐的时间打电话。午餐时间大约是上午11:45时到下午2:00时。一般经销商中午招待一下客人,或午休一下,再加上午休起来还需要清醒一下,所以3:30打电话最佳。

此外,在客户拿货后,估计他卖到80%后催还欠款的时机最佳。这时账上有钱,只要态度坚决,客户考虑到公司进货时有个好脸色怎么说也得还一部分。最后是月底到来时,有的公司考虑到要到公司结月奖时,有个大家都乐呵呵的局面,客户也会还掉部分欠款的。

3. 强化客户的回款意识

销售员,都希望客户收到产品后即刻付款,虽然在现在社会中人们一再强调诚信的重要性,但还是有一些人在各种利益的驱使下,严重缺乏回款意识,因此销售员就不要将积极回款的希望寄托在客户身上。很多客户认为反正都要还款,早一天晚一天没什么区别,这是销售员最棘手的事情了。

客户欠款有以下几种原因:利用拖欠的款项暂时缓解内部的经济危机;某些客户只顾眼前利益而不在乎长久的信誉;由于某种原因,使客户觉得长久的拖欠货款就或许可以不用支付了；某些客户通过拖欠货款来表达不愿再与之合作下去的愿望。对此，我们需要让客户明白：

①让客户清楚地知道，积极回款有助于企业获得更多的利润；

②明确向客户表示你公司对应收款项的重视，避免客户对此保持侥幸心理。

4.以多种收款方式施压

在销售过程中针对不同客户需要讲究不同的销售方法，追款也一样，针对不同的客户也是要采取不同的方法，因人而异。在商场上，心理素质和营销能力的较量是决定胜败的关键，这就是所谓的要找到最佳方式。通常采取电话催收、信函催收、上门催收三种方式。对此，我们要注意：

①学会写一封措辞严谨却又不失礼貌的收账信函是销售员必要的基本技能；

②增强防范意识，以免陷入客户的圈套，谨记害人之心不可有，防人之心不可无；

③准备大量充分有效的信息，不要让催款活动失败在信息的缺失上；

④选择一个合理的催款时间，因时制宜是非常重要的，不要因为时间的紧凑而使你无功而返；

⑤在运用电话追款时一定要选择一个有利于双方沟通的环境，通过巧妙地倾听掌握更多的信息，利用声音、声调、语气展示自己的心理主动性。

从客户的心理角度分析，掌握这些心理策略，将大大有利于我们的催款工作的顺利进行！

善于用法律的手段对赖账的客户给予警告

销售工作中，我们催讨货款，经常会遇到这样赖账的客户：无论我们怎么努力，他们除了避而不见、故意拖延之外，甚至会"耍无赖"，不认账。利用各种表面上看似"理直气壮"的借口否定自己的债务事实，这给我们的催款工作带来很大的困扰。而实际上，对付这类客户相对于对付其他种类客户反而容易得多。因为债务是债务人欠的，债务人的"耍无赖"的借口禁不起法律上的推敲，只要我们运用法律的武器，对这类赖账的客户给予警告，一般都能起到作用。

销售情景：

在改革开放的商潮中，某市公路段成立了一个生活服务公司，公司将下设的一个门市部承包给了该单位的林氏父子，由于资金短缺，该公司经理徐某出具手续，让林氏父子以该公司的名义到市生活资料公司赊来2万余元的商品代销。但林氏父子不务正业，吃喝嫖赌，使其承包的门市部很快垮台。徐某收回门市部剩余资产后，林氏父子借故辞职另谋生路去了。市生活资料公司几次索债不成，又派当事人之一的周大姐前去讨债，周大姐通过与对方经理一番舌战，收回了这笔债。下面是这场舌战的片断：

周：（见到徐经理后开门见山）"徐经理，这点钱我们公司已派人跑过几趟了，我们也有我们的难处，还是请你想想办法吧！"

徐："实在抱歉，姓林的父子不但欠了你们的钱，也欠我们公司的一大笔钱，如今他们屁股一拍溜之大吉了，你们找我要债，我又去找谁要债呢？"说完两手一摊。

周："我们都是兄弟单位，工作上应相互支持，相互理解。你公司经营失误造成了损失，我们表示同情。但是，亲兄弟，明算账，这钱迟早得付吧？我们等了两年多了。"

徐：（脸色一沉）"钱是姓林的欠的，不是我徐某人欠的！有人欠你的债，也有人欠我的债，别人不还我的钱，我拿什么来还你的钱？时下信贷紧张，我们也时常是'等米下锅'，你们催得这么紧，这不是雪上加霜、乘人之危吗？"

周："徐经理，你这话就不中听了！货物是姓林的办的，但账是你们公司欠的。我们当初发货认的不是姓林的，而是你们公司的'红戳子'（公章）。你们也是做生意的，怎么能说这样的话呢？用人不当，经营不善是你们公司自己的事，欠债是你公司与我公司的事。如果亏了本就可以将债务一笔勾销，那你们赚钱时，怎么没与我们分利呢？我们要是乘人之危，早就在法庭上相见了，之所以不这样，不过是想给你们节约一笔诉讼费，做生意么，赚钱赔本总是有的。你说，我们今后还需不需要合作？"

徐："嘿嘿……，周大姐，我只不过和你开几句玩笑，你看你……喝水，先喝水，中午不走了，我们招待行不？"

酒后，徐经理不但认了这笔账，还设法先偿还了一部分，剩余部分也很快付清了。

分析：

这则案例中，我们发现，徐某面对自己公司的账务试图逃脱，但最终却被周大姐说服。在这段话中，周大姐的话中不仅有感性的分析，比如，自己的难处、对对方的同情、亲兄弟明算账的原则，也有理性的挟制，如不分红、对债填亏损的谬论的反驳；最重要的是有法律的威慑：明确由公司承担债务的论述，为对方节省诉讼费的言下之意等，最后成功讨回了欠款。因此，晓之以理，软硬兼施，往往是击败对手的重要方法。销售员应认真组织自己的讨款语言，灵活地变换，应用到实际过程中。

具体来说，销售员在使用法律的武器时，需要注意：

1. 对销售合同的严格把关

签订销售合同是销售员与客户进行交易的关键环节，是销售的重中之重。对销售合同严格把关是应收账款顺利回收的重要保证，销售员在签订合同时就应该特别谨慎，只有这样才能从根本上降低回收账款的风险，有效预防和避免各种不必要的纠纷，在客户耍赖时，合同就是最有效的法律依

据。对此,销售员需要做到:

① 树立法律意识,科学贯穿合同签署原则;

②切记合同的合法性,平等、协商、权利对等原则;

③对于大额单最好请专门的法律顾问参与合同的签订。

2. 树立正确的收款心态

对于销售员来讲,在催收账款的过程中保持一个积极良好的心态是十分重要的。这样不仅可以提升自信心,使销售员在催收过程中处于更有利的位置,而且也有利于顺利地回收欠款。催收账款是一种对抗性很强的心理游戏,哪一方的心理素质和精神更强势,胜利就会偏向哪一方。

① 售员要明确催收账款是一件维护自身利益的正当事情,是合理合法的;

②始终保持坚强的意志力、稳定的情绪和严密的思维,使自己掌控整个催款场面,不要被客户的言行所左右;

③对那些一贯拖延的客户,销售员不必过于寒暄,应开门见山,直截了当说明来意,坚定立场。

3. 打银行的牌,对欠款户收取欠款利息

事先可让法律顾问发有效书面《法务催收函》,声称银行对公司催收贷款,并给公司规定了还贷款期限,如公司没有按期归还银行贷款,银行将处罚公司。因此公司要求欠款客户必须在某期限归还欠款,否则只好被迫对其加收利息。如此一来,一般欠款户都会归还欠款,他们会觉得公司是不得已而为之。

当然,销售员在使用法律手段时,要有法律依据,要合法。非法的讨债行为不仅得不到法律的保护,还会造成一些不必要的损失。

第 16 章

悉心维护,长期的客户关系令生意红红火火

作为销售员,我们都知道开发客户的重要性,但与客户保持稳定关系也是非常重要的。我们一定要注意这样一条法则:在不断开拓新客户的同时,一定不要忘记与老客户进行沟通,并保持稳定关系。良好的客户情是无价的,而且维持良好的客户情是不易的,这就要求我们心怀一颗"感恩的心"去面对我们的每一个客户,并做到悉心维护,我们的生意才会做得红红火火!

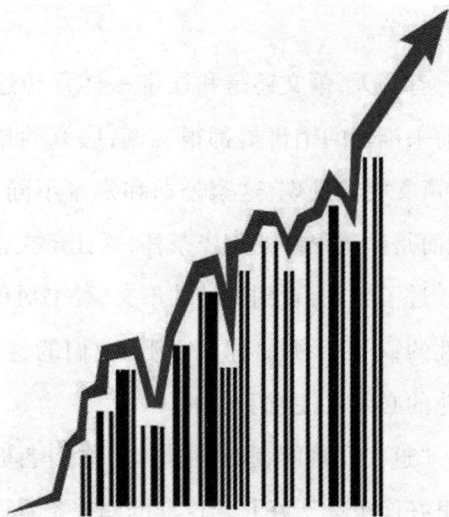

别出心裁的精心惠赠,令客户感受到你的用心

中国是礼仪之邦,崇尚"礼尚往来"。如果你不讲"礼",简直就是寸步难行。求人要送礼,联络关系要送礼,"礼多人不怪",这是古老的中国格言,它在商品社会的今天仍十分实用。在客户关系的维护上,适时赠送客户一些小礼物,是沟通感情和维系关系的纽带。如在客户公司周年庆典或是客户生日的那天,送上祝福,通过赠送一些小礼物来表达我们真诚的谢意和良好的祝愿,就能进一步增进与客户间的感情,建立更加亲密的关系。

销售情景:

萧文跟进一个准客户很久了,可是对方就是不肯答应合作。眼看自己长期的努力毫无结果,萧文很不服气,他告诫自己一定要找到客户的弱点,拿下订单。

有一天,萧文还是和往常一样拜访这位客户,客户虽然不答应购买,但对前来推销的销售员都很客气,应有的招待一样不少。秘书为萧文倒来茶水,萧文突然发现,这家公司和别家不同,对来访的人并不是使用一次性杯子,而是质感很好的陶瓷茶杯,这让萧文很奇怪。

过了会儿,看到发呆的萧文,秘书对他说:"你是不是担心这杯子不是一次性的,不卫生啊。你放心吧,我们的这些餐具都经过消毒的,我们做餐饮行业的必须要注意卫生的。"

"这个我理解,我只是好奇,你们老板很喜欢陶瓷吗? 我看见他的办公室里好像也摆了好几套这样的陶瓷茶具。"

"是啊,我们老板对茶道很有研究的,他尤其喜欢这种青花瓷的茶具,常

常自己一个人泡很久的茶。"听完秘书的话，萧文心中暗自窃喜，他终于知道客户的爱好了。

一个星期后，萧文把托人买到的一套上好的青花瓷茶具给客户送了过去，对方看到后，很是高兴。还没等萧文开口，就主动提了合作的事情，萧文的这笔订单就轻松地拿到手了。那次后，萧文就时不时地拜访客户，并带上一些茶艺方面的书籍等其他礼品，与客户一起探讨茶艺问题，一来二往，他与客户成了很好的朋友，对方公司的生意差不多都被萧文揽下了。

分析：

案例中，我们可以看出，销售员萧文之所以能成功打开客户公司生意的局面，并与之合作愉快，得益于他送的"礼"，并把"礼"送到了客户的心坎上。

调查研究指出，日本产品之所以能成功地打入美国市场，其中最秘密的武器是日本人的小礼品。换句话说，日本人是用小礼品打开美国市场的，小礼品在商务交际中起到了不可估量的作用。

商品社会，有"礼"才有"利"，这已经成了商务交际的一般规则。道理不难懂，难就难在操作上，送礼的功夫是否到家，能否做到既不显山露水，又能够打动人心，这才是送礼的关键。因为客户能从你带来的这件礼物上看见对他的重视程度，所以选择一件最特别的礼物去见客户十分的重要，那送什么最好呢？

下面是一些关于给客户送礼的常识问题：

1. 赠送原则

要把握以下原则：

①根据不同的受礼品者选择不同价值的礼品；

②根据受礼品者的趣味不同，精心挑选礼品；

③选择最佳赠送礼品的时机，给人留下更深的印象；

④赠送的礼品要品质优、适用性强，经久耐用；

⑤最好让礼品更具有私人性、专一性;

⑥ 礼品的包装要精致美观,吸引人;

⑦有可能,亲自或者派人专门分发礼品;

⑧根据礼品用途选择不同的赠送场合,如供家庭用的礼品最好送到接受者家里,而不要在办公室。

2. 送礼的时机

大多数礼品赠送者认为,选择送礼时机相当重要。根据最新调查表明,对大多数公司来说,选择新春、元旦、中秋、圣诞节仍然是最流行的做法,但也有选择新公司的成立日、公司成立纪念日、大客户的生日、一个重要部门的领导需要公关时等。

有些公司习惯当面把礼品送给客户,如展销会、促销日以及订货会等。美国某制造公司的发言人说:"我们选择与生产线有关的礼品,在客户参观工厂时,我们公司用礼品来吸引他们。我们送的礼品能使他们回想起参观活动,而且赠送的礼品能带回家。牛排餐刀对我们来说是极好的礼品,因为它是我们自己生产的材料做成的。在推销订货会上我们把不锈钢钢笔作为礼品赠送,笔上刻有公司的标识,这将使客户永远记住我们的公司,他们为随身携带这样一只高质量钢笔而自豪。"

3. 送礼品的方式方法:

①直接带去客户公司送给本人;

②交给秘书或前台代转;

③快递;

④约客户出来坐坐,同时送上;

⑤交与客户关系亲密且放心的第三方代送。

这几种方式根据礼品价值大小、人物级别、事情关键程度综合考虑,搭配使用,没有标准的做法。但要谨记,不是自己当面送的话,事后一定要打个电话明示或暗示此事情!

4.礼物轻重得当

一般讲,礼物太轻,又意义不大,很容易让客户误解为瞧不起他;礼物太贵重,又显得目的性太强。因此,以对方能够愉快接受为尺度,选择轻重适当的礼物,争取做到少花钱,多办事;多花钱办好事。

实际上,送客户礼品的时候,心意是最重要的,因为你的客户不会在意礼物贵重与否,而是最想看到隐藏在礼品背后的那份心意! 所以你只要足够用心,在你送上的这件礼物上,倾注更多的心意即可!

利用客户间的联系,巧建忠诚的客户群

细心的销售员都会发现,那些销售高手们都很善于管理自己的客户,有一套自己的管理方法:他们一般都会建立关于各个客户的资料,然后找出客户间的联系,利用这些联系,巧妙地将这些客户建立成一个客户群体。这是一个很好地管理客户的方法,当客户形成一个客户群体的时候,忠诚度也随之提高。

销售情景:

陈春是一个业绩很好的销售员,主要从事日化产品的推广和营销。购买他产品的客户不仅仅和他是生意上的伙伴,更是生活中的朋友。刚开始从事这一行的时候,他也很苦恼:客户似乎总是很善变,今天购买自己的产品,明天就可能购买竞争对手的产品。陈春心想:销售行业本身做的就是老客户的生意,客户叛离这种事情一定要阻止,一定要让客户对自己死心塌地。可是该怎么做呢? 陈春想了又想,终于想到一条妙计。

第二天,陈春就在自己家办了一个聚会,请了自己的那些老客户。刚开始的时候,这些陌生人聚在一起,显得有些生分和尴尬,但陈春凭借自己的嘴上功夫,很快让这些人熟识起来。后来,他根据资料,将那些有生意关联的客户引荐到一起。这样,他们就多了更多的话题。最后大家离开的时候,有很多客户都互留了联系方式。

说也奇怪,陈春的这一套方法居然奏效了,第二天就有客户打来电话:"陈春啊,真谢谢你啊,我昨天还担心自己那批直销的产品怎么办呢?结果就遇到了你介绍的张老板,他正需要这批货。"

从那次以后,陈春经常将这些客户邀到一起,喝喝下午茶或者打打球,很快,陈春就建立了以自己为中心的朋友圈子。

有一次,陈春得知,他的老客户李先生准备去另外一家公司购买产品,却被其他客户阻拦了:"你这样做,以后还准不准备和我们做朋友了,我们以后又怎么面对陈春?"结果可想而知,这位李先生放弃了去其他公司购买产品的想法。

就这样,陈春的生意越来越红火。

分析:

案例中,销售员陈春维护客户关系的方法值得我们学习与效仿。作为一名销售员,要想生意源源不断,不仅要开发新客户,更要留住老客户,老客户的叛离也是销售员最头疼的事。针对这一点,陈春通过聚会让这些老客户互相认识,建立他们之间的生意联系,这样,当这些客户成为一个客户群体的时候,就会互相牵制,忠诚度自然也会大大提高。

那么,作为销售员,我们该如何巧妙搭建客户之间的联系,使其成为忠诚的客户群体呢?

1.建立并整理客户的资料与档案,找到隐藏的客户关系

客户档案内容一般包括:客户的姓名、性别、爱好、性格、年龄、生日、家庭情况、职业、收入情况、联系电话。

建立客户成交档案，我们还要对这些档案进行整理、比较、综合，才能有迹可循，找到客户间的关系，比如，我们可以找出那些可能会产生生意往来的客户，介绍他们认识，给他们带来生意。

2. 与每一位老客户成为朋友

只有和客户成为朋友，手拉手合作、心贴心交流，才可能更好地和客户进行沟通和交流。对此，要和客户保持不断的联络，适时地为客户送去关怀，真正地关心客户，让他记住你。这样，客户才会加入到你的朋友圈子中，成为你的忠实客户。

3. 不断满足客户的需求

销售员和客户之间最大的联系就是产品与服务，这就要求销售员始终不能忘记满足客户需求的重要性，提高服务水平，关心客户的利益等。

让客户把我们当朋友，从面对面的服务调整至手拉手合作、心贴心交流，逐渐建立忠诚的客户群体，才能提升我们的竞争力和提高我们的业绩！

盯紧"关键客户"，令其真正感受到 VIP 待遇

作为销售员，我们深知，不同的客户，带给我们乃至企业的却是不同的利润与收入。越来越多的企业或商家，80% 的利润是由 20% 的大客户带来的，有些甚至 90% 的盈利是由不到 10% 的客户创造的。于是，就有了关键客户的产生。所谓"关键"，是指那些对企业具有战略意义、能对企业盈利做出重大贡献的客户。关键客户也就是我们俗称的大客户，或者用英文来表达即所谓的 VIP。各个行业都可以看到大客户的身影，从股市的大客户室、中国电信大客户事业部，再到航空公司的头等舱，衡量一个客户价值的标准不只是看社会地位和身份，更重要的指标是看对公司利润贡献的大小。传统

的营销观点认为,客户就是上帝,公司对所有的客户无论大小都要一视同仁。但在实际操作中,这条规则却是不成立的。

所以,在客户关系的维护上,销售员要牢牢盯紧关键客户。防止关键客户"跳槽",最根本的做法是提升客户的满意度,令其真正享受到 VIP 待遇,进而形成忠诚度。

销售情景:

李林明是一家投资银行的客服经理,在他的带领和经营下,银行的业务出现前所未有的良好局面。

在他刚开始任职时,银行生意还是很冷清的。为此,他召开了一个会议,提议对银行的服务进行一些改革。他说:"我发现,我们银行之所以会生意冷清,主要是因为流失了一些重大的客户。所以,今后我们的服务工作一定要加强,尤其是对于那些关键客户,要让他们真真正正地感受到贵宾级待遇,才能挽回生意。"于是,李林明准备实施"点线面"的服务方式来保证关键客户每一瞬间的满意、每一服务领域的满意,从而形成对整个银行的满意。

果然,第二天,银行"改头换面"了。走进营业厅,门口摆放着鲜花。胸前挂着工作证的工作人员走过来,热情地询问客户。然后,客户在号码机上拿一个号码,在沙发上休息等着喊号。无聊的话,还可以顺便翻翻沙发旁边的报刊。还有水和咖啡供客户享用。当客户走到柜台前,服务人员会微笑着站立为客户服务。

而对于关键客户,银行设立了贵宾室,除了享受以上的待遇外,每次来银行办理业务的关键客户,都会免费收到银行寄出的年画、海报或者记事本等;另外,针对贵宾,银行还开通了 24 小时的热线电话,无论有什么问题,银行都会在最短的时间内加以解决。

果然,不到两个月的时间,银行的业务就红火起来了,那些大客户们再也没有和其他银行有业务往来了。

分析：

事实证明，案例中的客服经理李林明的做法是正确的，他在提高银行整体服务水平的同时，加大力度提高对关键客户的服务质量：设立贵宾室和贵宾专线，令其真正享受到 VIP 待遇，进而形成忠诚度。

我们发现，很多公司都成立了类似"大客户部"这样的部门，但真正起到效果的却非常少。主要原因他们并没有让客户享受到 VIP 级的待遇。那么，具体说来，我们该如何做呢？

1. 提升自身素质

服务大客户的要求很高，必须要时刻留意客户的动向、客户所属的行业动向，为客户提供相应的服务，抓住客户在不同时期的发展需求，提供相应的服务。服务大客户的综合素质要求很高，需要较高的交际能力、广博的知识面，所以首先是解决人员的素质问题。

2. 保持与大客户的沟通

能保持随时有效的沟通非常重要，这就又回到销售人员的整体素质上去了。对此，我们要利用一些时机多走动一下，随时关注大客户的动向。

3. 为大客户制定个性化服务

针对不同的大客户要制定出个性化服务，让客户感受到你们不是在与他们做生意，而是在为他们服务，在帮他们的忙。

4. 掌握为大客户服务的三重境界

单纯的微笑永远不是"以客户为中心"的经营理念核心。要把自己由为客户的金融产品和服务的提供者变成长期支持伙伴。

为此：

①我们要将现有的服务水平高品质地推给客户，让客户体味热忱、周到的服务，用瞬间感染客户，这是第一重境界；

②"因客户而变"，站在客户的角度，来设计服务流程，打造产品，这是第

二重境界;

③主动引导客户,不断地推出新产品、新服务手段来牵引客户,不断创造兴奋点,这是第三重境界。

现实工作表明,不变的客户给公司带来的收益远于经常变换的客户。客户的每一次变换都意味着风险和费用。而关键客户是否转变,更是事关我们的业绩和企业利益。因此,作为销售员,在维护客户的关系上,我们一定要盯住关键客户,令其真正感受到 VIP 待遇,才能稳固和大客户的合作关系,我们的销售工作才能"长治久安"!

拉近关系,让客户从产品认同升级到情感认同

很多销售员认为,自己与客户之间就是简单的契约关系,一旦签约,就与客户再无瓜葛。销售员如果抱着这样的心态与客户做生意,那么,你做的充其量是一次性买卖,是不会有回头客的。所以对销售员来说,仅仅在成交之前同客户保持良好的关系是不够的,在成交以后也要同客户建立良好的合作关系,最好能与客户交朋友,才能建立忠实的客户群。

我们都知道,人都是有感情的,与其客户相信你的产品,不如让客户对你产生情感认同,认同你这个人。在很多时候,那些客户购买我们的产品不光是为了获得产品的物质本身,还包含物质以外的其他服务,他们更希望能够补充一些温情。

销售情景:

在冰天雪地的阿拉斯加,把冰块卖出去。听起来似乎不可思议,但是在现实生活中就有这样的实例。

有一位销售员，他在阿拉斯加的冰河里收集冰块，然后以 3 美金/公斤的价格卖给当地的客户。他是怎么做到的呢？

这位销售员是阿拉斯加的食品商人，他并不把客户当成是他的上帝，他甚至不急着去推销他的产品。他首先努力使自己成为客户的朋友、他们的伙伴。他每天都花一定的时间和客户在一起，去观察和了解他们。他发现他的客户都喜欢喝冰镇的饮料，但是冰块在饮料中容易融化，很快会使饮料变淡，影响口味。这个问题让客户很头疼，但又束手无策。

他充分理解他们遇到的问题。他查阅了大量资料，终于找到解决问题的方法。他挖出阿拉斯加冰河底层的冰块，这些冰块因为有着成千上万年的历史，密度很大，融化的速度很慢，可以让饮料变得冰凉，同时又不稀释饮料。

他成功了，他因为帮助客户解决了生活中的难题而获得了他们的信任，也因此得到更多的商机。

分析：

这个案例给了我们很多启发，这位销售员居然能够在阿拉斯加把冰块卖掉，我们为什么不能把有更大的市场需求的产品也成功推销给那些客户呢？我们到底是应该像对待上帝一样去尊敬我们的客户，还是像对待伙伴一样去细致了解他们的需求呢？试想一下：如果我们的朋友和一位对我们毫不了解的销售员同时希望我们购买一件产品，我们会听谁的呢？当然是我们的朋友！所以，从现在起，我们不要再抱着客户是上帝的想法，不妨走出去，主动和我们的客户拥抱，与他们亲近，让我们成为他们的朋友吧。

具体说来，我们可以这样与客户拉近关系，从而让他们对我们产生情感认同：

1. 寻找共同话题

当销售员联系上客户以后，如果仅仅只是就服务内容进行交谈，那么谈话内容会非常僵化,不利于增进彼此间的感情。当询问完服务内容之后,销售员可以就某些共同爱好或兴趣进行交流,找到共同话题。这样更容易吸引客户,增进彼此间的亲密感。

2. 即使销售不成,也要和客户保持联系

我们在销售的过程中,遇到客户的拒绝是很正常的情况。在遇到客户拒绝之后,我们还应该保持跟客户的联系。

被拒绝后,我们更应该保持对客户的关心,在继续向客户推销的同时,我们更要主动与客户进行一些情感上的沟通。比如,帮客户一些小忙,客户也会在必要的时候给以销售员支持和赞誉。这样,他们也不仅会记住产品的名字,在以后的日子里,还会因为认同我们而认可我们的产品,这些客户就很可能成为我们的忠实客户。

3. 幽默

幽默可以让客户更喜欢你:一个说话幽默和风趣的人,是一个让大家都喜欢的人,做业务的人在说话方面要学会幽默,必要的时候你还要学会自嘲,合适的自嘲是一个人高素质的表现。

4. 发自内心地关心客户

有一家药店,为了给客户留下深刻的印象而采取了十分巧妙的服务方法。他们在办公室的墙壁上钉了 31 只空药盒,每一个盒上都标上一个日期。凡是来买药的人都会留下病历卡,这家药店就根据病历卡上的病人资料得知每一个客户的生日。他们为每一个客户都准备了五张贺卡,在上面写道:"您的健康是我们最大的心愿。如果您完全康复了,请告诉我们一声;如果您仍需用药的话,也请告诉我们一声,我们将竭诚为您服务。"

这些充满温情和善意的话语,分别地放在不同日期的药盒里面,并且根据那些客户资料,在他们生日前一天邮寄过去,这样就可以保证那些客户在生日的当天收到这张让客户感到无比温馨的贺卡和话语。

这些看起来微不足道的小举动,带给客户的将是无比的感动。那些已经病愈的和未病愈的客户都将会对这家药店铭记于心。当他们和自己的家人下次再生病的时候，他们第一个要选择的肯定就是这家药店。不光如此，他们还会把这些温情的信息传递给他们的亲戚和朋友，这一看起来很小的举动，带给药店的不光那些回头客，更是良好的信誉和一个广大的消费团队。

其实，客户也许不希望我们把他们当成上帝。因为我们对待上帝的态度，是疏远而不是密切的，是敬畏而不是理解的，是"事不关己"而不是"唇亡齿寒"的。而如果我们和客户成为朋友，"上帝"就变成了合作伙伴，有了这种情感认同后，我们还会担心客户会叛离我们吗？

举办各类温馨活动，引发客户情感共鸣

人都是有感情的，任何销售活动，如果能触动客户的情感与内心，并产生积极的作用，那么就是成功的。同样，维护与客户的关系也是如此。销售过程中，我们经常会发现，一些企业会定期举办一些温馨的活动，比如公益活动，并邀请客户参与到活动中，当客户被打动后，他们对销售方就会产生一种认同感，甚至成为他们的忠实客户。

销售情景：

创办于 1971 年的星巴克，从西雅图的一间咖啡零售店，发展成为今天全球最大的咖啡店连锁企业，星巴克创造了一个企业扩张的奇迹——星巴克在全球 50 个国家已开办了超过 15000 家连锁店。星巴克销售额年均提高 20%。即使是在经济萧条、其他零售商受到打击的时候，星巴克店的客流量仍每年增长 6% 至 8%。也许更突出的是这样的事实：星巴克是在几乎没有

进行市场推广的情况下创造出以上业绩的,它用于广告的开支只占其年收入的1%(零售商一般将收入的10%左右花在广告上)。现在人们正在研究的"星巴克经验",无疑是星巴克积累品牌资产的一种方式,但并不是全部。

事实上,我们发现,星巴克经常举行一些公益活动,并且做得非常出色!公司经常通过创造各种值得消费者回忆的公益活动,来增加消费者的忠诚度,从而进行品牌扩张与忠诚营销。在美国,"星巴克基金会"赞助文盲、学前儿童教育、防治艾滋病研究、环境保护等活动;在菲律宾建立学校协助贫寒失学儿童;在韩国成立孤儿院收容被遗弃婴儿;在纽西兰则推行"伸出您的手"为主题的活动,允许店内员工上班时,拨出时间从事社会公益活动。

此外,星巴克在中国也举行了大量的公益活动。他们的口号是:"在每一个社区都强调自己的社会公民责任"。在中国台湾,星巴克通过"对原住民儿童的关怀教育"和"部落孩童助学计划"等公益活动,大大提高了自己的知名度和美誉度,树立了良好的企业形象。"对原住民儿童的教育关怀,让传递希望的火把,今年也能继续发光",统一星巴克与台湾世界展望会合作的原住民儿童教育关怀活动,已迈入第七个年头,从"一分钱,重建布依族孩子的一个笑"开始,直到"能念书,真是山里面的大事",透过捐助和募书活动,把关怀化为最直接的行动。"我们每年为原住民儿童教育而努力,就是给他们脱离贫穷的希望,我们更期待这希望的火把,能一年一年传递下去……"在今年3月,星巴克推出多款商品套装,并将销售所得捐给世界宣明会,用于帮助改善云南孩子的教育环境。

分析:

星巴克之所以在咖啡业有如此成就,来自于公益营销,它通过这种对人类最本质的情感的关怀,获得了社会认同、增强了消费者的忠诚度。

当然,举办温馨活动,范围不仅仅限于公益活动,任何能引发客户情感共鸣的活动都可以为我们所用。但举办此类活动的时候,还应注意:

1. 选择一个活动主题

品牌传播的"项链理论"告诉我们：所有传播推广都必须围绕一个核心去运作。所有的活动运作，包括公益活动，都以一个主题为主线。在世界500强中，"营销学宝洁，公益学安利"已成为了共识。安利在公益方面主要选择三个主题："倡导健康"、"关爱儿童"和"致力环保"。如"倡导健康"有"纽崔莱健康跑"活动；"关爱儿童"有"安利名校支教"活动；"致力环保"有"哪里有安利哪里就有绿色"的"种植安利林"活动以及赞助南北极科考和清扫珠峰的"登峰造极促环保"活动。

2. 选择好活动时机

当社会出现重大事件或重大事故时，政府、媒体、公众对事件的关注度是最高的，如果企业能够在第一时间主动行动，必然引来更多公众关注与媒体报道，从而达到四两拨千斤的效果。在5·12大地震中，王老吉果断捐赠一个亿，赢得国人感动，满堂喝彩，纷纷抢购，以示支持。

3. 活动前要做好传播工作，声势先行

活动前，只有通过具有吸引力和创意性的宣传活动，使之成为大众关心的话题、议题，成为具有新闻价值的事件，因而吸引媒体的报道与消费者的参与，使这一事件得到传播，从而达到提升企业形象，促进销售，达到营销的目的。

总之，举办各类温馨活动，不仅能提高产品形象、提高企业的经济效益，还能拉近与客户的关系。对此，我们必须全心全意把活动做好，才能发挥其最佳的效果！

参考文献

李会影. 销售中的心理学诡计[M]. 中国纺织出版社, 2010.